共同富裕
与教育反贫困

COMMON PROSPERITY
AND EDUCATION POVERTY
ALLEVIATION

李涛 邬志辉 主编

社会科学文献出版社
SOCIAL SCIENCES ACADEMIC PRESS (CHINA)

卷首语

教育：助力反贫与共富

中国实施精准扶贫方略，走出了一条中国特色减贫道路，历史性地解决了绝对贫困问题，形成了富有中国特色的反贫困理论，取得了脱贫攻坚战的全面胜利。2021 年以来，中国步入巩固拓展脱贫攻坚成果同乡村振兴有效衔接，扎实推进共同富裕，全面建设社会主义现代化国家的新征程，如何巩固拓展脱贫攻坚成果、如何使乡村振兴与脱贫攻坚有机衔接、如何实现共同富裕是当前和今后一个时期我国面临的新任务。

教育既是阻断贫困代际传递的根本之策，又是实现共同富裕的内生动力和内在要素，实现共同富裕和乡村振兴均离不开高质量的教育支撑。在新征程上，教育究竟如何助力巩固拓展脱贫攻坚成果、如何助力实现乡村振兴、如何助力推进共同富裕？这亟须学界全面总结经验、厘清现状、检视问题、研判未来。本书以"共同富裕与教育反贫困"为主题，所精心遴选的文章，俱为切实关注现实前沿问题，突出理论联系实践、行知合一的学术研究成果。

本书第一部分主题是"共同富裕与教育扶贫"。该部分聚焦共同富裕背景下教育反贫困理论的发展脉络与谱系，对中国教育扶贫实践开展了具有前沿价值的战略研判和机制设计。第一篇文章从宏观、系统和未来视角，回顾了我国教育扶贫取得的成就，厘清了现状，基于当下乡村"相对贫困""高维贫困""行动性贫困""支出贫困""代际贫困"五大转向判断，提出动态性、高维性、多元性、长期性和适契性的未来教育扶贫新特征，对"十四五"时期教育扶贫工作的目标、内容和任务等诸项行动实施提出了针对性建议。第二篇文章围绕"如何识别我国教育扶贫工作中的相对贫困"问题展开论述。作者结合相对贫困识别标准的国际前沿，建构了我国义务教育相对贫困识别指标体系，从部门协同、学校改革、家校社合作、学生个体获得维度提出了建立义务教育阶段相对贫困治理的长效机制。第三篇文章从家庭和政府视角综述了国外脱贫方式和多维贫困研究，探讨了家庭生计策略和政府帮扶工作两个维度对改善贫困家庭福利、缓解家庭贫困的作用。作者发现，政府通过发展旅游业和现金转移支付等途径，增加了市场和公共服务发展完善地区的家庭的收入并有效缓解了家庭多维贫困，但在市场不发达或公共服务供给欠缺的地区，直接对家庭提供特定产品和服务更有利于缓解多维贫困。第四篇文章聚焦新时代教育反贫困观中以人为核心的时代命题，从"人的自由发展"转向"人的全面发展"，这是新时代教育反贫困观从偏重外部帮扶转向提升内生动力、从分配正义转向承认正义的内在逻辑，为教育反贫困观的转向提供了理论前提和基础。第五篇文章系统考察了从晚清普及学校教育以来，各个历史时期我国教育代际绝对流动性和教育代际相对流动性演变的时间线索，讨论了在全球主要经济体中我国教育代际流动性的历史、现状和趋势。研究结果表明，晚清以来我国教育代际绝对流动性表现优异，同时近年来教育弱势阶层提升子代教育层次越发艰难；随着家庭内部分工的平权化，母亲一方在子代教育方面将发挥越来越大的影响力。作者建议通过教育进一步促进社会公平、实现社会结构的优化与转型。

第二部分主题是"控辍保学与贫困治理"。该部分在对"三区三州"等深度贫困地区展开扎实田野工作的基础上，聚焦"辍学"议题，提供了深度贫困地区教育贫困发生的学理解释和治理之策。第一篇文章对四川凉山州贫困县义务教育辍学的空间聚集、行为自愿、成因复杂、过程反复等特征展开分析，发现欠发达地区义务教育辍学治理面临刚性治理问题、策略化治理问题、运动式治理问题三大困境，进而提出规范治理制度、健全复学监督机制、加大教育保障力度等建议，以巩固教育扶贫成果，夯实乡村教育基础。第二篇文章聚焦教育保障的薄弱环节，对大凉山彝族女童辍学问题的现状及成因展开了调查。由于地区贫困文化和恶劣自然条件的双重影响，民族贫困地区女童新增辍学以及反弹问题成为新时期贫困治理的重难点。作者解释了女童辍学的发生机制，从督查、移风易俗、生育观念和教育观念等方面提出针对性建议。第三篇文章以义务教育控辍劝返行动为主题，选取个案学校展开田野调查，将劝返行动的实践分为劝返准备、劝返实施和劝返追踪三个阶段。不同阶段的互动促进控辍保学取得积极成果，保证了辍学的动态清零。

第三部分主题是"乡村振兴与教育扶贫"。该部分从乡村教育基础理论、高等学校教育扶贫、校地托管办学和职业教育反贫困四个角度为我国乡村振兴背景下的教育扶贫提供了新思路。第一篇文章基于柯布－道格拉斯生产函数模型，对我国普通高等教育、高等职业教育和中等职业教育三种不同类型教育的扶贫成效进行实证研究，对不同地区教育扶贫成效加以比较，发现中等后教育对增加农民收入有积极作用，我国高等职业教育整体扶贫成效好于中等职业教育，呼吁学界在巩固已取得扶贫成果、完成脱贫攻坚阶段性任务的基础上要继续推动乡村振兴，要根据教学定位特色进一步探索教育扶贫的路径和长效机制。第二篇文章以四所定点扶贫高校为典型案例，分析了高校巩固拓展脱贫攻坚成果的作用机制。作者运用内容分析法深度挖掘高校脱贫攻坚实践经验，总结了高校巩固脱贫攻坚顶层设计、扶贫方式、实施路径、社会支持、保障体系、理念原则与激励考核的七要素经验体系。该文还发现，在乡村振兴背景下，高等院校与脱贫地区之间面临缺乏协作共生等现实困难，进而从动力、支撑、管理、协调与保障五个维度出发构建作用机制，为高校巩固拓展脱贫攻坚成果提出了针对性建议。第三篇文章详细介绍了精准扶贫政策背景下校地托管办学（高校与地方合作办学）新模式促进山区教育质量提升的实践经验。作者以帮扶学校为例，通过三年办学实践，证明引入新的课程教学模式能够有效提升山区教育质量、新的绩效考核制度能够有效提升学校管理质量，在新教育模式下学校自组织管理能够形成教育意义上的同构。校地托管办学模式为我国乡村教育振兴提供了新的治理思路。第四篇文章以百年来中国乡村教育救国、"文字下乡"到"文字上移"的不平凡历程为问题始点，检视了乡村教育百年发展背后隐含的文化主线。作者以梁漱溟的乡村教育思想为脉络，剖析了其背后从"文化救国"到"文化自觉"的思想逻辑，通过"历史文化背景－人的主体在场－社会结构"的互动分析框架，重新思考乡村教育问题，从历史、文化、社会和实践维度提出中国乡村文化自觉和文化复兴的新思路。

第四部分主题是"学业提升与贫困改善"。该部分的四篇文章以中国家庭追踪调查（CFPS）和中国教育追踪调查（CEPS）数据为数据来源，对流动儿童、农村籍学生等群体展开定量研究，探究在不同教育环境和家庭背景下，学生认知能力和非认知能力发展水平的城乡差异，并为城乡教育公平发展提出了政策干预建议。第一篇文章针对"不同层次学校小班化改革是否都能有效促进学生学业和认知发展"这一问题展开。作者通过对班级规模与学生学业发展之间的关系进行定量研究，发现小规模班级学生的认知发展优势并未得到明显体现，甚至存在一些显著劣势。在师资力量较为薄弱的学校中，相比于小班教学，大班教学在促进学生认知能力发展方面更有优势。师资力量是班级规模与学生学业发展的关键性要素。鉴于此，将更多资源投入农村学校人才引进更有利于实现基础教育均衡发展。第二篇文章关注家校沟通中家庭背景影响教师对学生关注、表扬等合作育人行为的差别对待，指出教师在家校合作育人中的行为倾向不能简单归咎于教师职业道德，而应从制度激励层面予以反思，引导教师"有教无类"进行家校合作育人，加强对弱势家长教育参与的指导。第三篇文章探讨了非认知能力对学生初升高的重要影响，考察了教育期望、自尊和自控点三个维度的非认知能力对学生初升高的影响。这三个维度对初升高均有显著的正向预测效应，在自控点维度上城乡学生呈现显著差异，表明自控点最有可能成为预测教育获得最核心的非认知能力。作者认为在农村籍学生群体中通过政策干预加强学生非认知能力的发展能更有利于促进教育平等。第四篇文章聚焦进城务工人员子女，探讨进城务工人员群体中不同家庭安置决定对儿童非认知能力的影响及作用机制。作者运用倾向值匹配的计量分析方法，对流动或留守对儿童非认知能力的影响展开研究，发现父母携带儿童入城相对于让儿童留守在家对儿童非认知能力发展更有积极作用。非认知能力随儿童年龄的增长而降低，且留守和流动儿童彼此间的差距也逐渐缩小。作者建议清除城乡分割的制度壁垒，优化公共服务的财政投入制度，改变农村教育的落后状态，通过增强心理疏导提升农村儿童的非认知能力。

在迈向第二个百年奋斗目标的历史新征程中，团结和凝聚研究力量，进一步深入研究共同富裕背景下教育反贫困重大议题，切实发挥教育在助力巩固脱贫攻坚成果、助力实现乡村振兴和助力推进共同富裕方面的作用，具有重要的学术价值和实践意义。我们将始终不忘初心、牢记使命，进一步创新农村教育理论，服务国家重大决策，改善农村教育实践，努力寻找行之有效的中国农村教育进步之路！

李涛、邬志辉

《共同富裕与教育反贫困》主编

二〇二二年九月八日于北京

目录

共同富裕与教育扶贫

控辍保学与贫困治理

乡村振兴与教育扶贫

学业提升与贫困改善

共同富裕与教育扶贫

共同富裕背景下中国教育
扶贫治理研究[*]

李 涛 邬志辉 周慧霞 冉淑玲^{**}

摘 要：2020 年中国已取得决战脱贫攻坚和全面建设小康社会的全面胜利，2020 年后推动共同富裕进入新发展阶段。鉴于此，在当下这个历史节点，全面总结和系统检视我国教育促进乡村扶贫与振兴取得的成就，厘清现状与问题，研判未来五年教育扶贫工作面临的新挑战与新特征，明确提出我国"十四五"时期全面建成小康社会后教育扶贫工作的目标、内容与任务等诸项行动实施建议，对国家相关部门科学编制"十四五"教育发展规划具有重大学术价值和实践意义。

关键词：共同富裕；乡村振兴；教育扶贫

---

* 本文系国家社会科学基金项目"中国城镇化进程中西部底层孩子们阶层再生产发生的日常机制及策略干预研究"（项目编号：15CSH012）和教育部政策法规司委托项目"当前教育政策重大问题研究"的部分研究成果。

** 李涛，教育部人文社会科学重点研究基地东北师范大学中国农村教育发展研究院院长助理、教授、博士生导师，研究方向为教育政策、农村教育、教育社会学等，E-mail：lit456@ nenu. edu. cn；邬志辉，教育部人文社会科学重点研究基地东北师范大学中国农村教育发展研究院院长、教授、博士生导师，教育部长江学者特聘教授，研究方向为农村教育学、教育政策学、教育管理学等；E-mail：wuzh@ nenu. edu. cn；周慧霞，东北师范大学教育学部博士研究生，包头师范学院教育科学学院教授，研究方向为教育管理、农村教育等，E-mail：xiaolajiao503@ 163. com；冉淑玲，东北师范大学中国农村教育发展研究院硕士研究生，研究方向为农村教育，E-mail：ransl655@ nenu. edu. cn。东北师范大学中国农村教育发展研究院硕士研究生宫啸雪、刘丽云参与了本项课题的研究。

习近平总书记反复强调"推动脱贫攻坚和乡村振兴有机衔接"①。扶贫与振兴是中国乡村社会发展的一体两面，中国乡村社会中存在着城乡二元社会中最大多数人的贫困问题。实现乡村振兴，摆脱贫困是前提。当前，我国正处于脱贫攻坚与乡村振兴统筹衔接的历史交汇期，做好二者的有机衔接和协同推进，既有利于巩固脱贫攻坚成果，培育长效脱贫机制，又有利于促进农业农村优先发展，推动乡村全面振兴，推进共同富裕分阶段取得发展成效②。鉴于此，我们在对"十三五"时期我国教育扶贫工作成就总结的基础上，诊断问题、研判形势、预测变迁、探索规律，将教育促进乡村扶贫与振兴作为乡村发展中的底色和表色开展研究，探索形成以下"十四五"时期我国全面建成小康社会后教育扶贫的建议性研究报告。

一 中国教育促进乡村扶贫与振兴的成就与现状

推进脱贫攻坚以来，我国乡村绝对贫困人口不断减少，但未来相对贫困人口的发展型改善依然任重道远。贫困人口从 2012 年底的 9899 万人减到 2019 年底的 551 万人，贫困发生率由 10.2% 降至 0.6%，连续 7 年每年减贫 1000 万人以上。截至 2020 年底，全国剩余未摘帽贫困县还有 52 个、未出列贫困村 2707 个、建档立卡贫困人口未全部脱贫。已脱贫人口中近200 万人存在返贫风险，边缘人口中还有近 300 万存在致贫风险③。2020年绝对贫困消除以后，将重点解决相对贫困人口发展问题，相对贫困人口

---

① 习近平总书记于 2020 年 3 月 6 日在决战决胜脱贫攻坚座谈会上的讲话中提出"推动减贫战略和工作体系平稳转型，统筹纳入乡村振兴战略，建立长短结合、标本兼治的体制机制"。2020 年 5 月 11 日至 12 日，习近平总书记在山西考察时强调"推动脱贫攻坚和乡村振兴有机衔接"。2020 年 5 月 22 日，习近平总书记在参加十三届全国人大三次会议内蒙古代表团审议时再次强调"推动脱贫攻坚和乡村振兴有机衔接"。2020 年 12 月 28 日，习近平总书记在中央农村工作会议上又一次强调"要做好巩固脱贫攻坚成果同乡村振兴有效衔接"。

② 习近平总书记指出，到"十四五"末，全体人民共同富裕迈出坚实步伐，居民收入和实际消费水平差距逐步缩小。到 2035 年，全体人民共同富裕取得更为明显的实质性进展，基本公共服务实现均等化。到 21 世纪中叶，全体人民共同富裕基本实现，居民收入和实际消费水平差距缩小到合理区间。要抓紧制定促进共同富裕行动纲要，提出科学可行、符合国情的指标体系和考核评估办法（习近平，2021）。

③ 《习近平：在决战决胜脱贫攻坚座谈会上的讲话》，新华网，http://www.xinhuanet.com/politics/leaders/2020 - 03/06/c_1125674682.htm，最后访问日期：2020 年 3 月 6 日。

依然存在底子薄弱、抗风险能力弱、造血能力差、返贫概率高等现实难题。因此，防止贫困的末端波动，深入持续推进相对贫困群体的发展型改善，是"十四五"时期面临的重大挑战，巩固脱贫攻坚成果任重道远。

（一）学前教育发展增速较快，但须持续破解农村贫困儿童"入园难、入园贵"等困境

2019 年，全国共有幼儿园 28.12 万所，学前教育入园幼儿 1688.23 万人，在园幼儿 4713.88 万人，超过在园幼儿数 4500 万人的"十三五"规划目标。学前教育毛入园率达到 83.4%[1]，距离 85% 的规划目标仅有 1.6个百分点的差距，按照过去 8 年年均增长超过 3 个百分点的增速，有望2020 年末顺利完成规划目标，但存在较明显的区域差异，个别地方学前三年毛入园率还在 50% 以下。全国普惠性幼儿园覆盖[2]为 73.1%，距离2020 年末 80% 的普惠目标还差近 7 个百分点[3]，尚有 4000 个左右的乡镇无公办中心幼儿园[4]，与"农村地区每个乡镇原则上至少有一所公办中心园"有差距。全国幼儿园教职工人数为 491.57 万人，专任教师人数为276.31 万人，按每班"两教一保"标准测算尚缺近 50 万人。尽管近些年学前教育经费投入在全国教育经费总投入中增长最快，达到 4099 亿元，占全国教育经费总投入的 8.17%，占 GDP 总量的 0.41%，但与经合组织国家 0.80% 的平均比重比起来还低不少（柳倩、黄嘉琪，2019）。学前教育经费相比于其他教育学段而言投入总体偏小，下一步需继续提高公立和普惠性学前教育资源供给量，完善政策保障体系，优化均衡教育质量，改善学前教育供给不足和不优给教育贫困儿童带来的不利影响，消除学前教

---

[1] 《教育部发布 2019 年全国教育事业发展统计公报 全国各级各类教育事业取得新进展》，中华人民共和国教育部，http://www.moe.gov.cn/jyb_xwfb/s5147/202005/t20200521_457227.html，最后访问日期：2020 年 5 月 21 日。

[2] 普惠性幼儿园覆盖率指公办园和普惠性民办园在园幼儿占比。

[3] 《教育部关于印发〈县域学前教育普及普惠督导评估办法〉的通知》，中华人民共和国教育部，http://www.moe.gov.cn/srcsite/A11/s6500/202002/t20200228_425372.html，最后访问日期：2020 年 2 月 28 日。

[4] 陈宝生：《国务院关于学前教育事业改革和发展情况的报告——2019 年 8 月 22 日在第十三届全国人民代表大会常务委员会第十二次会议上》，全国人民代表大会，http://www.npc.gov.cn/npc/c30834/201908/1c9ebb56d55e43cab6e5ba08d0c3b28c.shtml，最后访问日期：2019 年 8 月 22 日。

育与全社会需求蓬勃增长之间的供需矛盾。

（二）义务教育发展成就显著，但须警惕农村贫困地区县域教育基本均衡反弹

农村义务教育薄弱学校的大量存在曾是制约我国县域义务教育长期均衡发展的核心环节，也是导致贫困代际传递的核心教育因素。自 2010 年以来，我国实施了中华人民共和国义务教育史上单项投资最大的工程——农村义务教育薄弱学校改造计划项目。该项目以中西部农村贫困地区为主，兼顾东部部分困难地区，把全国 2656 个县纳入实施范围，中央财政安排资金 1699 亿元[1]，带动地方投入 3727 亿元[2]，合计投入 5426 亿元，10.8 万所农村贫困地区义务教育薄弱学校办学条件得到全面显著改善。[3]此外，农村学校的存在主体是"乡村小规模学校"和"农村寄宿制学校"，加强"两类学校"的统筹规划、科学布局（《人民日报》，2020）是乡村扶贫与振兴的题中应有之义，尤为重要。

农村义务教育薄弱学校办学条件的改善，使制约县域义务教育均衡发展的最大短板得以逐渐化解，为通过县域义务教育基本均衡国家认定奠定了重要基础。2019 年 12 月底，全国累计共有 2767 个县通过国家认定实现县域义务教育基本均衡，占比 95.32%，累计已有 23 个省份整体实现县域义务教育基本均衡发展，提前一年实现了 2012 年确立的 2020 年目标——实现基本均衡的县（市、区）比例达到 95%。[4]尽管取得了卓越成就，但

---

① 《薄弱学校改造工作目标提前一年基本实现 农村义务教育学校办学条件得到显著改善》，中华人民共和国教育部，http://www.moe.gov.cn/fbh/live/2019/50340/sfcl/201902/t20190226_371170.html. 最后访问日期：2019 年 2 月 26 日。

② 部分省份，如河南，将教育费附加、4% 的农业税费改革转移支付资金、土地出让收益中计提 10% 的教育资金等经费集中。河南部分县市投入薄弱学校改造项目，保障项目资金落实。参见教育部网站，http://www.moe.gov.cn/jyb_xwfb/xw_zt/moe_357/s7865/s8513/. 2018 年底全国 99.8% 的义务教育学校达到"20 条底线"要求。

③ 《教育部透露贫困地区"改薄工程"五年进展：已投入 5426 亿》，百度，https://baijia-hao.baidu.com/s?id=1626616964057215239&wfr=spider&for=pc，最后访问日期：2019 年 2 月 26 日。

④ 《国务院关于深入推进义务教育均衡发展的意见》，中华人民共和国教育部，http://www.moe.gov.cn/jyb_xwfb/xw_zt/moe_357/jyzt_2016nztzl/ztzl_xyncs/ztzl_xy_zcfg/201701/t20170117_295047.html，最后访问日期：2017 年 1 月 17 日。

需格外注意的是，全国仍有 9 个省份 136 个县未通过认定县域内义务教育基本均衡，其中包括中部 2 个省份 39 个县、西部 7 个省份 97 个县①。这些都是教育均衡发展难上加难的核心攻坚区，也是真正阻断教育贫困发生的主战场。

全国 832 个国家级贫困县义务教育阶段辍学学生人数已由台账建立之初的 29 万减少至 2.3 万，其中建档立卡家庭贫困学生人数由 15 万减少至 0.6 万。2019 年末，全国义务教育巩固率达到 94.8%，这与 2012 年确立的 2020 年 95% 目标仅有 0.2 个百分点的差距，按照近五年年均 0.4 个百分点的增速，预估该目标年内能够顺利实现②。我国"义务教育有保障"问题基本得到解决，普及程度已达到世界高收入国家的平均水平，这是从根本上阻断我国贫困发生的重大教育贡献。

（三）高中教育毛入学率有所提升，但农村高中教育完成率和升学率亟待提高

高中阶段教育普及率的提高是劳动力质量提升的重要标志。《国家中长期教育改革和发展规划纲要（2010—2020 年）》指出，到 2020 年，我国新增劳动力平均受教育年限从 12.4 年提高到 13.5 年；主要劳动年龄人口平均受教育年限从 9.5 年提高到 11.2 年③。事实上，我国新增劳动力平均受教育年限已于 2018 年超过 13.6 年，劳动年龄人口平均受教育年限达到 10.6 年（陈宝生，2019）。平均受教育年限的提高，尤其是新增劳动力平均受教育年限的提高，是教育助力贫困地区未来劳动力从人口负担到人力资本转型升级的核心环节，故高中普及率和完成率显得尤为关键。因此，高中阶段的"十三五"教育扶贫工作有三项核心任务：一是从起点处扩大高中学位容量供给以提高毛入学率；二是从过程

---

① 《2019 年全国义务教育均衡发展督导评估工作报告》，中华人民共和国教育部，http://www.moe.gov.cn/fbh/live/2020/51997/sfcl/202005/t20200519_456057.html，最后访问日期：2019 年 5 月 4 日。

② 全国义务教育巩固率 2014 年为 92.6%、2015 年为 93%、2016 年为 93.4%、2017 年为 93.8%、2018 年为 94.2%。

③ 《国家中长期教育改革和发展规划纲要（2010—2020 年）》，中华人民共和国教育部，http://old.moe.gov.cn/publicfiles/business/htmlfiles/moe/info_list/201407/xxgk_171904.html?authkey=gwbux，最后访问日期：2014 年 7 月 15 日。

中提高学生的资助覆盖率以保证完成率；三是从结果处重视质量把控以提高升学率。

从城乡高中毛学率的历史差异中不难发现，近年来高中新增毛入学率的主要贡献来源于农村户籍学生入学人数的提高，而这从根本上依托于政府对农村地区高中教育的积极投资。投资的直接回报是全国高中阶段[1]毛入学率从"十二五"规划收官之年——2015 年的 87.0%[2] 上升至 2019 年底的 89.5%[3]，按年均 0.5 个百分点的增速，预计 2020 年底能顺利达成 90% 以上的规划目标。但因高中教育学习难度和教育投入等都进一步加大，对于贫困学生而言，农村高中教育完成率和升学率相比于其他类型高中学生群体有待提升。

（四）职业教育可以显著提升贫困人口技能，但吸引力有待提高

职业教育是教育扶贫的排头兵，是见效最快、成效最显著的扶贫方式（《中国教育报，2019》）。2019 年底，全国中等职业学校在校生已达到 1576.5 万人，中等职业教育的生源主体来自农村家庭和经济困难家庭[4]，毕业后超过 90% 的学生在城镇就业，就业率近年来稳定达到 96%。中职教育在帮助农村和经济困难家庭学生获得就业技能进而实现城镇稳定就业方面，发挥了重大作用。"十三五"期间，我国实施了职业教育东西协作行动计划、东西中职招生协作兜底行动、职教圆梦行动计划、技能脱贫千

---

① 全国高中阶段包括普通高中、成人高中、中等职业教育。

② 《2015 年全国教育事业发展统计公报》，中华人民共和国教育部，http://www.moe.gov.cn/srcsite/A03/s180/moe_633/201607/t20160706_270976.html，最后访问日期：2016 年 7 月 6 日。

③ 《中华人民共和国 2019 年国民经济和社会发展统计公报》，国家统计局，http://www.stats.gov.cn/tjsj/zxfb/202002/t20200228_1728913.html，最后访问日期：2020 年 2 月 28 日。

④ 超过 70% 的中职毕业生入学时为农村户籍，但毕业后超过 90% 的学生在城镇就业，参见《2015 全国中职就业率达 96.3% 超过 90% 的学生在城镇就业》，中华人民共和国教育部，http://www.moe.gov.cn/jyb_xwfb/s5147/201602/t20160226_230668.html，最后访问日期：2016 年 6 月 26 日。《2012 中国中等职业学校学生发展与就业报告》显示，2012 年就读中职学校的学生绝大多数来自农村和城市经济困难家庭，其中农村户籍学生占在校生总数的 82%。报告反映的虽然是 2012 年的数据，但农村孩子占中职教育主体的现象很早就出现了。2008 年我们对本地区中职学校学生来源进行统计时就发现，农村孩子占中职学校学生总数的 90% 以上，参见何文明，2013。另据中国发展研究基金会对东、中、西部 49 所中等职业学校的跟踪研究发现，中国约有 70% 的学生来自农村，超过 60% 的学生家庭经济贫困，参见《中国青年报》，2019。

校行动等诸项计划，总体目标是发挥城乡和区域优势，帮助建档立卡贫困家庭子女通过接受优质中等职业教育至少掌握一门实用技能以摆脱贫困。另外，针对农村转移就业劳动者、贫困劳动力和贫困家庭子女、企业职工等群体针对性实施职业技能提升计划和贫困户教育培训工程[①]，建立公益性农民培养培训制度，大力培养新型职业农民。近年来，职业教育切实实现了教育扶贫排头兵的功能，从 2020 年起，未来两年职业技能培训将达3500 万人次以上，这对乡村振兴和教育扶贫具有重大意义。但职业教育对初中毕业生分流承担能力亟须加强，其背后的核心诉求是提高职业教育吸引力。

（五）高等教育持续帮扶教育贫困，但须在机制匹配和扶贫内涵上深度创新

为促进乡村振兴和教育扶贫，我国在高等教育中实施了"农村贫困地区定向招生专项计划"（简称"国家专项计划"）、"农村学生单独招生"（简称"高校专项计划"）、"地方重点高校招收农村学生专项计划"（简称"地方专项计划"）三个专项计划，面向贫困地区和农村学生招生，同等条件下优先录取建档立卡等贫困家庭学生。自 2012 年以来，重点高校招收农村和贫困地区学生专项计划累计招生近 60 万人，建档立卡贫困家庭普通高校毕业生人数从 2015 年的 27.5 万人增加到 2019 年的 50.9 万人[②]。高职院校和中等职业学校招生主体生源类似，绝对主体是农村学生和家庭经济困难学生，高职院校将从 2020 年起未来两年通过实施分类考试招生扩招 200 万人，扩招指标将继续向贫困地区倾斜，建档立卡等贫困家庭学生将被优先录取。此外，高校的民族预科班、民族班招生计划持续向贫困地区、符合条件的建档立卡等贫困家庭学生倾斜。[③]

---

① 《国务院办公厅关于印发职业技能提升行动方案（2019—2021 年）的通知》，中华人民共和国中央人民政府，http://www.gov.cn/zhengce/content/2019 – 05/24/content_5394415.htm? trs = 1，最后访问日期：2019 年 5 月 24 日。
② 尹敏：《发挥好教育在脱贫攻坚中的独特作用》，中国新闻网，http://www.chinanews.com/gn/2020/06 – 13/9211441.shtml，最后访问日期：2020 年 6 月 13 日。
③ 《教育部等六部门关于印发〈教育脱贫攻坚"十三五"规划〉的通知》，中华人民共和国教育部，http://www.moe.gov.cn/srcsite/A03/moe_1892/moe_630/201612/t20161229_293351.html，最后访问日期：2016 年 12 月 29 日。

为直接促进乡村扶贫与振兴工作，我国高校全力投入教育、产业、智力、健康、消费等扶贫的直接工作中。通过高校与贫困地区、乡村直接结对，我国利用高校一切资源提升农村基础教育水平、资助家庭经济困难学生就学、帮扶贫困群众实现稳步脱贫，打赢脱贫攻坚战。

（六）实现贫困学生资助全覆盖，但须加大资助力度，提高精准度和智能化水平

为防止农村贫困代际传递，实现真正的"拔穷根"，我国教育系统对建档立卡贫困学生建立了专门档案实行精准资助，建成建档立卡贫困户家庭学生资助管理系统，优先保证其最大限度地享受资助政策，防止因贫失学。

我国已建成面向贫困学生全覆盖的资助体系。在学前教育阶段，对学前一年幼儿免除保教费（简称"一免"），对家庭经济困难学前一年幼儿发放生活补助金（简称"一补"），主要用于家庭经济困难幼儿的学习和生活费开支；在义务教育阶段，实施"两免一补"政策①；在职业教育阶段，中等职业教育实施免学费和国家助学金政策②；在高中教育阶段，普通高中免除建档立卡等家庭经济困难学生学杂费并实施国家助学金政策③；在高等教育阶段，实施"奖助贷勤补免"及入学绿色通道等"多元混合"的资助方式④。2018 年我国就基本做到了家庭经济困难学生"应助尽助"，全国资助各类家庭经济困难学生近 1 亿人次⑤。在建成贫困学生资助体系

---

① 我国已全面免除城乡义务教育阶段学生学杂费，对农村学生和城市家庭经济困难学生免费提供教科书，对家庭经济困难寄宿生提供生活补助。

② 2018 年底，中等职业教育共资助学生 1629.7 万人次，资助金额 399.96 亿元。

③ 普通高中教育已建立起以"国家助学金"为主体、"学校减免学费"等为补充，社会力量积极参与的普通高中家庭经济困难学生资助政策体系。2016 年 12 月《普通高中国家助学金管理办法》颁布，资助金额由 1500 元提高到 2000 元。普通高中教育共资助学生 1332.74 万人次，资助金额 189.79 亿元（2018 年）。截至 2019 年 10 月，中央财政累计投入 503.22 亿元，惠及几千所高中阶段学校的上千万学生。

④ 大学教育已建立"国家奖助学金、国家助学贷款、学费补偿贷款代偿、校内奖助学金、勤工助学、困难补助、伙食补贴、学费减免、绿色通道"等多种方式的混合资助政策体系。研究生教育已建立"国家奖助学金、'三助'岗位津贴、国家助学贷款、学费补偿贷款代偿"等多种资助政策体系。

⑤ 《我国 2018 年资助各类家庭经济困难学生近 1 亿人次》，百度，https://baijiahao.baidu.com/s?id=1638763007742798576&wfr=spider&for=pc，最后访问日期：2022 年 4 月 17 日。

的当下，未来工作是加大资助力度，提高精准度和智能化水平。

此外，从 2011 年起我国陆续在 29 个省份的 1631 个县开始实施农村义务教育学生营养改善计划。该计划覆盖了国家所有扶贫开发重点县，到 2018 年中央财政累计安排资金 1591 亿元，受益学生达 3700 多万人（《人民日报》，2018），农村义务教育学生营养改善计划进入全覆盖阶段。这对我国农村学生的健康成长起到了至关重要的作用。

（七）重点有效关爱农村特殊学生群体，预防其未来成为新发贫困人口

为解决中西部农村地区特别是边远贫困地区残疾儿童少年义务教育普及水平偏低的问题，我国从 2017 年开始实施了《第二期特殊教育提升计划（2017—2020 年）》，2020 年各级各类特殊教育普及水平已得到全面提高，残疾儿童少年义务教育入学率达 95% 以上，非义务教育阶段特殊教育规模显著扩大，3.6 万名残疾青壮年文盲接受了扫盲教育，但仍有部分特殊儿童少年因为身体条件无法完成学业，针对其特殊性采取 "一人一案" "一户一案" 的方法进行教育扶助、预防新发贫困尤为重要。

留守儿童和流动儿童是因我国乡村社会剧烈变迁而产生的两大特殊学生群体。相比于农村其他学生群体，他们属于更易受风险波动影响而成为教育贫困的弱者。我国于 2016 年出台了《关于加强农村留守儿童关爱保护工作的意见》，建立贫困地区建档立卡等贫困家庭留守儿童台账，基本建成家庭、学校、政府和社会力量相互衔接的留守儿童关爱服务网络。到 2020 年，我国留守儿童已明显减少①。留守儿童中有一部分是孤儿，中央财政建立了专项转移支付补助各地为孤儿发放基本生活费。从 2019 年开始，中央财政补助东、中、西部的孤儿基本生活费标准在原来的基础上增加了 50%。针对流出乡村的流动儿童，我国政策的核心是妥善解决其就学问题，实施以输出地政府管理为主、以公办中小学为主的 "两为主" 政策。

---

① 《中国儿童福利与保护政策报告 2019》显示，截至 2018 年 8 月底，全国共有农村留守儿童 697 万人。

（八）乡村教师变革乡村社会的力量显著增强，但仍需强化其能力提升

乡村教师是改变乡村教育贫困以实现教育促进乡村振兴的关键力量，国家主要在"引得来""留得住""有发展"等方面下功夫，重点改善乡村教师队伍人才结构，提高乡村教师改变乡村社会的能力。在"引得来"方面，我国特岗计划累计为农村中小学补充教师 75.4 万名，分配中央财政教育专项资金时向农村深度贫困地区倾斜。在"留得住"方面，我国从 2015 年起开始实施《乡村教师支持计划》，生活补助政策惠及中西部 130 万名乡村教师，颁发各级乡村教师荣誉证书，提高乡村教师的获得感和荣誉感。在"有发展"方面，我国从 2010 年起开始实施中小学教师国家级培训计划（以下简称"国培计划"）。"国培计划"始终以提升贫困地区乡村教师素质为实施重点，精准实施"乡村教师培训扶贫攻坚行动"，以"三区三州"等深度贫困地区、集中连片贫困地区为重点，实现贫困地区乡村教师、校园长培训全覆盖。

通过乡村教师的一系列助力工程，我国乡村教师的待遇有所改善，但"招不来、留不住、师资弱、结构不合理"等仍是困扰乡村教育促进乡村扶贫与振兴的主要问题。

（九）互联网接入率有所提高，但利用信息化实现乡村扶贫与振兴的"走出去"潜能尚需挖掘

在推进教育信息化背景下，2019 年上半年，全国中小学互联网接入率上升到 97.9%，93.6% 的学校已拥有多媒体教室。[①] 目前，教育信息化扶贫机制主要是实现优质教育资源共享。农村社会主要以"引进来"为主，对农村学校、乡土文化的原创性资源挖掘不足。未来，乡村扶贫与振兴需借助"互联网＋"实现乡土特色"走出去"和"引进来"并重的策略趋势。

---

① 《全国中小学互联网接入率达 97.9%》，搜狐网，https://www.sohu.com/a/400634357_120164561，最后访问日期：2022 年 4 月 17 日。

（十）国家通用语言文字普及率高，为实现乡村扶贫与振兴奠定了良好基础

掌握国家通用语言文字沟通交流和应用能力，既是提升"造血"能力的语言基础，也是学龄儿童"无障碍"融入学校生活的必要条件，更是我国实现乡村扶贫与振兴的重要基石。2020 年 3 月，我国国家通用语言文字普及率 80% 的目标已实现，顺利实现到 2020 年全国普通话普及率平均达到 80% 以上的目标。[①] 但中西部农村尤其是西部民族农村地区仍是普及重点，青壮年农民、牧民普通话应用能力依然是难点。

表 1　我国教育扶贫"十三五"重要指标完成情况

	指标	"十三五"目标	全国现状	
			数据	日期
总目标	剩余贫困人口	现行标准下农村贫困人口全部脱贫	现行标准下农村贫困人口全部脱贫	2021 年 2 月
	贫困发生率			
学前教育	在园幼儿数	4500 万人	4818.26 万人	2020 年底
	普惠性幼儿园覆盖率	80% 以上	87.74%	2020 年底
	学前三年毛入园率	85%	85.20%	
义务教育	基本均衡县（市、区）比例	96.8%	95.32%	2020 年底
	班额	大班额比 5% 以内	3.98%	2020 年底
	巩固率	95%	95.20%	2020 年底
	辍学学生人数（全国 832 个国家级贫困县）	—	由台账建立之初的 29 万人减少至 2419 万人，建档立卡辍学学生全部动态清零	2020 年 9 月
高中教育	毛入学率	90% 以上	91.20%（2015 年为 87%）	2020 年底
	新增劳动力平均受教育年限	从 12.4 年提高到 13.5 年	超过 13.8 年	
职业教育	中等职业学校在校生	1663.37 万人	1576.5 万人	2020 年底
	中职毕业生就业率	—	95% 左右	2020 年底

[①] 《教育部 国家语委关于印发〈国家通用语言文字普及攻坚工程实施方案〉的通知》，中华人民共和国教育部，http://www.moe.gov.cn/srcsite/A18/s3129/201704/t20170401_301696.html，最后访问日期：2017 年 4 月 1 日。

续表

指标		"十三五"目标	全国现状	
			数据	日期
高等教育	高等教育毛入学率	50%	54.40%	2020年底
	建档立卡贫困家庭普通高校毕业生人数	—	从2015年的27.5万人增加到2019年的50.9万人	
全面改薄	确保"20条底线"	2017年底前贫困县完成	99.80%	2019年底
学生资助	家庭经济困难学生覆盖率	全覆盖	—	—
教育信息化	多媒体教室比例	"三通两平台""三全两高一大"	98.35%	2020年底
	中小学互联网接入率	98%以上	100%，未联网学校实现动态清零	2020年底
	全国12.29万个建档立卡贫困村宽带网络覆盖	超过98%	—	2020年

注：①表中数据截止到2021年4月可查阅数据；②高中教育：包括普通高中、成人高中、中等职业教育；③"三通两平台"：宽带网络小小兔、优质资源班班通、网络学习空间人人通，建设教育资源公共服务平台、教育管理公共服务平台；④"三全两高一大"：教学应用覆盖全体教师、学习应用覆盖全体适龄学生、数字校园建设覆盖全体学校，信息化应用水平和师生信息素养普遍提高，简称"互联网＋教育"大平台。

资料来源：各省（区）教育发展事业概况、政府网、新闻网等，由笔者整理编制。

二 "十四五"时期教育促进乡村扶贫与振兴面临的新挑战

（一）城镇产业升级使乡村相对贫困人口转移排斥风险增大

2020年后，我国人口城镇化率达60%以上，户籍人口城镇化率达45%以上。在新一轮"撤乡并镇"和"合村并居"中，我国城镇化还将持续加速推进。早已驶入"快车道"的中国城镇化率增长是中国经济增长与繁荣背后真正的发动机，在加速农村劳动力转移的同时，创造了大量消费，释放了土地、劳动力和资金等丰富且宝贵的经济增长要素。但城镇化是一把"双刃剑"，从长远来看，它从规模优势上必然助推国家产业结构加速升级，而产业结构升级恰恰是知识、智慧、信息、观念、资本等密集化的过程，是供给侧的加速改革，其结果是对劳动密集型产业的排斥和对低技能岗位的淘汰，但加速推进的城镇化又面临着大批人口尤其是农转非人口的刚需就业和生存问题。新一轮经济变革、智慧城市建设等一系列产业升级是现代国家发展的大势所趋，放慢劳动密集型产业转型和升级步伐以解决庞大人口就业只是权宜之计，难以长久，这就对农村转移劳动力亟待从"人力密集型"转向"脑力密集型"提出了新要求，有赖于全员劳动生产率的持续提高。预估未来社会岗位增长的潜力点将聚焦于高端服务业和高新技术产业，当下农村转移劳动人口的综合能力很难适应城镇加速产业升级的内在需求，具有产业升级排斥人口就业的巨大风险。当然，历史一再证明，产业转型和技术变革也是重要的机遇期，技术在使传统工种消失的同时，创造出新的工作岗位，传统产业衰落的空间正是新兴产业兴起的地方。教育促进乡村扶贫与振兴的核心是要跟上城镇化背景下国家产业升级的步伐，明确提升面向时代和未来所需要的思维水平和职业能力。

（二）风险社会下乡村贫困人口返贫和新致贫的风险增大

国家扶贫开发重点县集体脱帽和集中连片特困地区的整体脱贫，使以地域性"连片块状贫困"为代表的国家"结构性贫困"将不复存在，全面建成小康社会后乡村社会中的贫困将大多数呈现出以点状个体特质为代表的"行动性贫困"特征，即个体或家庭在社会结构功能性改善的前提下由个体行动力弱导致的能力贫困。未来贫困主要与素质、能力等个人禀赋，以及自然灾害、投资失利、重大伤残等突发性事件有关，不再是普遍的结构性因素。随着城乡最低生活保障等各项制度的建立，减贫的内容不再仅仅是追求物质温饱与生存，而是转向追求更高层次的权利共享与发展。未来由"资源""物质"等低维要素层面组成的低维贫困匮乏问题将基本不复存在，但以"公平"为核心的权利层面和以"幸福"为核心的心智层面等高维贫困问题将更为突出，"平权""承认""融合""共享"等高维反贫困诉求将激增。教育扶贫将从低维的经济帮扶贫困转向以涵盖知识、能力、观念、心理、情感等为内涵的高维贫困。从"结构贫困"到"行动贫困"的转变尽管预示着未来贫困发生的偶发性，但我们预测未来贫困的波动性和反复性将增加，传统贫困主要是由收入水平低下所致，未来贫困可能更多源于对现有财富的支配性失败，我们判断未来公共政策对贫困干预的关注重点应不仅仅在"收入源"一端，"支出结构"的可持续性优化也是反贫困工作的重点。

疫情、洪灾等使社会风险日益频发，我国乡村人口在就业、健康、市场能力等方面面临着新挑战，返贫和新发致贫风险增大，未来要格外警惕"因业返贫""因病致贫""因灾致贫""因学致贫"四种类型贫困风险。鉴于此，扶贫体系的完善和创新才是持续巩固和降低未来贫困发生风险的保障，也是确保未来贫困偶发、低位、短期、可逆的核心所在。

（三）乡村相对贫困标准的动态性和复杂性使教育扶贫工作难度增加

全面建成小康社会后，随着"两不愁，三保障"目标的实现，全国乡村人均收入水平提升，现行标准下绝对贫困现象基本消除，但缓解发展不平衡、不充分的相对贫困问题则随之而来。可以预见，随着贫困线（按中位收入比例法制定）的动态调整，贫困的相对性特征将更为突出。从国际经验来看，世界任何国家都存在10%左右的相对贫困人口，如美国的贫困人口比例在10%~15%，欧盟是15%，英国是18%（欧阳煌，2019）。新教育贫困标准的制定是2020年后我国教育扶贫战略必须首先面临的核心任务。该任务不仅是贫困测量的重要基础，也是识别教育扶贫对象并科学制定相关扶贫政策的核心理据。我国应在国家底线标准的基础上，建立分区域以省情为主体标准的教育相对贫困人口标准和精准认定办法，准确识别新增和新发教育相对贫困人口，明确新型教育扶贫的阶段性和区域性特征，不难预测贫困对象确认增减标准的动态性和复杂性，将使未来教育扶贫难度增加。

（四）相对贫困标准的波动性将对教育贫困识别机制的精准性提出更高要求

过去针对绝对贫困线"一刀切"的教育扶贫方式，已明显暴露出"不精准"的弊病，"扶了不需要扶的""该扶的人没扶""扶错了教育贫困内容"等问题成为教育扶贫工作的死结。未来更大体量的相对贫困人口和更有限的财政投入要求教育扶贫必须更注重精准性。从对象选取、项目开展、资源分配、过程监督到成效评估全流程，从教育贫困识别到贫困内容识别全生态，都将面临追求精准性的挑战，尤其是在贫困变动相对性中实施教育精准扶贫动态工作。在未来阻断相对贫困中，我国要关注未来新发贫困问题。随着 2020 年原生贫困存量的大幅减少，阻断面向未来的贫困再造将是教育扶贫工作的长期主旋律，由关注"原生贫困"转向关注由综合资本不足导致的代际贫困传递和阶层固化问题，是从根本上解决贫困问题的长远之举。鉴于此，通过创新更有效的政策综合工具包来解决因决策缺陷、结构失衡、利益堵塞、身份歧见等造成的代际教育贫困问题尤为关键。

（五）财政紧缩下教育扶贫资金绩效优化工作将更具艰巨性

改革、发展、稳定均离不开财政，全国经济下行叠加减税费，财政收支矛盾持续凸显。同国家其他战略性工作一样，教育扶贫工作必须要过好紧日子。鉴于此，教育扶贫的投入必须从"加力提效"转变为"提质增效"，盘活教育扶贫资金存量，用好教育扶贫资金增量，通过资金绩效优化提高教育扶贫工作效率，全面监督和专业评估绩效，这将成为未来教育扶贫工作面临的新挑战。

（六）未来教育促进乡村扶贫与振兴的五大转向新特征

2020 年底，我国乡村绝对贫困将历史性终结，乡村贫困将进入新阶段，呈现出五大转向新特征：从"绝对贫困"转向"相对贫困"、从"低维贫困"转向"高维贫困"、从"结构性贫困"转向"行动性贫困"、从"来源贫困"转向"支出贫困"、从"原生贫困"转向"代际贫困"。基于未来乡村贫困的五大转向新特征，我们研判未来教育促进乡村扶贫与振兴具有五大特征：动态性、高维性、多元性、长期性和适契性。

三 "十四五"时期我国教育促进乡村扶贫与振兴的目标

（一）教育促进乡村扶贫与振兴的总体目标

进一步巩固脱贫攻坚成果，实现教育扶贫智能化，保障各学段教育贫困学生获得精准优化帮扶，充分发挥教育阻断贫困代际传递的综合功能，使教育扶贫变"输血"为"造血"，严防返贫和新发贫困，进而促进乡村振兴。

（二）教育促进乡村扶贫与振兴的具体目标

第一，巩固脱贫攻坚成果，返贫和新发贫困比例得到严格控制。建成并完善建档立卡贫困户教育发展国家评估追踪体系，形成完善的防止教育返贫监测预警和动态持续帮扶机制。

第二，实现教育促进乡村扶贫与振兴的智能化。建成教育扶贫自然人和法人身份基本信息数据库，建成国家教育扶贫综合数字服务平台。基本建成能够快速准确识别不同教育贫困对象，满足不同对象真实需求，政府、市场、社会三方联动，城乡一体的互利式国家教育扶贫服务体系。

第三，0~6岁农村儿童教育贫困全面改善。强化政府对学前教育的主体责任，彻底解决贫困村庄幼儿"入园难、入园贵"问题，构建以公办园和普惠性幼儿园为主、城乡一体的学前教育公共服务体系。到2025年底，普惠性幼儿园覆盖率达到85%（见表2），逐步普及学前三年教育，学前三年入园率向100%迈进。

表2 "十四五"时期我国教育促进乡村扶贫与振兴的具体目标

	指标	2025年	属性
学前教育	普惠性幼儿园覆盖率	85%	预期性
	学前三年毛入学率	100%	预期性
义务教育	城乡大班额比	基本解决	约束性
	净入学率	98%	预期性
	因贫失学、辍学率	0	约束性
高中阶段教育	毛入学率	93%以上	预期性
高等教育	毛入学率	62%以上	预期性
学生资助	教育贫困学生覆盖率	97%	约束性
教育信息化	中小学互联网接入率	100%	约束性
推普脱贫攻坚	国家通用语言文字普及率	90%以上	预期性

资料来源：各省（区）教育发展事业概况、政府网、新闻网等，由笔者整理编制。

第四，农村义务教育阶段贫困学生获得优化帮扶。建成覆盖全国农村家庭和全体学生的义务教育监测系统，巩固义务教育普及成果。到2025年底，义务教育阶段净入学率提升至100%，消除因贫失学、辍学现象，高质量消除义务教育大班额。实现"优者从教、教者从优"，满足贫困地区"有学上"和"上好学"的需求。

第五，农村贫困高中生资助比例和升学质量显著提高。建成多种筹措机制完善高中学生资助政策，为农村贫困高中生"就近"完成学业创造基本条件，实现全国高中阶段教育毛入学率达93%以上。提升高中教育教学质量，显著提高农村贫困高中生的升学质量。

第六，职业教育针对农村贫困人口的技能扶贫优势明显增强。通过扩招、免费和资助全面充分吸纳贫困生生源，提升贫困人口职业技能，提高职业教育实现充分稳定就业的职业回报率，全面承接未升入普高贫困学生分流工作，降低教育不足的致贫风险。

第七，高等教育服务乡村扶贫与振兴的动力、能力、覆盖面和综合效果显著增强。增加高等院校向相对贫困地区定向招生指标，保证高等教育毛入学率达62%以上。积极发挥以农林教育、师范教育为主的高等院校的辐射作用（闵琴琴，2018），扩大高校教育资源的扶贫效力，打破贫困地区"低收入低教育投入"的恶性循环。到2025年，基本形成当地政府、行业企业、高校、社会组织紧密联结、良性互动的"四位一体"产教融合发展格局。

第八，特殊教育贫困学生教育发展获得优先保障。提高各教育阶段的特殊教育学生公用经费标准和特殊教育教师津贴，适当增加年度预算，推进全国各地办好特殊教育学校。落实好"一人一案""一户一案"，全面提高各级各类特殊教育普及水平，扩大非义务教育阶段特殊教育招生规模，保障全国特殊群体都能接受适合个体需求和条件的教育。

第九，民族地区教育促进乡村扶贫与振兴工作获得重点支持。重视民族地区乡村教育问题，推进双语教师培育培训和双语教学改革，确保全国少数民族学生基本掌握和使用国家通用语言文字，缩小民族地区教育与其他地区教育平均水平的差距。推进民族语言课程改革，处理好"幼小初"衔接问题，实现"无障碍"升学。

第十，教育促进乡村扶贫与振兴的新模式和新功能得到全面开发，深度开展农业教育帮扶计划、农村教育帮扶计划和农民教育帮扶计划取得显著成效。

四 "十四五"时期我国教育促进乡村扶贫
与振兴的内容与措施建议

（一）巩固脱贫攻坚成果，严防返贫和新发贫困

一是建立国家防止教育返贫监测预警和动态持续帮扶机制。反贫困已进入一个新阶段，"防止返贫"和"继续攻坚"将处于同等重要的位置，要建立健全稳定脱贫长效机制，做好防止脱贫后的返贫相关工作，对脱贫人口进行动态持续监测，巩固提高反贫困能力。

二是建立并完善国家建档立卡贫困户教育发展评估追踪体系。通过建立最小单元的教育扶贫指标体系，持续追踪建档立卡贫困对象，尤其是其子女的教育贫困状态，动态及时反馈其各项发展指标的持续改进情况，做到"动态管理"和"常态监测"双统筹，保证摘帽不摘政策、脱贫不脱优惠。

（二）建立新型服务平台，实现教育促进乡村扶贫与振兴的智能化

一是确定国家教育贫困动态标准。把握相对贫困的特征，确立教育贫困的界定标准，形成准确甄别相对贫困的办法，精准识别教育贫困人口。

二是建立教育扶贫自然人和法人身份基本信息国家数据库。准确把握全国教育贫困者、现有帮扶者的基本信息，建立教育扶贫自然人和法人身份基本信息国家数据库。数据库包括贫困人口自然特征、教育特征、地理文化特征、贫困特征类型（知识、能力、技能、观念）等内容。

三是建立国家教育扶贫数字服务平台。依托基本信息数据库，开发教育帮扶资源互动平台。平台及时发布和更新教育帮扶供需信息，开展教育帮扶试验、宣传典型教育帮扶案例、梳理教育帮扶经验、协调教育帮扶资源、疏通教育帮扶机制等，在法律允许范围内公开教育帮扶过程数据资源，建立帮扶台账。利用人工智能和大数据技术精准匹配教育扶贫双方供需信息，对适时发生的教育贫困人口开展精准在线服务，开发平台的交互式服务功能。

四是建立帮扶主体双方的社区式教育共同体。充分调动帮扶主体的积极性，让帮扶主体有选择权，实现教育帮扶的可视化，有助于形成全社会积极参与教育扶贫的良好氛围。变传统任务式帮扶为自主性帮扶，充分调动市场和社会力量开展教育帮扶，促进教育帮扶者形成社会资本。

（三）实施推进 0~6 岁农村教育贫困帮扶计划，从贫困起点阻断贫困

一是实施人口优生计划。帮助青年男女形成正确的"优生"观念、传播科学的优生知识，提升人口出生率，从源头阻断贫困发生的早期遗传障碍。

二是实施乡村贫困父母早期养育优化计划。"健康发育"和"迁移性关键能力的早期培养"直接决定了儿童未来的可塑性高度。养育优化计划重点工作包括监管儿童营养和健康；实施贫困父母早期教养帮扶干预；建立早期养育中心，专注对贫困儿童好奇心、模仿力、观察力、专注力、探索精神等的培养。

三是实施农村学前教育贫困覆盖计划。学前教育要扩大对相对贫困地区和贫困人口的覆盖面。加大政府投入力度，新建、扩建农村地区公办园，逐步扩大优质公办园对相对贫困地区和贫困人口的覆盖面。大力支持普惠性民办幼儿园，建立促进普惠性民办幼儿园发展的成本分担机制，在合理用地、税费减免、以奖代补、公办教师派驻、政府购买服务等方面予以支持。建立以公办园、普惠性民办幼儿园为主体，多元并举的县、乡、村三级办园教育体系。

四是实施农村幼儿园课程改革计划。提供以游戏活动和乡土资源、形成良好习惯和可迁移性能力塑造为主，适合身心发展特点的个性化学前教育学习计划，摒弃小学课程的垂直化下移和群体同质倾向。

五是实施农村学前教育教师专业素养提升计划。学前教师是阻断代际贫困发生的核心早期干预力量，教师素养是提升学前教育质量的关键。应加大师资培养力度，实施学前教师的增量工程，保证数量充足；实施学前教师区域结构优化工程，保证区域配置高效；实施学前教师质量提升工程，提升学前教师教育教学水平，树立正确的儿童观，建立与教育贫困儿童认知心理与行为表达相适应的教师素养提升工程。

六是实施农村贫困家庭日常隐性贫困文化教育改进计划。儿童贫困思维、贫困观念、贫困行为和贫困文化是家长在日常生活中潜移默化地传递的，家长是降低儿童未来贫困发生的塑造者。改进计划将建构以社区教育服务为中心的扶贫家长学校体系，降低家长贫困心智结构诱发儿童贫困的概率。

（四）实施义务教育农村贫困学生帮扶和教师特殊支持计划，阻断新发贫困的早期积累

①保障教育贫困学生享受公平的受教育机会。进一步巩固义务教育普及成果，持续降低辍学率，巩固控辍保学成果。坚决保障教育贫困儿童获得公平的受教育机会是教育扶贫的底线。

②实施乡村教育贫困学生专项帮扶计划。乡镇寄宿制学校和乡村小规模学校是乡村教育贫困儿童的主要集聚地。对这两类学校的建设应科学制定布局规划，妥善处理撤并问题，出台国家"乡村小规模学校建设标准"和"乡镇寄宿制学校建设标准"，加快标准化建设。实施美丽村小建设工程，聚焦校园、班级、课程、课堂等要素，创建具有地方特色的良性运行模式，引领乡村小微学校特色发展。加强寄宿制学校管理，开展针对寄宿学生的校园文化建设和学生心理健康教育，因地制宜开展形式多样的文体活动，丰富寄宿生课余生活。构建"两类学校"区域共同体，加强办学自主性，推进学校治理能力和治理体系的现代化建设，立足乡土文化，激活"两类学校"的原创动力，建设现代化创新型农村学校。

③实施农村流动贫困学生帮扶计划。城市相对贫困主体发生了变化，既包括原有的城市贫困人口，也包括城镇化进程中的新市民和进城务工人员随迁子女，他们也是乡村扶贫与振兴需要关注的核心对象。城镇化进程中的新市民和进城务工人员随迁子女大多聚集在教学质量欠佳的城市薄弱学校或民办学校，故在对城市薄弱学校加强建设的同时，要加大对贫困流动人口子女教育需求的支持力度。第一，应保障义务教育入学机会"同城化"。落实"以居住证为主要依据"的随迁子女入学政策，在秉承"两为主""两纳入"[①]的工作原则下，简化手续，对学龄儿童合理分配学位，

---

① "两为主"指以流入地为主、以公办中小学为主；"两纳入"指将常住人口纳入区域教育发展规划、将随迁子女教育纳入财政保障范围。

保障其接受义务教育的权利。第二，要提前做出科学、公平和经济的教育布局规划。通过对流动人口的动态监测，配合有关部门掌握随迁子女的教育需求变化，提早根据常住人口增减趋势及分布特点有针对性地做出教育布局规划，并给予相应的人力、财力支持。第三，要保障义务教育后分流路径"同城化"。完善随迁子女接受义务教育后的分流路径公平性，提供参加流入地初中毕业生学业水平考试并报考高中享受与流入地学生同等待遇的机会，在毕业生升入普通高中、职业高中或专科学校方面享有同当地居民子女接受教育的同等权利，同时不断完善毕业生其他去向的同城待遇政策。

④实施相对贫困农村地区教师特殊支持计划。贫穷限制了农村儿童的想象，而教师则是他们探索远方的"望远镜"。第一，建立乡村高水平"首席教师"岗位计划。首席教师是打破乡村教育贫困传递的关键，打破贫困地区学校的思维定式，激发其内生活力，具有"鲶鱼效应"。应通过乡村首席教师引领，构筑教师从优文化，打造卓越专业精神，找回教育原创自信。第二，实施乡村校长、教师卓越计划。校长是学校变革的第一动力，是助力贫困儿童成长的"舵手"。应实施贫困地区校长领航工程，提高校长的治理能力和领导水平。提升乡村教师教学与管理的专业化水平，建构基于教师需求的立体化省级教育培训体系。鼓励教师培训"引进来"，实现培训的在地化、日常化和智能化，真正让培训主体到田间地头、到教学现场，解决乡村教师面临的现实教学问题；鼓励教师培训"走出去"，实施乡村教师跟岗培训，建立乡村薄弱学校和城镇优质学校的一对一教师帮扶制度。通过项目制和委托制，利用优质高等学校或企业进行乡村教师定制化培训服务，显著提高乡村教师的学历水平、整体素质、社会地位和乡村教育现代化水平。第三，实施乡村教师在地教学原创计划。越来越多基于标准化的教师培训、教法案例、同质性评价，使乡村教师缺乏基于自主性的原创精神和理想主义。实施在地教学原创计划的核心在于重塑乡土知识和乡土经验的价值，反观另一种非标准化、非同质化的乡村教育艺术，对越来越城市化的乡村教育教学方式主动进行检视，恢复乡村教育的"手工性"，而不是简单成为城市教育单向度亦步亦趋的"复制品"；恢复乡土教师作为教育科层化权力结构体系中自为的行动力量，重塑乡村教师面向乡村教育独特场景的原创能力和原创自信，保有乡村教师对乡村教育

的理想主义。第四，实施优秀乡村教师补充与退出计划。切实保障和改善乡村学校教师待遇，鼓励引导优秀大学毕业生到乡村学校进行教育实践、顶岗实习和终身从教，健全能够促进优秀乡村教师自由选择的流动机制。

（五）实施农村高中教育学生资助和质量提升计划，破解贫困代际传递陷阱

一是增加贫困学生接受优质高中教育的机会。增加高水平中学在贫困地区的招生指标，打破示范性高中城乡区别招生限制，让优秀贫困生有更多的机会进入高中继续学习。

二是实施农村高中贫困学生特殊资助计划。国家高中助学金投入数量和覆盖比例应根据相对贫困学生的实际情况进行动态调整，设立面向农村高中贫困学生的特殊资助计划，鼓励设立高中省级助学金，提高和加大对家庭经济困难农村高中学生的资助比例和力度；通过学费减免、勤工助学、校内奖学金和特殊困难补助等方式强化学校资助；鼓励社会团体、企事业单位及个人资助家庭经济困难学生。

三是实施农村高中教育质量专项提升计划。通过提升计划强化高中教育办学能力和教学质量，探索具有良好效果的教育组织试验和课程改革实验，满足多样化需求，努力提高贫困学生升入一流大学的比例，破解贫困代际传递陷阱。

（六）依托职业教育技能优势，使教育扶贫变"输血"为"造血"

一是实施职业教育农村贫困生生源吸纳计划。职业教育具有直接增强贫困学生致富本领的功能，充足的高素质蓝领人才能直接促进贫困地区的经济发展与社会建设，对"拔穷根"具有直接作用。建议从"一体捆绑评价"的角度探索农村贫困地区中职学校与高职院校进行一体办学衔接的机制，进一步扩大东部发达地区高等职业院校面向西部贫困农村地区中等职业学校学生单独招生和注册入学的比例，建议"9+3"免费中等职业教育从深度贫困地区向其他贫困地区适度拓展，切实促进职业教育优质教学资源和新增扩招名额向贫困地区、贫困家庭倾斜。做好初中职业课程与中职学校的有效衔接，在初中阶段大力推行职业教育分流，提高职业教育的

专业吸引力，加强技术技能培养和文化基础教育。

二是实施贫困学生职业技能提升助力计划。建议大力扶持职业教育阶段涉农专业，扶持面向未来产业升级乡村转移人口易于就业且附加值较高的专业，尤其需要重点评估和调整农村贫困地区职业教育专业设置的合理性，加快培养符合贫困地区产业需求的技术技能型人才，提升贫困学生真正面向未来社会实用可迁移的职业技能。加大政策支持和资源力度，建立学校、企业和行业间深度沟通、及时互动、动态反馈的有效调适激励机制，以培育真正面向就业市场和未来发展的"双师型"教师，提高职业教育师资理论和技艺水平，拓宽高水平"双师型"教师培养和引进渠道，切实提升中等职业教育质量。探索基于需求的灵活用人制度，创新和开阔中职教师任用机制和渠道，建议建立"国家双师型师资数据库"，压缩师资供需成本，使社会各界高技能人才以最短渠道、最优方式进入职业学校以各种形式服务需求方。

三是真正深度促进产教融合以提高农村贫困学生的就业率。加强中等职业学校与企业间的实质深度合作，破除机制性障碍共建校企合作平台，打造高质量的实习实训基地，提高职业教育学生实习实训补助，助力提升职业技能。实施优先照顾贫困学生就业的订单式职业教育人才培养，提高职业教育的现实回报率，真正帮助贫困学生通过一技之长实现稳定高质量就业，进而带动全家持续脱贫和防止返贫。

（七）发挥高等教育扶贫专业优势，从出口处提升贫困人口反贫困自为能力

一是实施农村贫困家庭一家一户一个大学生的"圆梦计划"。应适度提高"国家专项计划""高校专项计划""地方专项计划"三个专项计划面向贫困地区和农村学生单独自主招生录取的比例，尤其是扩大重点高校面向贫困地区和农村学生自主招生的比例。在三个专项计划之外，也可在普通高校优势学科专业试点设立面向贫困地区和农村学生的自主招生录取计划，创新各级财政投入培养贫困高校学生的制度，通过健全公平的单独招考机制增加招录数量，实现贫困家庭一家一户一个大学生的"圆梦计划"。

二是充分发挥高校服务功能，提高高等教育贡献率。鼓励高校对接乡村贫困地区建立服务与咨询的"思想库"，支持贫困地区政府加强与知名高校的战略合作，在人才培养、科技创新、干部锻炼、教师培训等方面开展深度合作。鼓励高校科研人员携带科技成果到乡村贫困地区创办与研究相关的资源性企业。鼓励有条件的高校在乡村贫困地区建立科研试验站或工作室，加强对农村在地化人员的培训，开展及时的技术咨询服务（王嘉毅、封清云、张金，2016）。

三是扶持贫困地区高校发展以提高改善地区贫困的能力。加大中央财政转移支付力度，重点提升贫困地区普通高校的办学能力和科研水平，明确贫困地区应用性高校服务当地经济社会发展的办学定位，重点发展支撑当地特色优势产业的应用性高校、应用性学科和应用性专业，实现高校教育教学实践与扶贫任务工作的有机整合，突出实践教学的实用产出导向。

四是关注贫困学生的学业和综合素质，提升其就业能力。在当前高校毕业生规模保持较快增长的背景下，大学生就业难问题日益凸显。在家庭社会资本不具备优势的情况下，高等教育扶贫应格外关注贫困学生的能力提升，从日常学业和综合能力发展方面给予贫困学生必要的帮扶和支持。

五是增加对高校贫困学生家长的实效性培训与资助。依托家庭所在地区高校或子女就读的高校进行有针对性的远程教育培训，增强家长对子女的教育支持意识。借助科技下乡、大学生暑期社会实践等活动，实行"一对一、多对一"的帮扶对接，为贫困家庭打造现实可行的"资助包"（孙涛，2020）。

六是建立健全高校扶贫帮扶常态长效机制。借助高等院校的力量对乡村贫困地区进行定点扶贫，提供基于需求的创新性多样化实效扶贫服务菜单，为乡村贫困地区全面提供高等教育潜在资源。在定点帮扶中，应重视高校扶贫工作实际效益，探索互利共赢的可持续帮扶模式，既重视对高校扶贫帮扶中的对照性评估，也重视基于起点差异的形成性评估，培育专业化的第三方评估机构和队伍，建立高等教育扶贫评估的科学化、专业性综合评价机制，对不同类型、不同层次、不同能力的高校开展合理的分类评价。

（八）给予民族教育特殊支持，在民族地区助力乡村教育帮扶

一是优先扩充民族地区尤其是边疆民族地区的乡村教育资源。民族地区是乡村教育精准扶贫、精准脱贫的重点区域，尤其是边境民族地区经济发展相对落后，教育基础相对薄弱，教育促进发展的意识薄弱，应予以重视以扩充民族地区的教育资源，集中力量改善办学条件和乡村教育环境，提高学龄儿童的入学率和巩固率，破解双语教育等瓶颈难题。

二是应格外重视民族地区乡镇寄宿制学校和乡村小规模学校建设。民族地区乡村往往具有人口过于稀疏或人口过于集聚的特征，针对民族地区人口分布和文化信仰特质，建议重点做好基础教育学段的农村学校布局结构调整。在民族地区学校布局结构调整中，既要考虑教育发展需要，又要考虑人口分布、宗教信仰、文化习俗、交通距离、经济水平和办学基础等实际情况，重点办好民族地区乡镇寄宿制学校和乡村小规模学校建设。另外，要进一步提高民族地区农村义务教育寄宿生生活费补助标准，实现民族地区义务教育学生营养改善计划全覆盖。

三是实施民族地区农村职业教育支持计划。建设一批具有民族地区特色、就业水平高的专业，让职业教育紧密对接民族地区产业发展对技术技能型人才的需求，对接民族地区贫困家庭学生的就业需求，帮助民族地区贫困家庭学生掌握一技之长，改变贫困状况。支持民族地区职业技能培训基地建设，实现民族地区初高中未就业毕业生职业技术培训全覆盖。

四是实施专项计划推进挂职、支教和顶岗实习。实施专项计划推进优秀中小学和幼儿园校长（园长）、教师到民族地区挂职锻炼或支教，在高校健全更有吸引力的专项计划推动优秀大学生到民族地区顶岗实习，提升民族地区教育水平。

五是实施巩固国家通用语言文字普及提升工程。"扶贫先扶智，扶智先通语。"① 在具备条件的高校大力培育具有双语教学能力的教师，提高民族地区学生的普通话应用能力，对不具备普通话沟通能力的农村青壮年要

---

① 《国务院扶贫办 国家语委关于印发〈推普脱贫攻坚行动计划（2018—2020年）〉的通知》，中华人民共和国教育部，http://www.gov.cn/xinwen/2018 - 02/27/content_5269317. htm，最后访问日期：2018年2月27日。

进行专项培训，结合当地产业发展实际，提高民族地区尤其是民族农村地区使用普通话进行基本沟通交流的能力。

（九）实施特殊教育资源合理配置，满足农村特殊贫困群体的个性化需求

一是加大农村贫困地区特殊教育资源的供给力度。提高农村贫困地区残疾儿童少年义务教育普及率，切实保证残疾人公平享有接受良好义务教育的基本权利。

二是做好农村特殊教育学生的教育安置工作。新建与需求匹配的特殊教育学校，采取就读特殊学校或随班就学普通公立学校的教育安置方式，对农村特殊教育学生的教育安置情况开展动态实时监测，实现精细化管理。

三是加大农村特殊教育师资培养力度。引进特殊教育优秀毕业生生源，开展高质量特殊教育教师培训计划，提升特殊教育教师的能力，建设高素质的农村特殊教育教师队伍。

四是支持农村特殊教育学生就业。整合多方资源，利用财政税收优惠政策，鼓励社会各界提供适合残疾人的就业岗位，增加残疾人就业机会。

（十）开发依靠教育促进乡村扶贫与振兴的新模式，塑造教育帮扶新功能

①开发依靠教育促进乡村扶贫与振兴的新模式。充分认识通过教育进行扶贫的手段功能，加强教育与社会其他领域扶贫的相互整合与渗透，重点开发与创新职业教育和高等教育有效促进乡村扶贫与振兴的新模式。

②开发教育对接"三农"教育帮扶振兴行动计划。首先，实施农业教育帮扶计划。该计划将教育促进乡村扶贫与振兴的工作视角置于帮扶农业生产全过程之中，通过搭建专业化的农业教育平台，对农民进行精准培训和实训指导，帮助农民在农业生产中及时学习和掌握新型农业技术与新型农业器具，通过教育降低农民开展农业试验创新的风险，为生产后续仓储、加工、销售等农业生产环节提供教育技术支持，进而实现农业生产收益更多留给农民的目标。其次，实施农村教育帮扶计划。该计划将教育促

进乡村扶贫与振兴的工作视角置于促进农村产业兴旺之中。根据农村实际情况,通过教育主体的参与式扶贫,因地制宜培育和发展农村新型副业,发展电子商务、乡村旅游、网络直播、特色种养、民俗体验等多重现代农村产业经营类型,开发、创生、讲述、推广有吸引力的乡村独特文化故事,将每个乡村独特隐匿的在地化资源用活,进而成为每个乡村实现教育扶贫与振兴的新经济增长点。最后,实施农民教育帮扶计划。该计划将教育促进乡村扶贫与振兴的工作视角置于农村人口转移之中。只有通过教育实施有效且稳定的农村人口转移培训,将农村剩余劳动力转移至城镇其他非农产业,才可以阻断现代农业生产发展中的内卷化发展趋势。只有通过农村农业人口单位农业生产的规模效应以及农村转移人口非农化生产经营的双向发力,才可以实现农民农村共同富裕,进而实现乡村振兴。

③建立教育扶贫与就业扶贫、产业扶贫、健康扶贫等扶贫方式的联动机制。国家扶贫话语与农民脱贫话语往往具有非同步性,让教育扶贫对象切实感受到教育扶贫提供方最直接、最实惠、最温暖的帮助,注重教育扶贫中直接可见的产出导向和成果导向扶贫,让被帮扶的贫困农民具有切切实实的获得感,是教育扶贫最为关键的一环。

参考文献

陈宝生,2019,《国之大计 党之大计——新中国教育事业的历史成就与现实使命》,《人民日报》9月10日,第13版。

董洪亮、赵婀娜、张烁、丁雅诵,2018,《优先发展,坚持教育战略地位不动摇——党的十八大以来我国教育事业改革发展成就综述之一》,《人民日报》9月8日。

高靓,2019,《职业教育:教育扶贫的"排头兵"》,《中国教育报》10月17日,第01版。

何文明,2013,《82%中职生来自农村说明了什么?》,《教育与职业》第34期。

李涛、邬志辉、周慧霞、冉淑玲,2020,《"十四五"时期中国全面建设小康社会后教育扶贫战略研究》,《教育发展研究》第23期,第30~42页。

柳倩、黄嘉琪,2019,《中国与OECD国家学前教育投入水平的比较研究》,《教育经济评论》第3期。

闵琴琴,2018,《农村高等教育扶贫:缘起、困境和突围》,《高等教育研究》第5期,第8页。

欧阳煌，2019，《关于构建减贫新体系的思考》，《农民日报》6月22日，第2版。

《人民日报》，2018，《优先发展，坚持教育战略地位不动摇——党的十八大以来我国教育事业改革发展成就综述之一》，9月7日。

《人民日报》，2020，《中共中央 国务院关于抓好"三农"领域重点工作 确保如期实现全面小康的意见》，2月6日，第1版。

孙涛，2020，《高等教育扶贫：比较优势、政策支持与扩展路径》，《南京社会科学》第2期，第2页。

王嘉毅、封清云、张金，2016，《教育与精准扶贫精准脱贫》，《教育研究》第7期，第12~21页。

尉成辉，2020，《实现脱贫攻坚与乡村振兴有机衔接》，《经济日报》1月13日。

习近平，2021，《扎实推动共同富裕》，《求是》第20期。

《中国教育报》，2019，《职业教育：教育扶贫的"排头兵"》，10月17日。

《中国青年报》，2019，《一个800万的缺口背后》，12月6日。

共同富裕背景下义务教育相对贫困识别与长效治理机制研究[*]

李　玲　张馨元　刘一波[**]

摘　要：2020 年我国消除绝对贫困后，进入共同富裕的新发展阶段，扶贫工作重心转向解决相对贫困，教育领域也从消除教育绝对贫困转向解决教育相对贫困。基于分配正义、承认正义和人的自由全面发展理论，结合现阶段义务教育发展情况与国家政策，运用德尔菲法等，本文构建了包含 22 项指标的义务教育相对贫困识别指标体系，通过引入"贫困发生率"的理念和方法，评估西部 6 个区县的义务教育相对贫困发生率，验证评估工具的有效性。基于此，本文提出构建多部门、多主体协同治理教育相对贫困长效机制，如明确政府、社会、学校、家庭、学生个人的权责；切实保障学生平等的受教育权；优质均衡配置教育资源，注重补偿性投入；强调承认公平，改善学校内部不平等的人际关系；加强学校内涵式发展，提升校长、教师的水平；完善课程评价体系，提高学生综合能力，提升教育质量；促进家校合作，激发学生的学习兴趣，提升学生的责任感与获得感。

关键词：共同富裕；义务教育；相对贫困

---

* 本文系国家社会科学基金重大项目"教育阻断贫困代际传递的政策设计与评估研究"（项目编号：18ZDA338）的研究成果。本文发表于《教育研究》2021 年第 5 期，有修订。

** 李玲，教授，西南大学教育政策研究所、西部教育与公共政策研究中心负责人，研究方向为城乡教育发展、城乡二元结构致贫、个人行为能力致贫、教育扶贫政策，E-mail：2251983158@qq.com；张馨元，西南民族教育与心理研究中心博士研究生，E-mail：2560392954@qq.com；刘一波，西南大学教育学部博士研究生，E-mail：1062996566@qq.com。

党的十八大以来，在以习近平同志为核心的党中央领导下，地方各级政府和人民共同努力，截至 2020 年底，全国建档立卡贫困家庭辍学学生实现动态清零，"义务教育有保障"的教育脱贫底线目标全面实现。[①] 2021 年 2 月 25 日，习近平在全国脱贫攻坚总结表彰大会上庄严宣告，我国脱贫攻坚战取得全面胜利，现行标准下 9899 万农村贫困人口全部脱贫，区域性整体贫困得到解决，完成了消除绝对贫困的艰巨任务。[②] 随着绝对贫困的消除，扶贫工作由实现"两不愁、三保障"目标向解决发展不平衡、不充分的多维相对贫困转变（王小林、冯贺霞，2020）。教育领域由此从消除教育绝对贫困向解决教育相对贫困的战略目标转型。

一 文献综述

国外文献对贫困原因、教育与贫困的关系、贫困与教育贫困的测度、教育绝对贫困和相对贫困的测度进行了研究。比如，Anand 和 Sen（1997）从权利相对剥夺的角度，提出相对贫困不仅包括收入贫困，还包括穷人在进入市场、教育与健康等方面的社会权利被相对剥夺。1998 年，意大利经济学家 Checchi（1998）在研究如何测度贫困的基础上，首次提出"教育贫困"的概念。他认为，教育既是多维贫困中的一个维度，也是促使人们被纳入劳动市场以及其他生活场域的关键性资源。2003 年，德国社会学家 Allmendinge 和 Leibfried（2003）区分了教育贫困的绝对和相对度量。从绝对视角来看，教育贫困是指国家法律规定的最低学历或文凭的缺乏；而从相对视角来看，教育贫困则是指学生获得的能力水平低于规定的阈值。此后，教育贫困作为贫困的重要维度逐渐成为国际贫困测度与评估项目的共识。

牛津大学贫困与人类发展中心（Oxford Poverty & Human Development

[①] 《教育扶贫斩"穷根"——全国教育系统脱贫攻坚综述》，中华人民共和国教育部，http://www.moe.gov.cn/jyb_xwfb/s5147/202103/t20210303_516846.html.，最后访问日期：2021 年 4 月 12 日。

[②] 《全国脱贫攻坚总结表彰大会隆重举行 习近平向全国脱贫攻坚楷模荣誉称号获得者等颁奖并发表重要讲话》，中华人民共和国中央人民政府，http://www.gov.cn/xinwen/2021-02/25/content_5588866.htm#1，最后访问日期：2021 年 8 月 4 日。

Initiative，OPHI）的 Alkire 和 Foster（2011）在 Sen 的权利剥夺理论基础上，构建了包括健康、教育和生活水平三个维度的全球多维贫困指数（Multidimensional Poverty Index，MPI）。威斯康星大学麦迪逊分校贫困研究所（Institute for Research on Poverty，IRP）的 Dhongde 和 Haveman（2019）构建了包括健康（残疾状况）、教育（接受高中以上教育状况）、生活水平（住房支出占收入比重）、经济保障（健康保险）、社交状况（英语流畅程度）和居住质量（住所人口密度）在内的六维度贫困测度指标体系。牛津大学贫困与人类发展中心和贫困研究所均将教育作为测度多维贫困的重要指标维度之一，强调教育之于贫困的指标性意义。

在我国，虽然"教育相对贫困"尚未被作为一个学术概念得到系统的研究，但自从 2015 年习近平总书记将"发展教育脱贫一批"列入"五个一批"工程、将教育作为脱贫手段和脱贫任务纳入国家扶贫顶层设计以来，相关问题得到了学界的关注。如，王小林、冯贺霞（2020）将教育、医疗以及信息获得等非货币方面的公共服务纳入多维贫困的治理框架。此外，学者们对教育扶贫内涵（刘军豪、许锋华，2016）和理论（孟照海，2016；李兴洲，2017）、实践理路（薛二勇、周秀平，2017）、绩效评估（张琦、史志乐，2018）、决胜脱贫攻坚后教育扶贫战略（王建，2020）的研究都不同程度地涉及教育贫困问题。教育扶贫关注教育与贫困的关系，遵循"投入－产出"逻辑，通过政策倾斜、资源投入等手段，提升贫困地区的教育水平，带动贫困人口脱贫。教育贫困关注教育活动本身的贫困，遵循"起点－过程－结果"逻辑，强调贫困群体教育权利、机会匮乏，接受的教育质量低下，缺少脱贫和发展的能力素质。可以说，解决教育贫困对贫困治理有相当重要的作用，是 2020 年后解决相对贫困的重要任务和手段。

本文在已有相关研究的基础上，从教育贫困的内涵和理论出发，结合我国义务教育现实发展水平和政策要求，通过科学的方法，建立 2020 年后义务教育相对贫困识别指标体系与测算方法，并在此基础上提出构建义务教育相对贫困长效治理机制的建议，为全面建成小康社会后义务教育相对贫困的监测与评估这一国家战略提供前瞻性学理依据。

二 教育相对贫困的内涵

贫困是人类历史发展中的一种社会现象，对其内涵的界定随着生产力和社会的发展而不断演变（张传洲，2020）。马克思指出，人类社会发展具有现实存在与生成二重性（参见邹诗鹏，2019）。因此，对现代社会贫困、相对贫困和教育相对贫困内涵的分析，需要立足现代工业社会的现实，面向人类社会发展的未来。

现代工业生产与交往实践形成了高度发达的社会分工，构成了以人们之间的相互需要为联合纽带的市民社会。立足工业社会现实，贫困是指个人未能充分融入现代劳动分工与社会交往体系，不能通过劳动和交往实践满足自身和家庭生活需要的匮乏状态。根据匮乏程度，贫困可以分为不能维持生存需要的绝对贫困（Rowntree，1997：99-101）和不能满足平等、尊重等社会需要的相对贫困（Townsend，1979：31）。现代机器大工业生产对劳动者素质提出了更高要求，接受教育成为参与现代社会生产的前提。据此，教育绝对贫困可以理解为由于教育权利和机会的匮乏，个人受教育程度较低，缺少参与劳动分工与社会交换以维持生存需要的知识和劳动技能；教育相对贫困可以理解为能够完成现代社会生产所需的最低程度的教育，但由于受教育机会和教育质量的限制，个人受教育程度未达到社会平均水平，处于劳动生产价值链的低端，以及个人在教育交往实践过程中不能得到平等、尊重的对待，遭受贬低、排斥，缺少融入社会交往实践的心理品质。

面向人类社会未来，马克思对现存市民社会的批判反映了实践与社会生活的应然性，赋予社会实践区别于西方现实正义原则的超越性价值内涵（王新生，2014）。这导致贫困内涵在价值领域的分野。止步于自利的个人自由，森（2012）指出，发展的终极目标是以实现个人权利为前提的"实质性自由"，贫困即是缺少"免受困苦——诸如饥饿、营养不良、可避免的疾病、过早死亡，以及能够识字算数、享受政治参与等等的自由"。基于人"类存在"的本质（王干才，2003）和现存社会生产社会化与私有制的矛盾，马克思指出，社会发展需要超越自利的市民社会，达成"真正使人能得到自由的全面发展"（马克思、恩格斯，2009：47），并且"每个人的自由发展是一切人的自由发展的条件"（马克思、恩格斯，1974：
189）的共同体。据此，马克思主义思想指导下的相对贫困应理解为，个
人封闭于私人利益、脱离共同体的实践活动异化了人的本质，社会实践的
结果成为反对个人自由全面发展限制的存在状态；教育相对贫困可以理解
为，教育培养体制存在缺陷，受教育者缺少为了社会共同体利益参与社会
生产和交往并在其中实现自我发展的能力素质。

基于我国将长期处于社会主义初级阶段的基本国情，以及教育相对贫
困现实与超越的双重内涵，教育相对贫困的识别与长效治理，一方面，需
合理运用西方的现实正义原则，保障学生能够融入现代社会生产、交往联
合；另一方面，需面向社会发展未来，建立以人的自由全面发展为原则的
人才培养体系，促使个人实践不断趋向于共同体下的社会实践。义务教育
阶段既是个体劳动能力积累的关键时期（李玲、朱海雪、陈宣霖，2019），
也是个体通过教育交往实践实现社会化的必经阶段。解决义务教育相对贫
困对解决整体教育相对贫困具有基础性和关键性作用。因此，本文以义务
教育阶段为例，探讨教育相对贫困的识别与治理。

三 教育相对贫困识别的理论基础

（一）分配正义理论

教育相对贫困表现为教育资源匮乏以及由此导致的教育机会不足，使
学生处于教育竞争劣势。分配正义主张，公共资源分配应当遵循权利平等
和机会均等的原则；为了提供真正的同等机会，社会应当给予弱势群体更
多关注，实施弱势补偿（冯建军，2016）。基于分配正义理论，学生的受
教育权缺少保障是教育相对贫困的首要表现。保障每个学生的教育权利不
受侵犯不仅是教育资源公平分配的前提，也是解决教育相对贫困的关键手
段。此外，教育相对贫困还表现为弱势群体缺少同等的教育机会，不能达
到社会平均受教育水平。严格意义上的教育机会均等要求完全依据天赋与
努力来决定个体的受教育程度（董泽芳、张国强，2007）。但现实中由于
地区经济发展水平和学生家庭社会经济地位的客观差异，薄弱地区和贫困
家庭学生的实际教育机会不足。为了实现教育机会均等，一方面，需要加

强薄弱地区教育投入，保障师资、经费和硬件设施的均衡配置；另一方面，需要通过教育财政转移支付、政府购买教育服务和贫困学生资助等措施进行补偿，以保障弱势学生具有同等的教育机会。

（二）承认正义理论

弱势学生受到他人贬低和排斥也是教育相对贫困的一种表现。而且，这种负面经历会形成学生的直接体验，不利于学生形成融入社会的积极心理品质。承认正义认为，相互承认的主体间关系是个人自我实现的前提条件，每种承认关系对应个体自我实现的一种渠道：爱的承认关系建立个体的人格基础，形成自信实践性自我关系；权利的承认关系保障人与人之间的平等地位，形成自尊实践性自我关系；团结的承认关系让个体在社会荣誉中获得价值认可，赋予个体不断超越自我，到达更高程度自我实现的激励，形成自誉实践性自我关系（霍耐特，2005：100～135）。否定承认关系产生的蔑视带给个体消极的心理体验，产生社会冲突的道德动机。建立承认关系、消除蔑视，能够形成积极的自我体验，促进自我实现（霍耐特，2005：140～147）。

在教育领域，承认正义体现为以下三种形式。第一，秉持促进学生发展的原则，消除对弱势学生的消极刻板印象，培育学生对自身能力发展和潜能开发的积极信念。第二，尊重、平等对待每个学生，不因学生家庭背景、学业成绩等任何原因贬低、歧视学生，促进学生形成自重、自爱的积极自我评价。第三，树立共同体观念，承认在分工联系越发广泛的现代社会，每个学生都将为社会发展贡献力量；肯定每个学生的价值，提升学生的自我价值感。同时，注重培养学生的社会共同体意识，引导学生形成在服务社会发展中实现自身价值的认知模式。

（三）人的自由全面发展理论

教育以促进人的自由全面的发展为最高鹄的（扈中平，2005：133），背离这一目标的教育教学实践是教育相对贫困的重要表现。人的自由全面发展包括人在劳动、社会关系和个性三个方面的发展：一是个体具备通过自主实践活动实现生存和发展的劳动能力；二是社会法则规范符合人"类存在"的本质要求，能够保障每个人追求和实现自身发展的利益；三是个体能够自觉认识和发展自身需要，自身才能得到全面发展（张端，2018）。基于人的自由全面发展理论，教育相对贫困相应地表现为，现有人才培养体制下的学生缺少自觉、自愿参与社会分工的劳动能力和价值观念；个人成就导向的教育评价体制掩盖了学生成就背后的家庭资本差异，不利于底层群体的教育获得；学校人才培养模式和实施方案单一，学生难以通过自我选择和自我设计实现自身兴趣和优势领域的发掘和发展，造成社会人力资源浪费。因此，完善教育人才培养过程需要根据各级各类教育的目标、任务，提升学校教育教学水平，使学生达到预期培养目标；落实劳动教育，培养学生正确的劳动价值观和服务社会发展的公共精神；摒弃仅以学业成就为标准的学生评价体制，建立囊括互助、合作等关系属性的综合素质评价指标，构建学生学习共同体；根据社会发展需求确立多元化人才培养模式，开设职业发展规划课程，促进学生理性选择和规划职业发展道路。

四 2020 年后义务教育相对贫困识别 指标体系的构建

（一）义务教育相对贫困识别指标领域及维度的确立

义务教育相对贫困识别，是对义务教育阶段受教育者能力素质进行评估，并对教育培养活动起点、投入和过程的公平性加以考察，最终形成教育相对贫困是否发生的结论的过程。义务教育相对贫困识别指标体系在这一过程中起到了标尺作用。

根据教育相对贫困内涵和识别理论基础，确立教育相对贫困识别指标体系的教育起点、教育投入、教育过程、教育结果 4 大指标领域。其中，教育起点领域包含教育权利 1 个维度；教育投入领域包含学校规划建设、师资队伍建设和薄弱学校支持 3 个维度，反映分配正义要求；教育过程领域包含人际关系、人才培养两个维度，前者体现承认正义规范，后者反映人的自由全面发展原则；教育结果领域包含知识素养、心理品质两个维度，反映学生融入现代社会生产、交往体系所需的能力素养（见表 1）。

表 1 义务教育相对贫困识别指标体系

指标领域	指标维度	指标项目
教育起点 (A1)	教育权利 (B1)	学校显/隐性辍学率（C1）
		随迁子女异地升学比率（C2）
教育投入 (A2)	学校规划建设 (B2)	县镇学校班额合格率（C3）
		乡镇寄宿制学校办学条件达标率（C4）
		乡村小规模学校布局的科学合理度（C5）
	师资队伍建设 (B3)	乡村教师津补贴、培训与职称评聘倾斜政策落实比率（C6）
		县城学校教师到乡村支教比例（C7）
	薄弱学校支持 (B4)	政府购买乡镇寄宿制学校工勤人员服务覆盖率（C8）
		大型乡镇寄宿制学校校医与心理辅导人员配备率（C9）
		乡村小规模学校经费保障与使用管理合格率（C10）
教育过程 (A3)	人际关系 (B5)	学生贫困污名知觉（C11）
		弱势学生帮扶、关爱指数（C12）
	人才培养 (B6)	教师胜任力与校长教学领导能力（C13）
		学校劳动教育课程设置与实施率（C14）
		学校学生综合素质评价制度实施率（C15）
		学校学生职业发展规划教育实施率（C16）
教育结果 (A4)	知识素养 (B7)	阅读素养（C17）
		数学素养（C18）
		科学素养（C19）
	心理品质 (B8)	自我效能感（C20）
		自尊水平（C21）
		自我价值感（C22）

（二）2020 年后义务教育相对贫困识别指标的选取

确定指标领域及维度之后，根据当前义务教育发展的现实问题与发展公平而有质量的教育政策要求，初步拟定各维度指标项目，形成义务教育相对贫困识别指标体系征求意见稿。运用德尔菲法，经过全国东部、中部、西部、东北部的 69 位教育专家、学者和 36 位教育行政管理者的三轮指标认同度打分（认同度从低到高分别为 1～5 分）和意见反馈，对认同度得分较低（低于 4 分）的指标以及专家认为需要修改的指标进行调整，形成包含 22 个指标项目的义务教育相对贫困识别指标体系。

1. 教育起点领域指标的选取

保障学生的受教育权是实现教育起点公平的基础和前提。全面普及九年义务教育以来，党和政府高度重视义务教育学生失学辍学问题，为保障适龄儿童平等接受义务教育做出了系列部署。2017 年，国务院办公厅印发了《关于进一步加强控辍保学提高义务教育巩固水平的通知》（以下简称《控辍保学通知》），提出了多措并举的控辍保学治理方案。此后，我国控辍保学工作成果显著，义务教育失学辍学人数持续下降。2020 年脱贫攻坚任务完成后，义务教育学生因贫失学辍学问题得到历史性解决[①]，但义务教育控辍保学工作还有待进一步加强。

2020 年 6 月，《教育部等十部门关于进一步加强控辍保学工作健全义务教育有保障长效机制的若干意见》提出，受思想观念、自然条件等多种因素影响，一些地区防止学生辍学新增和反弹的任务依然十分艰巨。此外，由学习困难、"读书无用" 观念导致的隐性辍学现象在我国深度贫困地区并不鲜见。这类学生 "人在心不在"，处于辍学的边缘，对控辍保学工作构成潜在威胁。对此，2020 年后义务教育辍学长效治理需要全面落实控辍保学政策部署，加强跟踪监测，补齐短板、堵住漏洞，防止反复辍学和新增辍学；完善控辍保学动态监测机制，加大排查力度，防范隐性辍学情况。

此外，随迁子女学生群体在完成义务教育阶段后，能否正常在流入地参加升学考试是关涉随迁子女受教育权益的重要问题。由于我国户籍制度和教育资源的有限性，随迁子女异地中考面临"门槛高""局部开放"等诸多问题（兰伟彬，2017）。有研究发现，异地中考政策入学门槛越高，随迁子女读高中的意愿越低（陈宣霖，2018）。随迁子女不能拥有平等的升学机会，会显著降低父母的教育参与度和对学生的期望（王毅杰、黄是知，2019），对学生发展造成不利影响。因此，未来需要进一步降低异地升学门槛，提高异地升学比率，保障随迁子女的受教育权益。为此，本文

---

① 《让因贫辍学成为历史——代表委员热议打好教育脱贫攻坚战收官系列报道之一》，中华人民共和国教育部，http://www.moe.gov.cn/jyb_xwfb/s5147/202005/t20200525_458553.html，最后访问日期：2020 年 7 月 22 日。

选取"学校显/隐性辍学率"（C1）、"随迁子女异地升学比率"（C2）指标来反映薄弱地区学生、随迁子女的"教育权利"（B1）保障情况。

2. 教育投入领域指标的选取

教育资源的均衡配置和补偿投入是解决教育绝对贫困的关键，也是解决教育相对贫困必不可少的手段。我国过去通过"补短板"和"优化教育资源配置"，显著提升了义务教育均衡发展水平。截至2019年12月底，我国义务教育基本均衡县占比为95.32%[①]。90.1%的中小学拥有多媒体教室[②]，全国中小学（含教学点）互联网接入率达到98.4%[③]，优质数字教育资源惠及深度贫困地区400多万孩子。义务教育学生资助体系也趋于完善。但受区域发展不均衡和城镇化驱动叠加影响，"城镇挤，乡村弱"的城乡教育发展不均衡问题依然突出。[④]

一方面，城镇学校"大班额""超大班额"现象依然存在。研究团队实地调研发现，西部有些县镇学校一个班学生近百人，严重制约课堂教学质量提升。另一方面，乡村地区教育在师资队伍建设、寄宿制学校建设和小规模学校布局等方面的发展仍相对滞后。因此，2020年后仍需优化义务教育资源配置，推进城乡义务教育均衡发展，继续统筹解决县镇"大班额""超大班额"问题；落实乡村教师津补贴，推动教师培训和职称评聘向农村地区倾斜，提升乡村教师群体的职业吸引力和专业能力；推动城乡教师轮岗交流，优化教师资源配置；乡镇寄宿制学校在保障教育教学条件的基础上，进一步加强学生生活和文体活动设施建设；根据教育资源整合优先性、学校空间可达性和学校规模适度性等原则，合理规划乡村小规模学校布局（金志峰、庞丽娟、杨小敏，2019）。因此，本文选取"县镇学校班额合格率"（C3）、"乡镇寄宿制学校办学条件达标率"（C4）、"乡村

① 《2019年全国义务教育均衡发展督导评估工作报告》，中华人民共和国教育部，http://www.moe.gov.cn/fbh/live/2020/51997/sfcl/202005/t20200519_456057.html，最后访问日期：2020年7月22日。

② 《教育部：2019年全国98%的中小学（含教学点）实现网络接入》，https://m.gmw.cn/baijia/2020-05/14/1301222911.html，最后访问日期：2020年8月4日。

③ 《2019年10月教育信息化和网络安全工作月报》，中华人民共和国教育部，http://www.moe.gov.cn/s78/A16/gongzuo/gzzl_yb/202112/t20211221_589026.html，最后访问日期：2020年7月22日。

④ 《基础教育再进化》，中华人民共和国教育部，http://www.moe.gov.cn/jyb_xwfb/s5147/202008/t20200803_476548.html，最后访问日期：2020年8月12日。

小规模学校布局的科学合理度"（C5）指标来反映"学校规划建设"（B2）状况；选取"乡村教师津补贴、培训与职称评聘倾斜政策落实比率"（C6）、"县城学校教师到乡村支教比例"（C7）来反映"师资队伍建设"（B3）情况。

同时，需加大对乡村薄弱学校的支持力度。研究团队调研发现，由于政府购买乡镇寄宿制学校工勤人员服务机制尚未完善，西部乡村学校后勤安全管理运转面临较大压力；乡镇大型寄宿制学校缺少校医和心理辅导人员，学生身心健康缺乏保障；乡村小规模学校经费保障不到位，经费使用效率有待提高。因此，未来需要完善政府购买教育服务机制，根据学校实际情况和学生发展需求确立寄宿制学校校医和心理辅导人员配备标准；根据地方政府财政能力，完善小规模学校经费预算分配体系与使用管理制度（赵丹、陈遇春、赵阔，2019）。本文选取"政府购买乡镇寄宿制学校工勤人员服务覆盖率"（C8）、"大型乡镇寄宿制学校校医与心理辅导人员配备率"（C9）、"乡村小规模学校经费保障与使用管理合格率"（C10）指标来反映"薄弱学校支持"（B4）状况。

3. 教育过程领域指标的选取

教育相对贫困不仅关涉显性的教育资源分配，还包括隐性的教育内部人际关系。改革开放以来的很长一段时间，服务于国家发展和经济建设需求，教育公平表现为以学生分数的高低为选拔依据的"能力公平"。在这一标准下，成绩差的学生往往难以得到与成绩好的学生同等的对待，成为边缘人甚至是局外人（程天君，2017）。有研究发现，由于早期社会化经验的差异，贫困家庭学生的主观心智结构与学校场域之间匹配程度较低（Lareau，2011：3-4），这使他们在学业竞争中处于弱势。在"贤能主义"的教育理念下，教师倾向于将学业弱势学生群体建构为"能力不足"的学业失败者（谢爱磊，2017）。在现实的学校环境中，贫困学生往往会被冠以学业成就低、行为习惯差等污名，造成教师和同伴对贫困学生的刻板印象、贬低和排斥，降低他人对贫困学生的期望并导致贫困学生的内卷化（孟照海，2016）。

承认的非正义是由文化秩序和价值关系上的不平等导致的（冯建军，2016）。因此，矫正教育内部的人际关系不平等需要转变以"才能"为衡量标准的教育公平理念。党的十六届三中全会提出"以人为本"的理念之后，教育由强调政治、经济功能逐渐转向强调文化功能和促进人的全面发展，这为树立"以学生为本"的教育公平观奠定了政治基础（程天君，2017）。矫正教育承认的非正义，从根本上要超越"贤能主义"零和博弈之争中的有限公平（刘云杉，2009），构建社会共同体视域下的"成就人人"的教育公平体系。在教育实践中，消除对弱势学生一切形式的消极刻板印象、贬低和歧视，建立以关怀、尊重和价值认可为原则的关爱体系，是解决当前教育系统内部存在的不平等、不民主以及等级化、边缘化、排斥、欺侮等现象的必然要求（石中英，2015），也是2020年后解决教育相对贫困需要关注的新领域。因此，本文选取"学生贫困污名知觉"（C11）、"弱势学生帮扶、关爱指数"（C12）指标来反映教育过程的"人际关系"（B5）维度情况。

随着义务教育资源投入基本均衡的实现，2020年后解决义务教育相对贫困的工作重点将逐渐转向优化学校人才培养过程、提升教育质量。为此，本文选取"人才培养"（B6）指标作为教育过程领域的另一个维度。

提高教育质量，需要一批高素质的教师。调查发现，教师教学方式方法机械、课程枯燥乏味是学生缺乏学习兴趣、厌学乃至辍学的重要原因（谢泽源、杨晓荣、谢梅林，2012）。激发学生的学习兴趣、提升教育质量，不仅需要教师具备专业知识和教育教学技能，还需要能够提供教师教学支持和促进师生共同成长的校长和教学领导集体。2019年，《中共中央 国务院关于深化教育教学改革全面提高义务教育质量的意见》提出，要提升教师教育教学能力和校长教育教学领导力。因此，加强学校教师能力和校长教学领导能力建设，是优化人才培养过程的重要任务。因此，本文选取"教师胜任力与校长教学领导能力"（C13）指标来反映学校教师、校长教育教学能力水平。

教育还需培养学生劳动创造价值的观念和劳动服务社会的精神，使劳动成为学生自觉自愿的活动。现代社会以供需和交换为基础的市场经济要求劳动者转变自给自足的小农思维，需要教育在培养贫困群体自力更生、勤劳奋斗精神的基础上，进一步发展他们的集体合作意识和公共精神。2020年，《中共中央 国务院关于全面加强新时代大中小学劳动教育的意见》指出，要把劳动教育纳入人才培养全过程，促进学生形成劳动自立意识和主动服务他人、服务社会的情怀。因此，落实劳动教育，让学生在劳动中学会和他人合作，是完善人才培养过程的必然要求。因此，本文选取"学校劳动教育课程设置与实施率"（C14）指标来反映学校劳动教育落实情况。

学校的制度规范要维护每个学生的发展利益，但由于经济、文化资本的匮乏，工人家庭和农民家庭子女在与其他阶层子女的学业竞争中处于劣势，集中转化为工人家庭和农民家庭较低的教育期望（文军、李珊珊，2018）。在学校中，学习上的后进使工人家庭和农民家庭学生难以得到价值认可，逐渐丧失学习的信心和动力，导致学习投入不足和更低的评价（谢泽源、杨晓荣、谢梅林，2012）。在以学业成就为评价标准的个人竞争的教育体系中，这些不利因素往往会形成恶性循环，最终导致工人家庭和农民家庭"读书无望"的生存心态。打破这一恶性循环的关键在于，改变个人成就导向的学生评价，将互助、合作等行为和品质纳入学生综合评价体系，使学生从单一的竞争关系中解放出来，形成学习发展共同体。因此，本文选取"学校学生综合素质评价制度实施率"（C15）指标来反映学生评价制度的公正性、合理性。

教育促进学生个性发展，需要根据不同学生的特点和需求提供多元化的培养方案。但我国当前初中学校人才培养模式的升学倾向明显，不利于职业技术倾向的学生探索自身的职业兴趣和发展方向。此外，工人家庭和农民家庭学生在学术倾向的教育体系中往往处于弱势，难以通过学历文凭得到满意的职位（Kerckhoff，1995），这加剧了工人家庭和农民家庭学生"读书无用"的心态。研究显示，青少年职业规划对其学业成就有正向影响。因此，为提升学生升学和职业成功的概率，有必要在初中阶段开设相关课程，培养学生职业兴趣（Oliver & Spokane，1998）。《控辍保学通知》指出，积极促进农村初中普通教育职业教育融合，为中等职业教育招生打下基础。因此，有必要在初中阶段开展职业规划教育，促进学生思考职业发展方向，明晰职业发展道路。本文选取"学校学生职业发展规划教育实施率"（C16）指标来反映学校对学生职业生涯的指导情况。

4. 教育结果领域指标的选取

教育贫困最终表现为学生缺少满足生存需要、社会需要和自我实现需要的能力素养。在义务教育阶段，教育贫困主要表现为学生缺少必要的知识素养和心理品质。

对于学生的知识素养，2017 年教育部发布的《县域义务教育优质均衡发展督导评估办法》指出，学生学业质量要实现学生相关科目学业水平在国家义务教育质量监测中达到 Ⅲ 级以上。此外，经济合作与发展组织（Organization for Economic Co-operation and Development，OECD）开展的国际学生评价项目（Programmer for International Student Assessment，PISA）致力于评估学生现实生活和学习所必需的知识和技能（李玲、朱海雪、陈宣霖，2019），为学生知识素养评估提供了可供参考的测评工具。本文采用国际学生评价项目中的"阅读素养"（C17）、"数学素养"（C18）和"科学素养"（C19）作为义务教育学生"知识素养"（B7）的维度指标。

对于学生的心理品质，根据承认正义理论，以关怀和尊重为原则的人际关系能够满足学生尊重和平等对待的社会需要，培养学生自信、自尊的心理品质；承认每个学生的独特价值，培养学生服务他人和社会的公共精神，能够发展学生的自我实现需要，增强自我价值感。因此，本文选取"自我效能感"（C20）、"自尊水平"（C21）和"自我价值感"（C22）作为"心理品质"（B8）的维度指标，以反映学生的社会需要和自我实现需要实现水平。

五　义务教育相对贫困识别的方法与应用示例

（一）义务教育相对贫困识别的方法

根据评估结果判断相对贫困状况是义务教育相对贫困识别的关键。本文引入"贫困发生率"的理念和方法，测算义务教育相对贫困水平。贫困发生率是由朗特里（Rowntree，1997：99－101）于 1899 年对英国约克市贫困状况进行估计时提出的，指一国或地区贫困人口占总人口的比率。本文引申为"教育相对贫困发生率"，指一国或地区教育相对贫困人口占总人口的比率。它可以直观反映地区范围内教育相对贫困的规模。

"义务教育相对贫困发生率"的测算，首先需要通过官方统计资料和田野调查获得学校和学生层面的数据，然后对每个指标维度设定一个平均水平或应然标准，根据这一标准来判断调查样本在该指标维度上是否贫困，具体测量方法和步骤如下。

第一，各维度取值。令 n = 样本数，d = 维度数；y_{ij} 表示样本 i 在第 j 个维度上的取值，$i = 1, 2, \cdots, n$，$j = 1, 2 \cdots, d$。y_{ij} 构成 $n \times d$ 维矩阵 $y = M^{n,d}$。

第二，确立教育相对贫困标准。令 z_j（$z_j > 0$）代表第 j 个维度的平均水平或应当达到的标准。令矩阵 $g = [g_{ij}]$，当 $y_{ij} < z_j$ 时，$g_{ij} = 1$；当 $y_{ij} \geq z_j$ 时，$g_{ij} = 0$。例如，定义学生学业水平达标标准为 III 级，当学生 i 未达到 III 级水平时，$g_{ij} = 1$，否则 $g_{ij} = 0$。

第三，测算各维度义务教育相对贫困发生率。$H_j = q_j / n$，H 为维度 j 上的教育相对贫困发生率；$q_j = \sum_{i=1}^{n} g_j$ 为维度 j 上未达到 z_j 的样本数。

（二）义务教育相对贫困识别的应用示例

依据义务教育相对贫困识别指标体系，运用"义务教育相对贫困发生率"这一测算工具，可对 2020 年后义务教育相对贫困进行有效识别。限于数据可得性和文章篇幅，本文从西南大学教育政策研究所"西部教育与社会发展追踪数据库决策支持系统"中，选择 6 个区县 103 所中学为样本，通过官方统计数据、田野调查等方法获取样本区县的部分第一手指标数据。103 所中学的九年级学生样本为 6682 个，校长样本为：每校 1 个正校长、两个副校长，共 309 位校长。校长领导力由 309 位校长的自评和 618 位教师对校长领导力的他评构成。本文计算了 6 个区县义务教育在"校长教学领导能力"、"阅读素养"和"学生贫困污名知觉"三个指标上的贫困发生率，示范其测算方法运用于义务教育相对贫困识别的实际操作规程和结果应用。

1. 确立义务教育相对贫困识别标准

义务教育各维度的相对贫困标准要根据测量工具的相关技术规定和我国教育的实际情况来确立，如表 2 所示。以学生阅读素养为例，如果学生的阅读素养测验标准分数未能达到阅读素养精熟度 I 级水平（国际学生评价项目量表分低于 334.8），则视为不具备基本的理解、运用、反思书面文本的能力，否则视为具备基本阅读能力（OECD, 2002：207）。

表 2　义务教育各维度的相对贫困标准

维度	测量指标	样本量	测量工具	教育相对贫困标准
人际关系	学生贫困污名知觉	6682	自编"贫困污名知觉"5 级量表，共 10 题	学生同意及非常同意贫困学生受到污名，即量表得分低于 20 分，赋值为 1
人才培养	校长教学领导能力	927	校长教学领导力评定量表（PIMRS），共 50 题	校长未能实现对学校教学工作的有效领导与管理，即量表得分低于 200 分，赋值为 1
知识素养	阅读素养	6682	国际学生评价项目（PISA）"阅读素养"测试	学生阅读素养成绩未达到 I 级水平，赋值为 1

2. 各维度义务教育相对贫困发生率

从样本区域义务教育相对贫困情况看，三项指标上的教育相对贫困发生率从大到小分别为校长教学领导能力（11.77%）、阅读素养（9.83%）和学生贫困污名知觉（5.17%）（见表 3）。相对贫困发生率越高，表明此地区该项指标上的义务教育发展的目标差距越大。

表 3　6 个区县各维度义务教育相对贫困发生率

单位：%

分类标准		学生贫困污名知觉	校长教学领导能力	阅读素养
区县	区县 A	2.26	5.26	5.56
	区县 B	2.41	6.56	5.19
	区县 C	6.15	12.50	8.33
	区县 D	6.98	13.83	11.41
	区县 E	7.52	14.80	10.87
	区县 F	5.13	9.17	9.57
城乡	城镇	3.38	8.39	6.32
	乡村	6.18	12.03	10.74
样本区域总水平		5.17	11.77	9.83

从样本区域义务教育相对贫困水平来看，6 个区县三项指标上的义务教育相对贫困发生率可分为高、中、低三级：义务教育相对贫困发生率较高的为区县 D 和区县 E，其次为区县 C 和区县 F，最后为区县 A 和区县 B。从城乡义务教育发展水平来看，乡村义务教育相对贫困发生率高于城镇。其中，阅读素养的城乡差距最大，校长教学领导能力次之，学生贫困

污名知觉的差距最小。基于义务教育相对贫困发生率的义务教育相对贫困识别，可为当地决策部门提供动态、可监测、可操作的科学依据和决策参考，具有现实效用与战略意义。

六　建立义务教育相对贫困治理长效机制的对策建议

2020 年后教育相对贫困的解决需要深入推进教育分配公平和承认公平，提升薄弱地区的教育质量，促进弱势学生自由全面发展。这对义务教育相对贫困长效治理能力提出了更高要求。为了提高治理效能，最大限度地实现和保障弱势群体的教育利益，需要构建多元共治的义务教育相对贫困治理体系。我们认为，应针对政府、学校、家庭、社区与学生个人等层面，综合采用强制性、引导性、能力建设性和劝诫性政策工具，建立解决义务教育相对贫困治理的长效机制。

（一）构建多部门协同的长效治理机制

贯彻"省级统筹，以县为主"的方针，从满足教育发展的实际需求、解决学校现实存在的问题出发，出台强制性的教育相对贫困治理政策，明确各级各类政府部门的权责，构建多部门协同的长效治理机制。

针对辍学失学问题，政府和学校要进一步联合健全控辍保学动态治理网络，增设心理辅导员岗位，加强对返学儿童的心理疏导，减少"非贫辍学"情况的发生，同时政府要大力规范用工市场，彻底斩断"辍学童工"的利益链。对于随迁子女异地升学，流入地政府要建立城市教育资源监测系统，根据当地教育资源的承载力，确定能够接受的随迁子女数量，实施以居住证为主要依据的随迁子女升学考试政策，保障他们的升学考试权利（邬志辉、李静美，2016）。

教育资源配置需要各级各类政府部门的协同治理。地方政府要严格落实义务教育教师"县管校聘"相关规定，实现县级教育行政部门对义务教育教师的招聘评聘和调配交流管理，为教师、校长轮岗交流提供制度保障。针对教师待遇问题，要加大转移支付力度，中央、省、区县政府与财政、人事部门协同，制定科学合理的教师工资结构和职称评定制度体系，落实乡村教师补贴和职称评聘向乡村倾斜的政策。教育督导部门应建立乡镇寄宿制学校建设动态监测机制，实时掌握学校办学条件与人力资源配备缺口，通过学校、政府内部信息资源数据库及时反馈给相关部门，使各部门协同联动，实现教育资源精准配置。由当地主管教育的县、区长或书记联合发展改革委员会、财政局、编办、人力资源和社会保障局、教委等部门，评估预测当地的社会经济与教育需求发展趋势，科学合理地规划乡村小规模学校的布局，推进县镇学校建设，统筹解决"大班额"问题；根据学校的实际需求确定经费保障责任的层级，合理规划学校经费投入，破解义务教育管理和财政体制对薄弱学校发展的制约。

（二）构建学校内部改革与发展的长效治理机制

加强学校内涵式发展，以促进学生自由全面发展为目标，出台引导性和能力建设性教育相对贫困治理的政策，加强学校校长、教师能力建设，完善课程教育体系，构建互助、合作的义务教育相对贫困学校治理机制。

推进教育的承认公平，消除教育内部弱势群体的蔑视污名，需要制定教师教育行为的伦理规范，将"不歧视"学生、"不羞辱"学生纳入教师教育行为基本要求，还要将弱势学生的发展性评价纳入教师教育教学绩效考核评价，构建学校和班级层面的弱势学生关爱、帮扶机制。构建乡村教师、校长专业发展支持服务体系，建立有效的乡村教师、校长培训机制，同时要建立针对薄弱学校的结对帮扶制度，鼓励教研员和优秀教师轮岗交流，帮助和指导薄弱学校发展。此外，还要推进学生综合素质评价制度的落实。教育部门要加强对综合素质评价的宣传，促进教育各界达成评价"育人"功能的共识，鼓励学校创新综合素质评价实施方略（肖磊、李本友，2018）。另外，学校教务部门和学工部门可以协同设立专门机构，负责学校劳动教育课程和活动方案的设计和实施；鼓励农村初中劳动教育与职业规划教育有机结合，帮助学生明晰职业发展道路。

（三）构建家庭、学校、社区"三位一体"的长效治理机制

以培养学生实现理想生活和服务社会发展的能力品质为根本导向，出台劝诫性教育相对贫困治理政策，将贫困家庭学生发展与当地整体教育事业发展统一起来，构建家长积极参与的教育相对贫困社会治理机制。

家庭教育既是学校教育的基础，又是学校教育的补充和延伸（胡云腾，2017）。义务教育相对贫困长效治理，既需要以政府和学校为主导，也需要家长的积极配合和学生主体能动性的发挥。义务教育相对贫困长效治理，可建立义务教育学生认知与心理发展动态监测与评价机制，诊断教育教学过程中存在的缺陷和学生发展过程中存在的问题，为教师提供改进教育教学的科学依据，给予学生改进指导意见。同时，义务教育相对贫困长效治理通过设立家校双向合作平台，将监测结果和学生发展问题及时进行双向反馈，可促进家长与学校的协同合作。当监测结果与问责、奖惩联系起来时，学生评价又有了惩戒规范性工具效用（McDonnell，1994）。社区可以与学校配合，建立与义务教育学生发展监测机制配套的奖惩激励机制，规范、引导家长关心子女发展，加大对教育的投入力度，形成家长广泛参与的教育相对贫困治理格局。

（四）构建提升学生责任感与获得感的长效治理机制

应以"教育扶志"为目标，加强学生思想道德和行为规范教育，增强学生自控能力和社会责任感，促进学生将自身兴趣与服务社会的志愿结合，激发学习兴趣，提升学生发展自主性和教育获得感。

在承认学生文化经验差异的同时，应以共同体价值原则规范各阶层学生的认知观念和行为习惯，摒弃不符合共同体价值原则的散漫懈怠、享乐主义等亚文化以及个人成就导向的观念行为，培养学生的家庭责任感和集体荣誉感，激发学生服务社会的志向乃至推进"人类命运共同体"的担当。对内可以从优秀传统文化和当代榜样事迹中开发德育资源，加强德育课程和活动建设，促使学生转变自私、狭隘的认知观念，树立自立自强、服务社会的意识；对外要加强行为守则建设和学生行为指导，促使学生转变不符合共同体价值原则的行为模式，培养自省、自控、自律的意志品质和行为习惯。社区可以与学校配合，开展践行社会主义核心价值观等教育活动，敦促家长注重日常生活中的言传身教，规范家庭教育，形成"学校－社区－家庭"互相增进的教育相对贫困治理良性循环。

参考文献

陈宣霖，2018，《随迁子女初中毕业后的流向——异地中考政策影响高中教育选择的实证研究》，《青年研究》第 3 期，第 12 ~ 22 页。

程天君，2017，《新教育公平引论——基于我国教育公平模式变迁的思考》，《教育发展研究》第 2 期，第 1 ~ 11 页。

董泽芳、张国强，2007，《社会公平与教育机会均等》，《教育与经济》第 2 期，第 16 ~ 20 页。

冯建军，2016，《后均衡化时代的教育正义：从关注"分配"到关注"承认"》，《教育研究》第 4 期，第 41 ~ 47 页。

胡云腾，2017，《认真落实"青年发展规划"切实预防青少年犯罪——兼论家庭、家教、家风与青少年犯罪》，《中国青年社会科学》第 4 期，第 96 ~ 103 页。

扈中平，2005，《人是教育的出发点》，载王道俊、郭文安主编《主体教育论》，人民教育出版社。

霍耐特，阿克塞尔，2005，《为承认而斗争》，任赜、于真译，上海人民出版社。

金志峰、庞丽娟、杨小敏，2019，《乡村振兴战略背景下城乡义务教育学校布局——现实问题与路径思考》，《北京师范大学学报》（社会科学版）第 5 期，第 5 ~ 12 页。

兰伟彬，2017，《随迁子女异地中考的现实困境及其破解》，《教学与管理》第 13 期，第 76 ~ 79 页。

李玲、朱海雪、陈宣霖，2019，《义务教育人力资本发展评估——基于反贫困理论视角》，《教育研究》第 10 期，第 124 ~ 131 页。

李兴洲，2017，《公平正义：教育扶贫的价值追求》，《教育研究》第 3 期，第 31 ~ 37 页。

刘军豪、许锋华，2016，《教育扶贫：从"扶教育之贫"到"依靠教育扶贫"》，《中国人民大学教育学刊》第 2 期，第 44 ~ 53 页。

刘云杉，2009，《超越贤能主义》，《教育研究与实验》第 2 期，第 13 ~ 19 页。

马克思、恩格斯，1974，《马克思恩格斯全集》（第 39 卷），中共中央马克思恩格斯列宁斯大林著作编译局编译，人民出版社。

马克思、恩格斯，2009，《马克思恩格斯文集》（第 2 卷），中共中央马克思恩格斯列宁斯大林著作编译局编译，人民出版社。

孟照海，2016，《教育扶贫政策的理论依据及实现条件——国际经验与本土思考》，《教育研究》第 11 期，第 47 ~ 53 页。

森，阿马蒂亚，2012，《以自由看待发展》，任赜、于真译，中国人民大学出版社，第30页。

石中英，2015，《教育公平政策终极价值指向反思》，《探索与争鸣》第5期，第4~6页。

王干才，2003，《类存在与类思维》，《天津社会科学》第4期，第34~36页。

王建，2020，《教育缓解相对贫困的战略与政策思考》，《教育研究》第11期，第11~21页。

王小林、冯贺霞，2020，《2020年后中国多维相对贫困标准：国际经验与政策取向》，《中国农村经济》第3期，第2~21页。

王新生，2014，《马克思正义理论的四重辩护》，《中国社会科学》第4期，第26~44页。

王毅杰、黄是知，2019，《异地中考政策、父母教育参与和随迁子女教育期望》，《社会科学》第7期，第67~80页。

文军、李珊珊，2018，《文化资本代际传递的阶层差异及其影响——基于上海市中产阶层和工人阶层家庭的比较研究》，《华东师范大学学报》（哲学社会科学版）第4期，第101~113页。

邬志辉、李静美，2016，《农民工随迁子女在城市接受义务教育的现实困境与政策选择》，《教育研究》第9期，第19~31页。

肖磊、李本友，2018，《综合素质评价的制度化：历程回眸与系统谋划》，《教育研究》第4期，第68~74页。

谢爱磊，2017，《"读书无用"还是"读书无望"——对农村底层居民教育观念的再认识》，《北京大学教育评论》第3期，第92~108页。

谢泽源、杨晓荣、谢梅林，2012，《欠发达地区农村初中生辍学原因及对策——基于对江西省H县的调研分析》，《中国教育学刊》第3期，第37~40页。

薛二勇、周秀平，2017，《中国教育脱贫的政策设计与制度创新》，《教育研究》第12期，第29~37页。

张传洲，2020，《相对贫困的内涵、测度及其治理对策》，《西北民族大学学报》（哲学社会科学版）第2期，第112~119页。

张端，2018，《马克思人的自由全面发展思想研究》，《马克思主义哲学论丛》第3期，第23~35页。

张琦、史志乐，2018，《我国教育脱贫工作绩效评价指标体系构建》，《教育与经济》第2期，第35~42页。

张琦、杨铭宇、孔梅，2020，《2020后相对贫困群体发生机制的探索与思考》，《新视野》第 2 期，第 26～32 页。

赵丹、陈遇春、赵阔，2019，《优质均衡视角下乡村小规模学校教育质量困境与对策》，《华中师范大学学报》（人文社会科学版）第 2 期，第 157～167 页。

邹诗鹏，2019，《马克思的社会存在概念及其基础性意义》，《中国社会科学》第 7 期，第 4～26 页。

Alkire, S. and James Foster. 2011. "Counting and Multidimensional Poverty Measurement." *Journal of Public Economics* 95: 476 – 487.

Allmendinger, J. and Stephan Leibfried. 2003. "Education and the Welfare State: The Four Worlds of Competence Production." *Journal of European Social Policy* 13: 63 – 81.

Anand, S. and Amartya Sen. 1997. "Concepts or Human Development and Poverty! A Multidimensional Perspective." In United Nations Development Programme, Poverty and human development, *Human Development Papers*: 4 – 11.

Checchi, Daniele. 1998. "Povertà ed Istruzione: Alcune Riflessioni ed una Proposta di Indicatori." [Poverty and Education: Some Reflections and a Proposal of Indicators] *Politica Economica* 14: 245 – 282.

Dhongde, S. and Robert Haveman. 2019. "A Decade-Long View of Multidimensional Deprivation in the United States." *IRP Discussion Paper*: 4 – 6.

Kerckhoff, Alan. 1995. "*Institutional Arrangements and Stratification Processes in Industrial Societies.*" *Annual Review of Sociology* 21: 323 – 347.

Lareau, Annette. 2011. *Unequal Childhoods: Class, Race, and Family Life.* California: University of California Press.

McDonnell, Lorraine M. 1994. "Assessment Policy as Persuasion and Regulation." *American Journal of Education* 102: 394 – 420.

Nash, Roy. 2002. "The Educated Habitus, Progress at School, and Real Knowledge." *Interchange* 33: 27 – 48.

OECD. 2002. *PISA* 2000 *Technical Report.* Paris: OECD.

Oliver, L. and Arnold Spokane. 1988. "Career-intervention Outcome: What Contributes to Client Gain?" *Journal of Counseling Psychology* 35: 447.

Rowntree, B. Seebohm. 1997. *Poverty: A Study of Town Life.* London: Routledge/Thoemmes Press.

Townsend, Peter. 1979. *Poverty in the United Kingdom: A Survey of Household Resources and Standards of Living.* Harmondsworth: Penguin Books.

迈向更好的生活：多维贫困的消解之路

——一个系统性文献综述[*]

——一个系统性文献综述[*]

任义科　张立成　杜海峰[**]

摘　要：本文从家庭和政府视角分析了不同脱贫方式对多维贫困的影响。家庭脱贫方式包括生计多样性、金融服务参与和农业生产提升，政府脱贫方式包括发展旅游业和现金转移支付项目。这些脱贫方式增加了家庭收入，进而缓解了家庭多维贫困。然而，由于一些欠发达地区市场不发达或公共服务供给不足，家庭收入增加对多维贫困的缓解效果不明显。本文认为，对于市场和公共服务发展完善的地区，上述脱贫方式可以有效缓解多维贫困，而对于市场和公共服务发展不完善的地区，上述脱贫方式的缓解效果则需要扶贫主体依据贫困家庭在各维度福利被剥夺的差异，直接对家庭提供特定的产品与服务可以更有效地缓解多维贫困。

关键词：多维贫困；系统性文献综述；脱贫方式；家庭；政府

---

[*]　基金项目：国家社会科学基金重点项目"乡村振兴战略背景下农村居民家庭可持续生计研究"（项目编号：19ARK005）；山西省社科联重点课题"农地确权背景下土地产权体制改革的绝对与相对减贫机制研究"（项目编号：SSKLZDKT2021036）；山西省哲学社会科学规划课题"农地确权背景下农村相对贫困治理机制研究"（项目编号：2021YJ075）。

[**]　任义科，山西师范大学经济与管理学院教授，博士，研究方向为劳动经济学、弱势群体保护与发展等，E-mail：ykren_2004@163.com；张立成，南京农业大学经济管理学院博士研究生，研究方向为产业经济学、农村多维贫困等，E-mail：1208785252@qq.com；杜海峰，西安交通大学公共政策与管理学院教授，博士，研究方向为城镇化与可持续发展、流动人口可持续生计等，E-mail：haifengdu@mail.xjtu.edu.cn。

一 引言

新冠肺炎疫情使全球范围内 970 万人陷入极度贫困，极大地延缓了联合国可持续发展计划 1（在全球范围内消灭贫困）的实现进程。[①] 2008 年金融危机后的全球价值链扩展速度放缓，也抑制了贫困人口比例的下降（United Nations，2020；World Bank，2020）。尽管如此，生活在极度贫困中的人口比例仍然处于下降趋势。到 2021 年，预计仅有 8.7% 左右的人口处于极度贫困，到 2030 年将有 67% 的国家消除极度贫困（Moyer and Hedden，2020；United Nations，2020）。

在早期反贫困研究中，通常使用单一收入维度来衡量家庭是否贫困，这种衡量方法也被称为收入贫困或单维度贫困。例如，在 2008 年，世界银行规定国际贫困线为每天 1.25 美元，低于该线的家庭被视为贫困家庭，而到了 2015 年，贫困线则上升为 1.9 美元（Jolliffe and Prydz，2016）。在完善的市场机制下，货币可以自由转化为不同的商品和服务，然而市场往往是不完善的，这种转换可能并不存在（Thorbecke，2013）。因此，依据收入来衡量贫困的方式难以反映家庭的实际贫困状况，家庭收入高于贫困线的家庭仍然可能在生活中面临不同程度的剥夺，无法过上体面的生活。

Sen（1993）提出的"可行能力"推动了贫困理论的发展。他认为，贫困是个体由于缺乏合适的资源而无法在社会上发挥其基本能力，是一种能力的剥夺；人们在社会发展中需要拥有不同的能力，因而"能力"是多维的，贫困也就具有多维性（参见 Bibi，2005；Dang，2014）。

目前，已有多维贫困研究可以分为两类。①多维贫困的测度研究。这类研究主要通过测度某类主体的多维贫困，从而揭示多维贫困的演变趋势、空间分布等特征。比如，在宏观区域层面，Wang 等（2018b）测度了中国村级的多维贫困指数，Li 等（2019）从县级层面测度了中国的多维贫困指数，Fransman 和 Yu（2019）通过家庭普查数据，对 2001~2016 年

[①] "Updated estimates of the impact of COVID-19 on global poverty: Turning the corner on the pandemic in 2021?", https://blogs.worldbank.org/opendata/updated-estimates-impact-covid-19-global-poverty-turning-corner-pandemic-2021.

南非各省的多维贫困发生率、多维贫困贡献率以及不同收入家庭的多维贫困进行了研究；在微观个体层面，Fonta 等（2019）测度了西非 10～18 岁儿童的多维贫困，Kim（2019）则测度了韩国 0～17 岁儿童的多维贫困，Espinoza-Delgado 和 Klasen（2018）从性别差异视角，对尼日利亚各年龄段男性和女性的多维贫困进行了研究。总体而言，这类研究揭示了不同特征主体多维贫困下降的趋势，且不同个体间存在差异，但这类研究并不涉及具体方式对多维贫困的影响。②多维贫困的缓解效果研究。这类研究主要关注各种脱贫方式对不同类型家庭多维贫困的影响，揭示这些方式在缓解多维贫困方面的作用机制。例如，Churchill 和 Marisetty（2020）研究了普惠性金融对尼日利亚家庭多维贫困的影响，Salam 和 Bauer（2020）分析了生计多样性方式对农村家庭福利的影响，Dagunga 等（2020）进一步揭示了不同收入家庭选择何种生计多样性可以更有效缓解多维贫困。也有学者研究了旅游业发展对家庭多维贫困的影响，如 Braber 等（2018）以尼泊尔为研究地点，分析了建立保护区是如何影响当地家庭的贫困的；Suich（2013）评估了莫桑比克和纳米比亚的自然资源管理计划对家庭多维贫困的效果。总体来看，这类研究分析了不同脱贫方式对多维贫困的影响，但是由于研究对象的不同，同一种方式的脱贫效果存在差异。

已有大量研究分析了不同脱贫方式对多维贫困的影响，但是缺乏相关的综述性研究。以往综述性研究主要分析了不同脱贫方式对收入贫困的影响，如微金融（Mohamed and Fauziyyah，2020）、农业扩展服务（Maulu et al.，2021）、灌溉设施（Hussain and Hanjra，2004）、光伏发电（Li et al.，2018）、农业发展（Stevenson and Irz，2009）等。但是这些综述性研究并未从多维贫困视角出发分析脱贫效果，难以充分反映家庭的福利水平。而且这些综述性研究主要关注单一国家，未考虑到同一脱贫方式在不同国家的脱贫效果，难以充分反映这些脱贫方式在实践中的差异。除此之外，已有综述性研究很少系统性阐述相关研究的趋势以及研究方法等信息。因此，本文的目的是弥补以上综述性研究的不足，从多维贫困视角出发对脱贫方式进行系统性综述，探索不同脱贫方式在不同对象、不同国家背景下对多维贫困的影响。

二 数据来源、研究方法与分析框架、描述性分析

（一）数据来源

本文的目的是对缓解多维贫困的相关研究进行系统性梳理，检索到的文章研究主题至少应包含多维贫困和扶贫两个方面。文献数据来源于 Web of Science 和 Scopus 数据库。根据文章标题、摘要、关键词从这两个数据库中提取相关文献，表 1 列出了两种数据库的检索方式，检索时间是 2021 年 1 月 3 日。初步检索后，笔者获得了 2471 篇文章（Web of Science 1209 篇，Scopus 1262 篇）。

表 1 两种数据库的检索方式

数据库	检索方式
Web of Science	TS =（reduc* OR eradic* OR reli* OR allevia*）AND TS =（Multidimensional OR multi-dimensional）AND TS =（poverty or poor or depriv*）
Scopus	TITLE-ABS-KEY（poverty OR poor OR depriv*）AND TITLE-ABS-KEY（multidimensional OR multi-dimensional）AND TITLE-ABS-KEY（reduc* OR eradic* OR reli* OR allevia*）

在获得大量文献后，下一步需要对文献进行筛选以排除无关文献，使纳入综述的文献更契合研究主题，提升研究的可信度。文献纳入或排除标准是：①文章必须包含但不限于健康、教育、生活水平等多维贫困视角，而非收入视角的单维贫困；②文章的研究主题是某类明确的脱贫方式对贫困的影响，比如，一些政策会同时包含现金转移、基础设施建设两项，但在研究中仅考虑政策对脱贫的影响，无法具体揭示现金转移或基础设施建设对脱贫的影响，因此这类文献被排除；③受作者所掌握的外语限制，仅纳入用英文撰写的文章，剔除非英文文章；④文章是实证类研究，排除书评、综述、理论等方面的文章。

基于上述纳入或排除标准对 2471 篇文章进行筛选。首先，剔除了两个数据库中重复的 899 篇文章。其次，通过浏览文章标题和摘要剔除了 1120 篇文章。这些文章与多维贫困无关或是非英文文章，或虽然包含了多维贫困的现状、综述研究，却未提及类似脱贫方式的脱贫效果。最后，

对剩下的 452 篇文章进行全文阅读后剔除了 395 篇文章，剔除原因包括：未从多维贫困视角分析；文章虽提到了脱贫方式，但未分析其具体脱贫效果；文章虽然从多维贫困视角分析问题，但未涉及脱贫方式；文章无法获取；多维贫困的理论探讨等。通过以上筛选流程，本文最后保留了 57 篇文章纳入系统性文献综述中，数据筛选流程如图 1 所示。

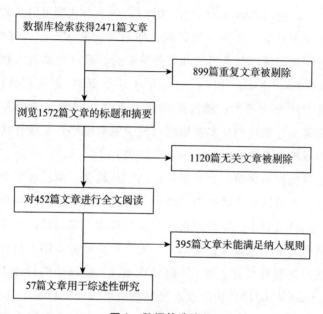

图 1　数据筛选流程

（二）研究方法与分析框架

本文的系统性文献综述基于 PRISMA 方法（Moher et al.，2009），这种方法使系统性文献综述法具有定量、可重复和结构化的特点，有助于研究者充分理解某领域的研究现状（Tranfield et al.，2003）。而且，系统性文献综述法弥补了传统叙述性综述分析所具有的主观性以及潜在偏见的不足（Pickering and Byrne，2014）。鉴于系统性文献综述的优势，本文采用此文献综述法来分析不同脱贫方式对多维贫困的影响。

在扶贫研究中，已有学者和国际组织尝试对脱贫方式进行分类，但分类结果各不相同。从脱贫的具体措施来看，Singh 和 Chudasama（2020）将发展中国家的脱贫方式分为四类：微金融服务、能力和社会安全、市场、善治。其中，微金融服务方式可以通过赋予家庭收入再生产的能力来提升家庭收入，缓解贫困（参见 Nawaz，2010）；能力和社会安全方式主要包括各类发挥安全网作用的措施，这些措施可以直接对家庭不同维度的贫困产生影响，如在发展中国家广泛实施的现金转移支付政策、职业教育培训（Powell，2012）、生态移民（Wang et al.，2018a）等；市场方式一方面可以提升农户在销售农产品方面的竞争力和价格，另一方面扩展了农户的非农生计活动（Adeoye et al.，2019）；善治方式则可以从政治、行政和司法三个层面对贫困产生一定影响，如通过控制腐败、提升管制质量、提高政府透明度、提高公共投资和服务等途径，最终提高收入和降低收入不平等（Kwon and Kim，2014；Nguyen et al.，2021）。从韧性视角出发，可以将脱贫方式分为三类：越过障碍型，通过外部资本的投入来实现脱贫；降低障碍型，通过调整实践措施以减少脱贫障碍；系统性转换型，从根本上重建系统从而脱贫（Lade et al.，2017）。

从脱贫目标视角来看，世界银行提出了从机会、赋权和安全三个途径来构建缓解多维贫困的实践框架。其中，机会是指通过扩展经济机会来提升贫困人口的社会资本，赋权是指通过加强贫困人口对政治和地方决策的参与来提高他们对国家政策的影响力，安全是指降低贫困人口在受到健康风险、经济冲击和自然灾害等风险时的脆弱性，提高他们对冲击的应对能力（World Bank，2001）。国际农业发展基金组织（IFAD）在 2016 年发布的"战略框架 2016～2025 年"中描述了该组织为实现农村贫困人口脱贫的战略目标及影响路径（IFAD，2016）。国际农业发展基金组织的战略框架包含三个目标：增强农村贫困人口的生产能力和在市场参与中的获利能力，强化经济活动的环境可持续性，提高气候抵抗能力。

从上述分析可以发现，脱贫方式的分类标准不尽相同。从具体脱贫措施来看，随着全世界脱贫事业的发展，脱贫措施的实践处于快速变化之中；从脱贫的目标而言，每一种脱贫方式往往可以达到多种脱贫目标。正如 Lade 等（2017）在对脱贫方式进行分类时所指出的，将脱贫方式分成越过障碍型、降低障碍型、系统转换型这三种类型是不详尽的，而且三类之间存在类似，任何具体的方式都可能结合多种类型的特征。多维贫困的丰富内涵使脱贫战略的分类更加复杂。因此，本文在对具体的脱贫方式进行分类时并未遵循固定的研究框架，而是通过归纳的方式对脱贫方式进行总结，从而构成了本文的分析框架。

脱贫方式的实施主体可分为家庭和政府两个方面。首先，政府会采用不同的方式来改善民生福祉。同样，贫困家庭自身也会通过采取不同创收活动来摆脱贫困（Bhuiyan et al.，2012）。因此，本文认为缓解多维贫困需要家庭和政府合力完成。通过对 57 篇文章的归纳梳理，本文将家庭脱贫方式分为生计多样性、金融服务和农业生产提升三类，将政府的脱贫方式分为旅游业、现金转移支付和其他。由于有关政府脱贫方式的研究数量较少，一些文章被归入"其他"类型中。本文的分析框架如图 2 所示，依据脱贫方式对 57 篇文章的分类结果见表 2。

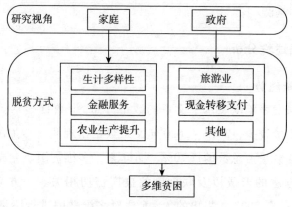

图 2 本文的分析框架

表 2 依据脱贫方式对文章的分类结果

研究视角	脱贫方式	文章
家庭	生计多样性	Salam 和 Bauer（2020）；Dagunga 等（2020）；Lázár 等（2020）；Adeoye 等（2019）；Farooq 和 Younais（2018）；Eroğlu（2017）；London 和 Esper（2014）
	金融服务	Dyngeland 等（2020）；Churchill 和 Marisetty（2020）；Ullah 等（2020）；Das（2019）；Aslam（2019）；Ntsalaze 和 Ikhide（2017）；Khaki 和 Sangmi（2017）；Ali 等（2017）；Chowdhury 和 Mukhopadhaya（2012）；Imai 等（2010）；Nawaz（2010）；Dash（2003）
	农业生产提升	Ogutu 等（2020）；Santika 等（2019）；Mutsami 和 Karl（2020）；Ogutu 和 Qaim（2019）；Santika 等（2020）；You 等（2017）；Boyd 等（2019）；Zorrilla-Miras 等（2018）；Vollmer 等（2017）；Sandhu 和 Sandhu（2014）
政府	旅游业	Puig-Cabrera 和 Foronda-Robles（2020）；Wang 等（2020）；Braber 等（2018）；Hung 和 Yang（2014）；Pelser 等（2013）；Suich（2013）；Scheyvens 和 Russell（2012）；Holden 等（2011）

续表

研究视角	脱贫方式	文章
政府	现金转移支付	Kilburn 等（2020）；Dyngeland 等（2020）；Song 和 Imai（2019）；Vaaltein 和 Schiller（2017）；Bray 等（2015）；Martorano 和 Sanfilippo（2012）；Ferrone 和 Chzhen（2018）
	其他	Mora-Rivera 和 García-Mora（2021）；Aziz 等（2020）；Bucheli 等（2018）；Huang 等（2021）；Zhang 等（2019）；Wang 等（2018a）；Ismail 等（2018a）；Ismail 等（2018b）；Ramírez 等（2017）；Adepoju 和 Akinluyi（2017）；Naimanye 和 Whiteing（2016）；Loschmann 等（2015）；Powell（2012）；Yankson（2008）

注：Dyngeland 等（2020）的论文同时研究了金融服务和现金转移支付对多维贫困的影响，所以该论文出现了两次。

（三）描述性分析

1. 发文量趋势

图 3 依据发表年度展示了文章的数量分布。[①] 数据显示，2003～2016年相关文章数量较少，2017～2020 年文章数量出现明显增加的趋势，近 5年发表的文章数量占总数的近 70%。近年来，多维贫困研究成为热点与多维贫困量化方法的形成以及联合国的推广密切相关。一方面，Alkire 和Foster（2008）在 2008 年提出的 A–F 法对多维贫困进行了量化，使研究人员能够对不同国家和地区的多维贫困开展量化研究；另一方面，联合国开发计划署从《2010 年人类发展报告》开始引入了基于 A–F 法测算的多

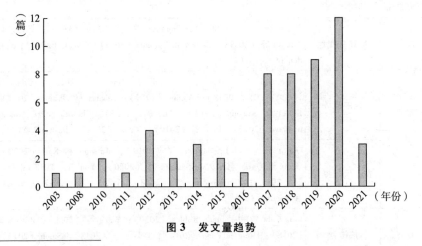

图 3　发文量趋势

---

① 由于文献的检索日期为 2021 年 1 月 3 日，2021 年的文献数量低于其他年份。

维贫困指数，提升了多维贫困理论在学界的认可程度（United Nations Development Programme，2010）。这两个原因共同促进了多维贫困研究的蓬勃发展。在我们的数据中，第一篇关于多维贫困的文章是 Dash（2003）发表的。他认为，扶贫意味着确保穷人对食品安全、衣服和住房的享有，即从多维视角阐述反贫困问题。

2. 研究地区分布

文章研究的地区分布见表3。其中，南亚（18篇）、撒哈拉以南非洲（13篇）、拉丁美洲和加勒比地区（7篇）的贫困研究较多。位于这些地区的国家被国际货币基金组织称为新兴市场和发展中经济体。此外，根据《2020年人类发展报告》（United Nations Development Programme，2020），这些国家的人类发展指数和多维贫困排名靠后。大部分文章倾向于研究单一国家，小部分文章使用跨国统计数据来进行研究。虽然所研究的国家在经济发展水平方面有较大差异，但研究的具体地点具有一定程度的相似性，如较高的贫困发生率，家庭收入多样性程度有限（Boyd et al.，2019），农业劳动是家庭收入的主要来源（Lázár et al.，2020；Ogutu et al.，2020），家庭有时会面临各种自然灾害风险，缺乏公共设施（Ogutu and Qaim，2019）等。

表3　文章研究的地区分布

单位：篇

所研究国家	所属地理区域	数量	文章
孟加拉国	南亚	6	Salam 和 Bauer（2020）；Lázár 等（2020）；Aslam（2019）；Ali 等（2017）；Chowdhury 和 Mukhopadhaya（2012）；Nawaz（2010）
中国	东亚	6	Huang 等（2021）；Wang 等（2020）；Zhang 等（2019）；You 等（2017）；Wang 等（2018a）；Hung 和 Yang（2014）
印度	南亚	6	Churchill 和 Marisetty（2020）；Das（2019）；Khaki 和 Sangmi（2017）；Sandhu 和 Sandhu（2014）；Imai（2010）；Dash（2003）
肯尼亚	东非	5	Ogutu 等（2020）；Mutsami 和 Karl（2020）；Ogutu 和 Qaim（2019）；Song 和 Imai（2019）；London 和 Esper（2014）

续表

所研究国家	所属地理区域	数量	文章
南非	撒哈拉以南非洲	5	Kilburn 等（2020）；Vaaltein 和 Schiller（2017）；Ntsalaze 和 Ikhide（2017）；Pelser 等（2013）；Powell（2012）
加纳	撒哈拉以南非洲	4	Dagunga 等（2020）；Boyd 等（2019）；Holden 等（2011）；Yankson（2008）
巴基斯坦	南亚	3	Aziz 等（2020）；Ullah 等（2020）；Farooq 和 Younais（2018）
印度尼西亚	东南亚	2	Santika 等（2019）；Santika 等（2020）
马来西亚	东南亚	2	Ismail 等（2018a）；Ismail 等（2018b）
墨西哥	拉丁美洲和加勒比地区	2	Mora-Rivera 和 García-Mora（2021）；Bray 等（2015）
莫桑比克	撒哈拉以南非洲	2	Zorrilla-Miras 等（2018）；Vollmer（2017）
尼泊尔	南亚	2	Bucheli 等（2018）；Braber 等（2018）
尼日利亚	撒哈拉以南非洲	2	Adeoye 等（2019）；Adepoju 和 Akinluyi（2017）
阿富汗	南亚	1	Loschmann 等（2015）
亚美尼亚；波黑	西亚；南欧	1	Ferrone 和 Chzhen（2018）
巴西	拉丁美洲和加勒比地区	1	Dyngeland 等（2020）
智利	拉丁美洲和加勒比地区	1	Martorano 和 Sanfilippo（2012）
哥伦比亚	拉丁美洲和加勒比地区	1	Ramírez 等（2017）
斐济	美拉尼西亚	1	Scheyvens 和 Russell（2012）
莫桑比克；纳米比亚	拉丁美洲和加勒比地区	1	Suich（2013）
土耳其	西亚	1	Eroğlu（2017）
加纳；乌干达	拉丁美洲和加勒比地区	1	Naimanye 和 Whiteing（2016）
全世界	—	1	Puig-Cabrera 和 Foronda-Robles（2020）

3. 脱贫方式及研究方法统计

脱贫方式和研究方法统计结果见表4。从研究视角来看，57 篇文章中有 29 篇文章从家庭视角讨论脱贫方式，27 篇文章从政府视角讨论脱贫方式，而有 1 篇文章同时从家庭和政府两个角度对此问题进行探讨。从家庭角度看，有关金融服务的研究数量最多（11 + 1 篇），有关农业生产提升的研究数量次之（11 篇），有关生计多样性的研究数量最少（7 篇）。从政府角度看，有 8 篇文章研究了旅游业在缓解多维贫困中的作用，有关现金转移支付的研究数量最少（6 篇）。

在 57 篇文章中，有 2/3 的文章（38 篇）采用了定量研究方法，而采用定性研究（10 篇）和混合研究方法（9 篇）的文章数量相当。在定量研究中，通过主成分分析法、因子分析法或 A - F 法对多维贫困进行量化，然后进行回归分析或比较分析的研究较为普遍。在定性研究中，主要通过非结构化和半结构化访谈的方式来评估家庭的多维贫困状况，如 Hung 和Yang（2014）就旅游合作社成立对家庭贫困状况的影响在村庄中开展了50 次深度访谈。

表4 脱贫方式和研究方法统计结果

单位：篇

研究视角	脱贫方式	定量研究	定性研究	混合研究	总数
家庭	生计多样性	3	1	3	7
	金融服务	6	2	3	11
	农业生产提升	9	1	1	11
政府	旅游业	3	4	1	8
	现金转移支付	4	1	1	6
	其他	12	1	0	13
家庭和政府	现金转移支付和金融服务	1	0	0	1
	总数	38	10	9	57

三　家庭层面的脱贫方式对多维贫困的影响

（一）生计多样性

57 篇文章中有 7 篇文章研究了家庭生计多样性对多维贫困的影响及作用机制。在发展中国家，农村家庭通常缺乏非农就业渠道，因而广泛从事农业活动，这成为农村家庭的主要收入来源。农业活动往往比非农活动的附加值低，导致家庭的农业收入较低。研究发现，由于低质量和昂贵的农业扩展化服务，一些国家农业部门的福利低于非农业部门（Adeoye et al.，2019；Lázár et al.，2020）。此外，受农业生产的长期性和季节性影响，依赖农业维持生计的农村家庭收入不稳定，在受到波动时易陷入多维度贫困（Lázár et al.，2020）。通过生计多样性方式，家庭可以从农业活动中解放出来，转向非农业或部分非农业活动。采取生计多样性方式的农村家庭往往比完全依赖农业活动的农村家庭拥有更低的多维贫困水平（Adeoye et al.，2019；Dagunga et al.，2020；Salam and Bauer，2020）。

非农企业为贫困家庭提供了非农就业机会（Farooq and Younais，2018；London and Esper，2014）。那么，什么样的非农生计活动能有效缓解多维贫困？家庭应该保持多大程度的生计多样性？这些问题值得讨论。对于第一个问题，Adeoye 等（2019）将家庭非农收入分为非农工资收入、非农自营收入和移民收入。他们通过对尼日利亚家庭非农收入与多维贫困之间的关系进行研究发现，非农工资收入和非农自营收入具有缓解多维贫困的效果。同样，Salam 和 Bauer（2020）对孟加拉国的 153 个家庭进行分析发现，部分非农收入的家庭比完全依靠农业活动的家庭具有更低的多维贫困程度。对于第二个问题，Dagunga 等（2020）以加纳为研究地点，发现中低程度的作物多样性或较高程度的收入多样性与多维度贫困的缓解正相关。Lázár 等（2020）认为，生计多样性促进了收入的稳定，进一步降低了家庭的多维贫困水平，而不是多样性自身具有减贫的作用。

（二）金融服务

57 篇文章中有 12 篇文章评估了金融服务对家庭多维贫困的影响。其中，有 10 篇文章研究表明，家庭获得金融服务对多维贫困的缓解有积极作用，而有 2 篇文章（Ali et al.，2017；Ullah et al.，2020）研究表明，家庭获得金融服务对家庭多维贫困缓解的效果不明显甚至增加了家庭的多维贫困。金融服务在发展中国家已被证明是有效的扶贫工具，然而家庭非金融财富或决策的差异会导致金融服务对多维贫困缓解的效果产生差异（Ali et al.，2017；Dyngeland et al.，2020；Imai et al.，2010）。一般而言，家庭的贫困状况与是否可获得金融服务无太大关联，但是相比于非贫困家庭，贫困家庭拥有较少的实物资产、人力资产和社会资本，而且收入来源不稳定，这意味着贫困家庭利用贷款进行创收活动或偿还贷款的能力较弱

（Nawaz，2010）。更重要的是，由于缺乏基本的生活物资，贫困家庭可能会将贷款花费在食物、衣着、儿童教育等方面（Ali et al.，2017），而不是将贷款用于收入再生产活动中，因此可能会出现贫困和信贷的恶性循环（Das，2019）。此外，过高的贷款收入比和非正规来源的信贷可能会使贫困家庭的福利水平进一步降低（Chowdhury and Mukhopadhaya，2012；Ntsalaze and Ikhide，2017）。

（三）农业生产提升

57 篇文章中有 11 篇文章从宏观或微观、短期或长期角度关注不同家庭农业生产提升对多维贫困的影响。其中，有 7 篇文章研究结果显示，农业收入对多维贫困的影响较弱。印度尼西亚是 2020 年世界上最大的油棕榈生产国，对该国的油棕榈种植在缓解多维贫困方面的作用进行研究发现，只有在油棕榈产业发达的市场型农村的多维贫困略有减少，而在可持续型农村中，社会生态和社会经济方面都有所恶化（Santika et al.，2019；Santika et al.，2020）。也有研究发现，可可和木炭生产收入在改善家庭福利方面的作用仅限于家庭有价资产（Boyd et al.，2019；Vollmer et al.，2017），农业收入更多地发挥了安全网的作用，为缓解多维贫困提供了一个短期解决方案。

其余文章研究结果显示，农业商业化可以使家庭收入增加，并与低水平的多维贫困有关，特别是对最贫困家庭的减贫效果极为明显（Boyd et al.，2019；Vollmer et al.，2017）。这一结果与 Santika 等（2020）的发现一致，即通过种植油棕榈树，市场条件发达农村的社会经济比可持续型生计农村更好。

四　政府层面的脱贫方式对多维贫困的影响

（一）旅游业

发展旅游业是发展中国家治理贫困较常用的发展方式。在 57 篇文章中，有 8 篇文章讨论了旅游业发展对多维贫困的影响。

以往的多维贫困研究通常比较家庭生活条件指标和预先设定的阈值来

确定家庭是否处于多维贫困，但这种从客观角度测量的方法存在一定的局限性，因为即使客观指标反映的多维贫困有所改善，但家庭从主观角度可能并不这样认为（Wang et al.，2020）。Wang 等（2020）在对中国凤凰县的研究中，从居民的主观视角评估了旅游业发展对多维贫困的影响。研究发现，家庭认为自身的经济水平和生活条件改善较多，而在医疗保健、教育培训方面的提高则相对较低。但是，也有研究指出，只有居住在保护区附近或参与旅游活动的家庭的多维贫困能够得到有效缓解（Braber et al.，2018；Pelser et al.，2013；Suich，2013）。对旅游国家斐济的研究发现，随着旅游业的发展，旅游业收入有了显著的增加，但当地居民的贫困状况仍然严重，因为政府更愿意投资外国企业，而不是本土企业，因此本土企业难以发展，这导致当地居民主要以雇员的角色参与旅游业，获得较少的收入，较少从事收入较高的管理工作，这意味着旅游业的大量收入流向国外（Scheyvens and Russell，2012）。对于已经参与旅游活动的居民来说，利益的公平分配对缓解多维贫困非常重要（Hung and Yang，2014；Suich，2013）。但是，在加纳的研究发现，贫困家庭由于缺乏资金、技能或政策支持，难以在旅游业中找到工作（Holden et al.，2011）。从宏观角度来看，贫困家庭能否走出旅游的贫困陷阱取决于四个关键因素：当地环境的旅游条件、公共措施的干预、私人投资和当地的社区联系（Puig-Cabrera and Foronda-Robles，2020）。

（二）现金转移支付

57 篇文章中有 7 篇文章研究了现金转移支付在缓解多维贫困中的作用。其中，4 篇文章关注的是有条件的现金转移支付，其余 3 篇文章则关注了无条件的现金转移支付。

研究表明，有条件的现金转移支付对儿童入学率和福利有积极的影响，但可能受到产品供给的限制。Kilburn 等（2020）对南非年轻女性的研究发现，以入学率为条件的有条件的现金转移支付有效降低了女孩的贫困程度。通过有条件的现金转移支付，儿童将有更多的机会留在学校，进而降低了暴力事件发生的概率，增强了经济水平、社会关系和医疗设施的参与（Kilburn et al.，2020；Martorano and Sanfilippo，2012）。然而，Dyngeland 等（2020）指出，由于缺乏基础设施，有条件的现金转移支付的有效性可能会被削弱，他们发现巴西的有条件的现金转移支付在缓解多维贫困方面的作用有限，仅仅提升了部分州的教育福利水平。

对于无条件的现金转移支付，家庭收到和使用补助金没有任何条件限制，可以用于任何活动。研究发现，在南非的一个高失业率（35.1%）城市中，由于家庭缺乏收入来源，补助金已被视为重要的定期收入来源（Vaaltein and Schiller，2017）。为了实现可持续发展目标1、2（根据每个国家的定义，将所有年龄段生活在贫困中的男性、女性和儿童的比例降低50%）（United Nations，2020），Ferrone 和 Chzhen（2018）通过建立模拟维度剥夺变化的模型发现，对于一个面临不同程度剥夺的国家来说，组合的货币支持和精准扶贫方式对缓解多维贫困是有效的。Song 和 Imai（2019）通过对政府政策进行分析，认为肯尼亚的大部分现金转移资金来源于国外，因此该计划的长期可持续性可能是一个挑战。

（三）其他

导致多维贫困的原因主要是缺乏资源（教育、医疗、就业）。采取一些方式是为了给家庭建立获取外部资源的途径，如农村道路建设（Bucheli et al.，2018；Naimanye and Whiteing，2016）、互联网接入（Mora-Rivera and García-Mora，2021）、生态移民（Ismail et al.，2018a；Wang et al.，2018a）、继续教育（Powell，2012）等。这些方式可以增加家庭进入市场的机会，以提升他们的生计多样性水平，而不是在低附加值的农业部门就业。此外，有些农村地区光照资源充足，可以充分利用光照资源将其转化为额外的收入来源，进而提升家庭生计多样性水平（Huang et al.，2021；Zhang et al.，2019）。

一些国家开展了财政分权的制度改革。相比于中央政府，地方政府对当地情况及居民的需求更加了解，因此通过财政分权以增强地方政府的权力，可以向居民提供更合适的商品与服务，可能更有效提升当地居民的生活水平（Ramírez et al.，2017；Yankson，2008）。Ramírez 等（2017）发现，哥伦比亚政府通过财政权力下放增加财产税收入，而财产税收入的增加使贫困发生率降低和贫富差距缩小。然而，由于加纳地方政府的财政和体制薄弱，即使官员尽了最大的努力，财政分权也可能并不会减少贫困的发生（Yankson，2008）。

五 总结与讨论

本文通过系统性文献综述法研究了不同脱贫方式对家庭多维贫困的影响。对相关成果进行统计后发现，2017~2020年发表文章数量持续增加，接近70%的文章是在最近5年内发表的。这些研究关注的国家大多位于非洲和亚洲，2/3的研究采用了定量研究，定性研究和混合研究的数量相当。脱贫方式的实施主体分为家庭和政府两类，本文分别对这两类实施主体采取的脱贫方式进行梳理和归纳，得到以下发现。

家庭脱贫方式研究包括三个方面。①生计多样性。家庭将其生计活动从农业部门部分或全部转移到非农部门，生计多样性方式在大多数情况下对缓解多维贫困是有效的（Dagunga et al.，2020；Salam and Bauer，2020）。受地理位置限制，农村家庭生活的常态是"靠山吃山，靠水吃水"。由于常年受季节性、周期性、生产力水平低下、农业收入少且不稳定的困扰（Chowdhury and Mukhopadhaya，2012；Khaki and Sangmi，2017），家庭一旦从农业活动转移到非农业活动，可以极大增加收入、促进收入稳定性，进而有助于缓解多维贫困。②金融服务。金融服务赋予了家庭获得外部支持的能力，能够改善当前生计活动或促进家庭开展新的生计活动，进而缓解贫困（Chowdhury and Mukhopadhaya，2012；Khaki and Sangmi，2017）。然而，其有效性可能受到家庭的非金融财富、贷款目的、信贷来源、负债率的影响（Chowdhury and Mukhopadhaya，2012；Khaki and Sangmi，2017）。由于贷款的偿还成本过高，金融服务对一些家庭多维贫困的缓解作用可能是非常小的。③农业生产提升。大多数研究表明，该方式在缓解多维贫困方面的作用较小，仅有少量研究发现其有效性。研究结果表明，在市场发展完善的农村，多维贫困程度发生了微小的下降，而在以可持续生计为基础的农村，由于生态恶化超过了经济收益，农民面临着更加严重的多维贫困，这说明农业生产提升缓解多维贫困的作用受制于市场发展（Santika et al.，2019；Santika et al.，2020）。

政府脱贫方式研究也包括三个方面。①旅游业。旅游业在为当地居民提供就业机会、提升生计多样性水平、带动当地经济增长等方面的作用已经得到了广泛认可（Braber et al.，2018；World Tourism Organization，

2017）。但是，旅游扶贫的效果受到家庭参与和利益分配的双重影响，积极参与旅游业并且利益分配合理可以有效缓解多维贫困。②现金转移支付。该方式通过将补助金有条件或无条件地支付给家庭，提升了家庭对商品和服务的购买力。但是，现金转移支付对家庭多维贫困的缓解是有限的，原因是，有条件的现金转移支付是将补助金分配给特定维度贫困的家庭，使该维度的剥夺得到缓解；无条件的现金转移支付由于资金不足，对家庭福利的提升仅限于食品方面，而且面临着转移支付长期能否持续的问题。③其他方式，包括道路建设、光伏扶贫、财政分权、生态移民等。这些方式可以通过扩展家庭收入来源、提升与外界交流互动、改善公共财政分配等方式来缓解多维贫困。

研究发现，大多数脱贫方式的主要目的是增加家庭收入，而非直接影响多维贫困。多维贫困是指在教育、健康、生活水平等其他维度上受到剥夺。无论是家庭的脱贫方式还是政府的脱贫方式本身并不能直接为家庭提供更好的教育、更健康的生活、更多的家庭资产等。家庭脱贫方式最明显的作用是家庭将生计活动从农业部门转移到非农业部门，通过市场以及增加农业服务设施来提高农业生计的专业化程度，或通过金融服务提升家庭的创收能力，最终增加家庭收入（Nawaz，2010；Ogutu and Qaim，2019；Salam and Bauer，2020）。从政府角度看，旅游部门提供的就业机会促进了家庭从农村部门向非农村部门的转移，现金转移支付使家庭收入增加（Vaaltein and Schiller，2017；Wang et al.，2020），其他方式同样增加了家庭收入。总之，这些脱贫方式并不是直接缓解家庭的多维贫困，而是通过间接的方式来缓解多维贫困。

然而，在某些情况下家庭收入的增加并不能缓解多维贫困（Scheyvens and Russell，2012；Ullah et al.，2020；Vaaltein and Schiller，2017；Vollmer et al.，2017；Zorrilla-Miras et al.，2018）。正如前文所讨论的，大多数脱贫方式的目的是增加家庭收入，而多维贫困并不只是收入上的贫困，这意味着只有将货币转化为家庭可以实实在在获得的产品和服务，才可以缓解多维贫困。然而，由于一些地区产品和服务的供给不足，或者家庭与市场交互的渠道不存在，家庭难以成功地将货币转化为产品和服务，因此增加收入对缓解多维贫困的作用有限，这也是同一方式在不同国家对多维贫困的缓解效果产生差异的原因。总之，收入仍然是缓解多维贫困的前因变量，而产品和服务供给、家庭与市场交互渠道畅通则是促进收入缓解多维贫困的重要条件。

尽管本文对各类缓解多维贫困的方式进行了讨论，但存在一定的局限性。第一，本文中所纳入的文章仅限于健康、教育和生活水平在内的多维贫困，而其他种类的多维贫困，如教育贫困、能源贫困、水资源贫困等则未被纳入其中。第二，由于多维贫困的测量方式没有唯一的标准，其测量会根据研究主题或数据的差异进行调整。虽然本文依据多维贫困的定义在最初筛选文献时对此进行了限制，使不同研究中所表述的"多维贫困"尽可能保持一致，但在实际分析中仍然无法保证 57 篇文章中的"多维贫困"是相同的，本文对这些差异讨论较少。第三，本文并未对不同类型的微观个体的多维贫困进行梳理，如儿童多维贫困或老年人多维贫困等。由于研究对象不同，多维贫困的缓解效果可能也会存在差异。这些局限在未来研究中需要进一步克服。

参考文献

Adeoye, Ifeoluwa Damilola et al. 2019. "Effect of Off-Farm Income on Multidimensional Poverty among Rural Farm Households in Nigeria." *International Journal of Social Economics* 9: 1081 – 1094.

Adepoju, Abimbola Oluyemisi and Oluwatofunmi Ibukun Akinluyi. 2017. "Multidimensional Poverty Status of Rural Households in Nigeria." *International Journal of Social Economics* 8: 1046 – 1061.

Ali, Isahaque et al. 2017. "Microfinance as a Development and Poverty Alleviation Tool in Rural Bangladesh: A Critical Assessment." *Asian Social Work and Policy Review* 1: 4 – 15.

Alkire, Sabina and James Foster. 2008. "Counting and Multidimensional Poverty Measurement." *OPHI Working Paper* 7, Oxford Poverty Human Development Initiative.

Alkire, Sabina and Andy Sumner. 2013. "Multidimensional Poverty and the Post – 2015 Mdgs." *Development* 1: 46 – 51.

Aslam, Mohammad. 2019. "Computation of Multidimensional Poverty Index: A Case Study." *International Journal of Emerging Trends in Engineering Research*: 262 – 267.

Aziz, Yasir et al. 2020. "The Nexus between Zakat and Poverty Reduction, Is the Effective

Utilization of Zakat Necessary for Achieving Sdgs: A Multidimensional Poverty Index Approach. " *Asian Social Work and Policy Review* 3: 235 – 247.

Bhuiyan, Abul Bashar et al. 2012. "Microfinance and Sustainable Livelihood: A Conceptual Linkage of Microfinancing Approaches Towards Sustainable Livelihood. " *American Journal of Environmental Sciences* 3: 328.

Bibi, Sami. 2005. "Measuring Poverty in a Multidimensional Perspective: A Review of Literature. " *PEP Working Paper* 7.

Boyd, Emily et al. 2019. "The Ecological Limits Acting on Cocoa Smallholders and the Implications for Poverty Alleviation in an African Forest-Agriculture Landscape. " *Frontiers in Sustainable Food Systems* 3.

Braber, Bowy den et al. 2018. "Impact of Protected Areas on Poverty, Extreme Poverty, and Inequality in Nepal. " *Conservation Letters* 6.

Bray, DavidBarton et al. 2015. "Can Payments for Environmental Services Strengthen Social Capital, Encourage Distributional Equity, and Reduce Poverty?" *Conservation and Society* 4.

Bucheli, José R. et al. 2018. "Paths to Development? Rural Roads and Multidimensional Poverty in the Hills and Plains of Nepal. " *Journal of International Development* 3: 430 – 456.

Chowdhury, Tamgid Ahmed and Pundarik Mukhopadhaya. 2012. "Assessment of Multidimensional Poverty and Effectiveness of Microfinance-Driven Government and Ngo Projects in the Rural Bangladesh. " *The Journal of Socio-Economics* 5: 500 – 512.

Churchill, Sefa Awaworyi and Vijaya Bhaskar Marisetty. 2020. "Financial Inclusion and Poverty: A Tale of Forty-Five Thousand Households. " *Applied Economics* 16: 1777 – 1788.

Dagunga, Gilbert et al. 2020. "To What Extent Should Farm Households Diversify? Implications on Multidimensional Poverty in Ghana. " *World Development Perspectives*, vol. 20: 100264.

Dang, Ai-Thu. 2014. "Amartya Sen's Capability Approach: A Framework for Well-Being Evaluation and Policy Analysis?" *Review of Social Economy* 4: 460 – 484.

Das, Tiken. 2019. "Does Credit Access Lead to Expansion of Income and Multidimensional Poverty? A Study of Rural Assam. " *International Journal of Social Economics* 2: 252 – 270.

Dash, Anup. 2003. "13. Strategies for Poverty Alleviation in India: Cysd's Holistic Approach to Empowerment through the Self-Help Group Model. " *IDS Bulletin* 4: 133 – 142.

Dyngeland, C. et al. 2020. "Assessing Multidimensional Sustainability: Lessons from Brazil's Social Protection Programs. " *Proc. Natl. Acad. Sci. U. S. A.* 34: 20511 – 20519.

Eroğlu, Şebnem. 2017. "Income Generation, Informality and Poverty in Urban Turkey. " *International Journal of Sociology and Social Policy* 37 (516): 295 – 310.

Espinoza-Delgado, José and Stephan Klasen. 2018. "Gender and Multidimensional Poverty in Nicaragua: An Individual Based Approach. " *World Development*, vol. 110: 466 – 491.

Farooq, Shujaat and Zunaira Younais. 2018. "Do Non-Farm Enterprises Offer Pathways for Upward Mobility in Rural Pakistan? Evidence from Panel Dataset. " *The Pakistan Development Review* 2: 203 – 221.

Ferrone, Lucia and Yekaterina Chzhen. 2018. "How to Reach the Sustainable Development Goal 1. 2? Simulating Different Strategies to Reduce Multidimensional Child Poverty in Two Middle-Income Countries. " *Child Indicators* 3: 711 – 728.

Fonta, William M. et al. 2019. "Multidimensional Poverty Assessment among Adolescent Children in the Mouhoun Region of Burkina Faso, West Africa. " *Child Indicators Research* 4: 1287 – 1318.

Fransman, Tina and Derek Yu. 2019. "Multidimensional Poverty in South Africa in 2001 – 16. " *Development Southern Africa* 1: 50 – 79.

Holden, Andrew et al. 2011. "Tourism and Poverty Reduction: An Interpretation by the Poor of Elmina, Ghana. " *Tourism Planning & Development* 3: 317 – 334.

Huang, Fubin et al. 2021. "Exploring Rural Energy Choice from the Perspective of Multidimensional Capabilities: Evidence from Photovoltaic Anti-Poverty Areas in Rural China. " *Journal of Cleaner Production*, vol. 283: 124586.

Hung, Kam and Xiaotao Yang. 2014. "Poverty Alleviation Via Tourism Cooperatives in China: The Story of Yuhu. " *International Journal of Contemporary Hospitality Management* 6: 879 – 906.

Hussain, Intizar and Munir A Hanjra. 2004. "Irrigation and Poverty Alleviation: Review of the Empirical Evidence. " *Irrigation and drainage* 1: 1 – 15.

IFAD. 2016. "Ifad Strategic Framework 2016 – 2025. " Accessed. April 7. https: // www. ifad. org/en/web/knowledge/-/ifad-strategic-framework – 2016 – 20 – 1.

Imai, Katsushi S. et al. 2010. "Microfinance and Household Poverty Reduction: New Evidence from India. " *World Development* 12: 1760 – 1774.

Ismail, Mohd Khairi et al. 2018a. "The Role of Agropolitan Project in Eradicating Poverty: Multidimensional Poverty Index. " *International Journal of Engineering & Technology* 4: 443 – 450.

Ismail, Mohd Khairi et al. 2018b. "Gahai Agropolitan Project in Eradicating Poverty: Multidimensional Poverty Index. " *Planning Malaysia*, vol. 16.

Jolliffe, Dean and Espen Beer Prydz. 2016. " Estimating International Poverty Lines from Comparable National Thresholds. " *The Journal of Economic Inequality* 2: 185 – 198.

Khaki, Audil Rashid and Mohi-ud-Din Sangmi. 2017. " Does Access to Finance Alleviate Poverty? A Case Study of Sgsy Beneficiaries in Kashmir Valley. " *International Journal of Social Economics* 8: 1032 – 1045.

Kilburn, Kelly et al. 2020. " The Impact of a Conditional Cash Transfer on Multidimensional Deprivation of Young Women: Evidence from South Africa's Htpn 068. " *Social Indicators Research*, vol. 151: 865 – 895.

Kim, Hoolda. 2019. " Beyond Monetary Poverty Analysis: The Dynamics of Multidimensional Child Poverty in Developing Countries. " *Social Indicators Research* 3: 1107 – 1136.

Kwon, Huck-ju and Eunju Kim. 2014. " Poverty Reduction and Good Governance: Examining the Rationale of the Millennium Development Goals. " *Development and Change* 2: 353 – 375.

Lade, S. J. , Haider, L. J. , Engström, G. , & Schlüter, M. 2017. " Resilience Offers Escape from Trapped Thinking on Poverty Alleviation. " *Science Advances* 5, e1603043.

Lázár, Attila N et al. 2020. " Modelling Household Well-Being and Poverty Trajectories: An Application to Coastal Bangladesh. " *Plos One* 9.

Li, Guie et al. 2019. " Multidimensional Poverty in Rural China: Indicators, Spatiotemporal Patterns and Applications. " *Social Indicators Research*: 1099 – 1134.

Li, Yan et al. 2018. " A Review of Photovoltaic Poverty Alleviation Projects in China: Current Status, Challenge and Policy Recommendations. " *Renewable and Sustainable Energy Reviews*, vol. 94: 214 – 223.

London, T. and H. Esper. 2014. " Assessing Poverty-Alleviation Outcomes of an Enterprise-Led Approach to Sanitation. " *Annals of the New York Academy of Sciences*, vol. 1331: 90 – 105.

Loschmann, Craig et al. 2015. " Does Shelter Assistance Reduce Poverty in Afghanistan?" *World Development*, vol. 74: 305 – 322.

Martorano, Bruno and Marco Sanfilippo. 2012. "Innovative Features in Poverty Reduction Programmes: An Impact Evaluation of Chile Solidario on Households and Children. " *Journal of International Development* 8: 1030 – 1041.

Maulu, Sahya et al. 2021. " Enhancing the Role of Rural Agricultural Extension Programs in Poverty Alleviation: A Review. " *Cogent Food & Agriculture* 1.

Mohamed, Erna Farina and Neneng Ela Fauziyyah. 2020. "Islamic Microfinance for Poverty Alleviation: A Systematic Literature Review." *International Journal of Economics, Management and Accounting* 1: 141 – 163.

Moher, D. et al. 2009. "Preferred Reporting Items for Systematic Reviews and Meta-Analyses: The Prisma Statement." *Plos Medicine* 7.

Mora-Rivera, Jorge and Fernando García-Mora. 2021. "Internet Access and Poverty Reduction: Evidence from Rural and Urban Mexico." *Telecommunications Policy* 2.

Moyer, Jonathan D and Steve Hedden. 2020. "Are We on the Right Path to Achieve the Sustainable Development Goals?" *World Development*, vol. 127.

Mutsami, Chrispinus and Stephen Karl. 2020. "Commercial Rabbit Farming and Poverty in Urban and Peri-Urban Kenya." *Frontiers in Veterinary Science*, vol. 7: 353.

Naimanye, Andrew Grace and Tony Whiteing. 2016. "Poverty-Centred Rural Road Funds Sharing in Sub-Saharan Africa." *Proceedings of the Institution of Civil Engineers-Transport*, vol. 169, Thomas Telford Ltd: 387 – 396.

Nawaz, Shah. 2010. "Microfinance and Poverty Reduction: Evidence from a Village Study in Bangladesh." *Journal of Asian and African Studies* 6: 670 – 683.

Nguyen, Cuong Viet et al. 2021. "Do Good Governance and Public Administration Improve Economic Growth and Poverty Reduction? The Case of Vietnam." *International Public Management Journal* 1: 131 – 161.

Ntsalaze, Lungile and Sylvanus Ikhide. 2017. "The Threshold Effects of Household Indebtedness on Multidimensional Poverty." *International Journal of Social Economics* 11: 1471 – 1488.

Ogutu, Sylvester Ochieng et al. 2020. "Supermarket Contracts and Smallholder Farmers: Implications for Income and Multidimensional Poverty." *Food Policy*, vol. 95.

Ogutu, Sylvester Ochieng and Matin Qaim. 2019. "Commercialization of the Small Farm Sector and Multidimensional Poverty." *World Development*, vol. 114: 281 – 293.

Owusu-Addo, E. et al. 2016. "The Impact of Cash Transfers on Social Determinants of Health and Health Inequalities in Sub-Saharan Africa: A Systematic Review Protocol." *Health Policy Plan* 5: 675 – 696.

Pelser, André et al. 2013. "Protected Areas as Vehicles in Population Development: Lessons from Rural South Africa." *Environment, Development and Sustainability* 5: 1205 – 1226.

Pickering, Catherine and Jason Byrne. 2014. "The Benefits of Publishing Systematic Quantitative Literature Reviews for Phd Candidates and Other Early-Career Researchers. " *Higher Education Research & Development* 3：534 – 548.

Powell, Lesley. 2012. "Reimagining the Purpose of Vet-Expanding the Capability to Aspire in South African Further Education and Training Students. " *International Journal of Educational Development* 5：643 – 653.

Puig-Cabrera, Miguel and Concepción Foronda-Robles. 2020. "The Phenomenon of Tourism Poverty Trap：Is It Possible That Tourism Breaks the Vicious Circle of Poverty in Emerging Destinations?" *Journal of Poverty* 4：334 – 353.

Ramírez, Juan Mauricio et al. 2017. "Property Tax Revenues and Multidimensional Poverty Reduction in Colombia：A Spatial Approach. " *World Development*, vol. 94：406 – 421.

Salam, Shakila and Siegfried Bauer. 2020. "Rural Non-Farm Economy and Livelihood Diversification Strategies：Evidence from Bangladesh. " *GeoJournal*：1 – 13.

Sandhu, Harpinder and Sukhbir Sandhu. 2014. "Linking Ecosystem Services with the Constituents of Human Well-Being for Poverty Alleviation in Eastern Himalayas. " *Ecological Economics*, vol. 107：65 – 75.

Santika, Truly et al. 2019. "Does Oil Palm Agriculture Help Alleviate Poverty? A Multidimensional Counterfactual Assessment of Oil Palm Development in Indonesia. " *World Development*, vol. 120：105 – 117.

Santika, Truly et al. 2020. "Impact of Palm Oil Sustainability Certification on Village Well-Being and Poverty in Indonesia. " *Nature Sustainability*, vol 2：109 – 119.

Scheyvens, Regina and Matt Russell. 2012. "Tourism and Poverty Alleviation in Fiji：Comparing the Impacts of Small-and Large-Scale Tourism Enterprises. " *Journal of Sustainable Tourism* 3：417 – 436.

Sen, Amartya. 1993. "Capability and Well-Being 73. " *The Quality of Life*, vol. 30：270 – 293.

Sen, Amartya. 1983. "Poor, Relatively Speaking. " *Oxford Economic Papers* 2：153 – 169.

Sen, Amartya. 1976. "Poverty：An Ordinal Approach to Measurement. " *Econometrica：Journal of the Econometric Society*：219 – 231.

Singh, Pramod K and Harpalsinh Chudasama. 2020. "Evaluating Poverty Alleviation Strategies in a Developing Country. " *Plos One* 1.

Song, Sophie and Katsushi S Imai. 2019. "Does the Hunger Safety Net Programme Reduce Multidimensional Poverty? Evidence from Kenya. " *Development Studies Research* 1：47 – 61.

Stevenson, James R and Xavier Irz. 2009. "Is Aquaculture Development an Effective Tool for

Poverty Alleviation? A Review of Theory and Evidence. " *Cahiers Agricultures* 2 – 3: 292 – 299 (291).

Suich, Helen. 2013. "Evaluating the Household Level Outcomes of Community Based Natural Resource Management: The Tchuma Tchato Project and Kwandu Conservancy. " *Ecology and Society* 4.

Thorbecke, Erik. 2013. "Multidimensional Poverty: Conceptual and Measurement Issues. " Paper Prepared for *The Many Dimensions of Poverty* International Conference, UNDP · Interonational Poverty Centre, Brasilia, August 29 – 31, 2005.

Tranfield, David et al. 2003. "Towards a Methodology for Developing Evidence-Informed Management Knowledge by Means of Systematic Review. " *British Journal of Management* 3: 207 – 222.

Ullah, Kifayat et al. 2020. "Financial Inclusion, Socioeconomic Disaster Risks and Sustainable Mountain Development: Empirical Evidence from the Karakoram Valleys of Pakistan. " *Sustainability* 22.

United Nations. 2020. "The Sustainable Development Goals Report 2020. " Accessed April 7. https://unstats. un. org/sdgs/report/2020/.

United Nations Development Programme. 2010. "Human Development Report 2010: The Real Wealth of Nations-Pathways to Human Development. " Accessed April 7. https:// hdr. undp. org/en/content/human-development-report – 2010.

United Nations Development Programme. 2020. "Human Development Report 2020: The Next Frontier—Human Development and the Anthropocene. " Accessed April 7. https:// hdr. undp. org/en/2020 – report.

Vaaltein, Sive and Ulene Schiller. 2017. "Addressing Multi-Dimensional Child Poverty: The Experiences of Caregivers in the Eastern Cape, South Africa. " *Children and Youth Services Review*, vol. 76: 227 – 236.

Vollmer, Frank et al. 2017. "Charcoal Income as a Means to a Valuable End: Scope and Limitations of Income from Rural Charcoal Production to Alleviate Acute Multidimensional Poverty in Mabalane District, Southern Mozambique. " *World Development Perspectives*, vol. 7 – 8: 43 – 60.

Wang, Kai et al. 2020. "Poor Residents' Perceptions of the Impacts of Tourism on Poverty Alleviation: From the Perspective of Multidimensional Poverty. " *Sustainability* 18.

Wang, Wenlue et al. 2018a. "Impact of the Ecological Resettlement Program on Participating Decision and Poverty Reduction in Southern Shaanxi, China. " *Forest Policy and Eco-*

nomics, vol. 95: 1 – 9.

Wang, Yanhui et al. 2018b. "Village-Level Multidimensional Poverty Measurement in China: Where and How." *Journal of Geographical Sciences* 10: 1444 – 1466.

World Bank. 2001. *World Development Report 2000/2001: Attacking Poverty*. New York: Oxford University Press.

World Bank. 2020. "World Development Report 2020: Trading for Development in the Age of Global Value Chains." Accessed April 7. https://www. worldbank. org/en/publication/wdr 2020.

World Tourism Organization. 2017. *UNWTO Annual Report 2017*. UNWTO, Madrid. https://www. e-unwto. org/doi/book/10. 18111/9789284419807.

Yankson, Paul WK. 2008. "Decentralisation and Poverty Reduction in the Gomoa District of Ghana." *Norsk Geografisk Tidsskrift-Norwegian Journal of Geography* 3: 230 – 240.

You, Jing et al. 2017. "Identifying a Sustained Pathway to Multidimensional Poverty Reduction: Evidence from Two Chinese Provinces." *The Journal of Development Studies* 1: 137 – 158.

Zhang, Huiming et al. 2019. "Multi-Dimensional Poverty Measurement for Photovoltaic Poverty Alleviation Areas: Evidence from Pilot Counties in China." *Journal of Cleaner Production*, vol. 241.

Zorrilla-Miras, Pedro et al. 2018. "Environmental Conservation and Social Benefits of Charcoal Production in Mozambique." *Ecological Economics*, vol. 144: 100 – 111.

新时代教育反贫困观转向的理论逻辑

——兼论"人的全面发展"

李献庆*

摘 要：教育反贫困是国家反贫困政策的重要组成部分，也是实现脱贫攻坚目标的应对之策。在社会主要矛盾转变的当口，树立以"人的全面发展"为核心的教育反贫困观尤为重要。新时代的教育反贫困观呈现两方面转向趋势，即从偏重外部帮扶转向提升内生动力，从分配正义转向承认正义。在其转向背后，"人的自由发展"与"人的全面发展"相结合的价值观念揭示了教育反贫困的内在逻辑。这为激发贫困群体的内生动力、实现物质和精神双脱贫提供了有力保障。

关键词：教育反贫困观；教育公平；人的全面发展

教育反贫困是国家反贫困政策的重要组成部分，也是实现脱贫攻坚目标的应对之策。2015 年 11 月，《中共中央 国务院关于打赢脱贫攻坚战的决定》（以下简称《决定》）提出，我国扶贫开发进入"啃硬骨头""攻坚拔寨"的关键期，扶贫开发模式要由偏重"输血"向注重"造血"转变。由此，激发贫困群体的内生动力成为新时代扶贫开发的重要着力点。

《决定》还指出，确保到 2020 年农村贫困人口实现脱贫，贫困县全部摘帽，解决区域性整体贫困。当农村贫困人口实现脱贫之后，我国扶贫开发将以缓解相对贫困为战略重点。具体而言，"相对贫困"是基于个体或

---

* 李献庆，西南大学西南民族教育与心理研究中心博士研究生，研究方向为教育政策、教育与社会发展，E-mail：529823822@ qq. com。

群体的社会比较和社会认知而产生的，亦是个体或群体对自我贫困状况的再次建构、认知、认同。它既反映了个体性心理认知，又呈现了社会阶层分化状况以及社会公平程度（高强、孔祥智，2020）。

教育反贫困作为消除贫困的重要途径，在脱贫攻坚中作用显著。回顾我国教育反贫困的发展历程，为了有效应对贫困问题，我国建立了专门的反贫困组织机构——国务院扶贫开发领导小组，构建了完善的教育反贫困政策体系，并且将发展教育脱贫一批与发展生产脱贫一批、易地搬迁脱贫一批、生态补偿脱贫一批、社会保障兜底一批一同作为我国教育反贫困的重要战略，以突出教育在反贫困中的重要作用。然而，基于外部教育资源投入和"人人平等"的分配正义的教育反贫困观仍然占据主导地位。这虽然为完善教育反贫困机制提供了有力保障，但是已经无法适应新时代教育反贫困的现实要求。因此，新时代的教育反贫困观需要转向，特别需要让贫困群体从"被动脱贫"向"主动脱贫"、从"外部支持脱贫"向"提升自我发展能力脱贫"转变。

基于此，本文从理论上探究新时代教育反贫困观的转向，强调新的教育反贫困观遵循社会公平正义的价值导向，坚持从偏重外部帮扶转向激发内生动力，从分配正义转向承认正义，促使新时代的教育反贫困观回归"人的发展"本身。

一　从偏重外部帮扶转向激发内生动力

教育反贫困是阻断贫困代际传递的重要途径，其目的是通过办好贫困地区和贫困群体的教育事业来实现减贫脱贫的战略目标，其本质体现了社会公平正义的价值追求（李兴洲，2017）。近年来，随着《教育脱贫攻坚"十三五"规划》《深度贫困地区教育脱贫攻坚实施方案（2018—2020年）》等教育政策的颁布，以及精准扶贫战略的有序推进，我国脱贫攻坚工作成效显著。"十三五"期间，我国超过5000万农村贫困人口摆脱绝对贫困，使贫困发生率从2016年的4.5%下降至2019年的0.6%，区域性整体贫困基本得到解决。① 然而，通过重新审视改革开放以来我国教育反贫

---

① 《减贫超5000万：我国即将实现农村贫困人口全部脱贫目标》，新华网，http://www.xin-huanet.com/2020-10/11/c_1126591611.htm，最后访问日期：2022年7月30日。

困的历程我们可以发现，教育反贫困在发展理念、制度体系、工作机制等方面仍然面临一些新的问题和挑战。因此，随着我国脱贫攻坚进入决胜阶段，教育反贫困观强调从外部帮扶向激发贫困群体内生动力的内涵式发展转型。

（一）偏重外部帮扶：教育反贫困观的实然选择

外部帮扶反贫困是我国教育扶贫事业在特定历史阶段的实然选择。改革开放之初，由于我国经济发展水平不高、贫困人口多、致贫因素复杂，实施以教育资源投入为主的外部帮扶反贫困策略能够最大限度地增加贫困群体的受教育机会，缓解农村贫困问题。外部帮扶式扶贫肇始于1984年9月中共中央、国务院发出的《关于帮助贫困地区尽快改变面貌的通知》。其中首次提出发展教育缓解贫困问题的新思路。1994年4月，国务院印发的《国家八七扶贫攻坚计划（1994—2000年）》提出了通过普及初等教育、加强成人教育与职业教育反贫困的政策举措。2018年2月，教育部、国务院扶贫办印发了《深度贫困地区教育脱贫攻坚实施方案（2018—2020年）》，提出现阶段教育反贫困要聚焦"三区三州"深度贫困地区，推动教育新增资金、项目、举措向这些地区倾斜，切实增强教育反贫困的能力。这反映出当前我国教育反贫困策略仍然延续以外部教育资源投入为主的扶贫模式。当前，虽然我国已经构建了多层次、多维度的教育反贫困政策体系，并且教育反贫困政策阶段已经从保障型向质量型发展，政策特征从碎片化向结构化转变，政策系统从输入式向立体式拓展（赵阔、张晓京，2019），但这些并没有从根本上改变对依靠外部力量帮扶的工具合理性的应然追求。

工具合理性是马克斯·韦伯（Max Weber）社会学理论中的概念。工具合理性是指行动者对外界事物的变化情况和他人的表现做出预期，并将这种预期作为"条件"或者"手段"，以实现行动者自身的理性追求和特定目标（韦伯，2010：114）。换言之，工具合理性强调人的理性思考基础上的目标合理性，因此当合理性目标设定之后，工具合理性要求通过理性的思考，选择最佳手段实现行动的目标（袁阳，1991）。但是工具合理性在实现行动目标过程中忽视了人的情感、精神的需要和整体性发展的需要，对实现行动目标产生了不利影响。所以，对新时代的教育反贫困观来说，只有延续以教育资源投入为主的反贫困政策，注重满足贫困群体多样化的需求和个人的全面发展，才能激发贫困群体自我发展的内生动力，真正发挥教育在反贫困实践中的作用。因此，激发贫困群体的内生动力并实现其全面发展成为新时代教育反贫观的实然追求。

（二）激发贫困群体的内生动力：教育反贫困观的应然追求

价值合理性与内生动力存在着密切联系。在韦伯的社会学研究中，价值合理性是与工具合理性相对的概念。价值合理性是指行动者将理性的注意力集中在行动本身所代表的价值领域，关注人的价值实现，重视人的情感、精神的需求，以及人的完善发展（王彩云、郑超，2014）。然而实现价值合理性需要科学、技术、政策等工具和手段的保障，而这又属于工具合理性的范畴。因此，人的价值的实现是工具合理性与价值合理性的统一。

新时代的教育反贫困观体现了工具合理性和价值合理性的统一。过去的教育反贫困观是以外部教育资源投入为主的帮扶式扶贫。虽然这种教育扶贫模式实现了扶贫效果的最大化，但它忽视了对贫困群体价值观、自我观和自身脱贫行为倾向的关注（傅安国等，2020），导致贫困群体物质虽然脱贫、精神仍然贫困的现象产生。所以，新时代的教育反贫困观注重从帮扶式扶贫转向激发贫困群体的内生动力，提升贫困者的自我发展能力，关注教育反贫困政策举措与贫困者自身的价值标准、信守的价值体系和价值立场的契合度（王彩云、郑超，2014）。

新时代教育反贫困的价值追求在于激发贫困群体的内生动力。为此，我们需要提升贫困地区的教育发展水平，提高贫困群体的受教育水平和文化素质，赋予其摆脱贫困的能力，最终实现物质脱贫与精神脱贫。由此可见，激发贫困群体的内生动力应成为教育反贫困政策的应然追求。所谓内生动力，是指贫困群体或个体所具备的价值观、自我观和脱贫行为倾向的积极方面的总和，而且价值观作为内生动力的核心要素，与自我观、脱贫行为倾向存在相互影响的关系（傅安国等，2020）。通过回顾我国教育反贫困政策的发展历程、实践经验，我们不难发现，改革开放以来，我国教育反贫困政策经历了以组织建设为主的政策阶段、强制性与引导性并重的政策阶段、以能力建设为主的政策阶段（薛二勇，2018）。然而，这些政策是重点围绕物质扶贫展开的，强调工具理性在教育反贫困中的作用，缺乏对人的价值、自我观、自身的脱贫行为倾向等价值理性的考量。这就造成教育反贫困进程中工具理性与价值理性的分离，贫困群体脱贫内生动力不足，积极性不高。同时，由于大多数贫困群体居于边疆民族地区和偏远农村地区，当地经济发展水平相对较低，教育资源短缺且质量不高，使贫困家庭学生通过教育改变贫困状况的内生动力不足，从而长期陷入贫困的恶性循环之中。因此，随着新时代的到来，综合考量不同地区教育扶贫的"普适性"与"特殊性"，激发贫困群体的内生动力，提高其自主脱贫的能力，进而"靶向"破解多维性、复杂性的贫困难题是教育反贫困观的应然追求（王世忠，2019）。

二　从分配正义转向承认正义

正义是人类社会永恒的价值追求。在不同历史时期和不同政治条件下，人们对正义的认识存在差异。然而，通过回顾不同时代的正义观，我们可以发现，正义至少包含三个要素：平等——人格和人权的平等是正义的基础；公平——权利和资源的分配是正义的生命之所在；法律——体现自然理性和人类理想的法律是正义的基本保障（俞可平，2017）。教育正义作为社会正义的组成部分，既具有正义的普遍特征，又具有自身的独特性。在当前的学术研究中，虽然与教育公平、教育平等、教育公正等方面的研究成果相比，教育正义方面的研究成果相对较少，但这并不代表教育正义的研究不重要。事实上，当今社会及教育中仍然存在对进城务工人员子女、留守儿童、残疾儿童等社会弱势群体的歧视和制度性排斥。究其缘由，是人们对教育正义的概念缺乏全面深刻的理解，对教育正义中分配正义和承认正义的差别认识不清。具体来说，在教育正义的实践范畴中，分配正义是通过对教育资源的公正、平等分配实现教育正义，企图以一种本质主义的、绝对性的正义标准（如对教育机会中的入学率、教育财政投入等设定一个比例标准）来实现教育正义（熊进，2017）。与分配正义不同，承认正义指向人与人的社会－心理关系，使人与人在社会－心理关系中得到平等尊重。换言之，人与人都是作为平等的主体而存在的，在人格上是平等和相互尊重的关系（冯建军，2016）。

根据党中央的决策部署，2020 年贫困人口全部脱贫之后，建立解决相对贫困的长效机制成为未来一段时期教育反贫困的主要任务。换言之，新时代的教育反贫困观逐渐从消除绝对贫困向缓解相对贫困转变，从注重脱贫速度向注重脱贫质量和人民获得感转变（孙久文等，2019）。因此，新时代的教育正义观坚持以"相对贫困"阶段的问题为导向，从以教育资源分配为中心的分配正义转向以人为本的承认正义。

（一）分配正义：一维视角下教育反贫困观的现实表现

分配正义古已有之。在古希腊思想家亚里士多德（Aristotle）那里，分配正义被视为确保应该得到回报的人按他们的美德得到利益的原则，即根据个人的美德来分配政治地位，而不是分配物质财富（参见弗莱施哈克尔，2010：2）。现代分配正义研究的集大成者罗尔斯（Rawls）认为，正义的主要问题是社会制度，公民权利和义务的划分以及由社会合作产生的利益分配都是由社会制度决定的（罗尔斯，2019：7）。由于社会资源的有限性与个体需求的无限性之间的矛盾，社会资源的公平分配需要诉诸社会制度。同时，社会资源的公平分配不是平均分配，而是一种差别分配。因此，为了让所有人获得同样的权利和机会，社会资源的分配必须对社会弱势群体给予更多的关照，以实现社会的公平正义。

在教育正义之中，分配正义主要指向物质形态教育资源的公平分配，而对非物质形态的教育权利和教育机会则无法进行公平分配（吕寿伟，2014）。但是，教育权利、教育机会都是教育正义的客观要求，并且教育权利、教育机会和教育资源的分配存在着某种"词典式序列"。因此，充分保障学生的受教育权和平等的教育机会是实现教育分配正义的前提和基础。

通过分析我国教育反贫困政策我们可以发现，实现贫困地区"人人有学上，人人上好学"的目标，充分发挥教育在反贫困中的作用，其首要条件是保证每个学生都能平等地享有教育权利和教育机会。这就要求贫困地区尤其是深度贫困地区的政府，不仅要为学生提供均等的教育机会、完善的教育设施和良好的教育条件，而且要综合考量不同地区教育发展的特殊性，以满足人们多样化的教育需求。为此，教育部出台《县域义务教育优质均衡发展督导办法》《深度贫困地区教育脱贫攻坚实施方案（2018—

2020 年)》《关于进一步加强财政投入管理深入推进"三区三州"教育脱贫攻坚的指导意见》等政策文件，进一步改善贫困地区教育办学条件，提高教育教学质量，为贫困地区学生提供更加优质的教育。

除此之外，为了改善贫困地区的教育发展状况，国家不仅构建了包括基础教育、职业教育、高等教育和继续教育在内的教育反贫困政策体系，建立了覆盖学前教育到高等教育的资助体系，而且通过加大对贫困地区教育经费的投入力度，完善教师队伍建设和教育信息化建设，逐步提高贫困地区的教育发展水平，努力让贫困地区的每个学生都能享有公平而有质量的教育。但是城乡之间、区域之间教育发展不均衡，即贫困地区的教育发展水平与东部经济发达地区的教育发展水平相比尚有较大差距。因此，推动教育资源向贫困地区适当倾斜，补齐贫困地区教育发展短板，是实现教育资源分配正义的有效路径。这也是罗尔斯公平正义理论中差别原则的观点，即在坚持机会公平的基础上对社会最少受惠者予以补偿，以实现其利益的最大化（罗尔斯，2019：6~7）。

分配正义主要关注可分配的物质形态的教育资源，以及对教育资源起保障作用的教育制度，对教育中人的主体需要、自尊的需要以及个体自主性的发展需要则难以进行公平的分配。然而，教育反贫困观的本质不仅是通过改善贫困地区的教育条件来实现贫困群体脱贫的目标，而且是提高贫困群体的可持续发展能力，促进自我价值的实现。因此，新时代的教育反贫困观必须超越分配正义，寻求承认正义的复归。

（二）承认正义：多维视角下教育反贫困的价值追求

霍耐特（Honneth）（2009）指出，承认正义的主要目标并非消除不平等，而是避免个体遭受羞辱或蔑视；承认正义无法通过利益或物品的分配实现，只有将尊严或尊敬作为承认正义的核心内容，将对人类尊严的承认作为社会正义的基础，才能实现社会的公平正义。具体而言，承认正义强调个体在参与社会活动中的主体地位、个人尊严和心理安全，而不是社会资源分配的平等。对贫困地区的教育发展而言，物质教育资源的公平分配固然能提高其教育发展水平，在一定程度上满足人们的教育需求，但是如果贫困地区学生在主体地位、人格尊严、心理安全等方面得不到平等的承认，那么教育资源分配的正义就只是"表面上的正义"，贫困地区学生在教育活动中的正当权利并未得到合理的尊重。因此，教育资源的分配正义虽然能彰显人们在物质形态资源上平等的权利，但无法满足人们在主体地位、人格尊严、心理安全等方面的需求。新时代教育反贫困进程中，在基本满足人民对教育资源的需求之后，承认正义——保障贫困群体的主体地位、人格尊严和心理安全，应该成为新时代教育反贫困政策的重点。为此，加强教育反贫困中的承认正义成为激发贫困群体内生动力、实现人的全面发展的必然选择。

在新时代，为了让贫困家庭子女接受公平而有质量的教育，阻断贫困代际传递，在保障优质教育资源供给的基础上，只有重视贫困家庭子女的主体地位、人格尊严和心理安全，才能提升贫困家庭子女追求美好生活的可行性能力。根据霍耐特的承认正义理论，承认主要包括三个领域：爱、法律平等和成就。情感关怀、法律承认和社会尊重三种相互承认形式也由此产生，而且三种相互承认形式分别对应着自信、自尊和自豪。简而言之，人们只有在爱的体验中才能获得自信，只有在法律的承认体验中才能获得自尊，只有在社会尊重中才能获得自豪（王凤才，2008）。新时代的教育反贫困观遵循教育中"以人为本"的理念，把促进人自身的发展作为教育反贫困的重要议题。究其缘由，当人们将教育作为反贫困的有效路径时，实际上忽视了贫困地区"人的发展"。没有贫困地区"人的发展"，也就谈不上贫困地区教育的发展，更谈不上以教育实现反贫困的目标。换言之，新时代的教育反贫困观强调教育在反贫困中的作用，重视贫困地区"人的发展"，进而充分保障贫困家庭学生在教育活动中获得爱的承认、法律的承认和尊严的承认。

对个体而言，追求自身的发展是其作为人的本质特征。但是人与人之间在内在特征（如性别、年龄、一般能力、特殊才能等）和外部特征（如财产数量、社会背景、外部环境等）方面存在较大差异（森，2016：3），对个体自身的发展产生了重大影响。因此，新时代的教育反贫困观在保持外部教育资源支持的基础上，强调从以"教育资源分配为中心"转向以"人的发展为中心"。换言之，新时代的教育反贫困观注重教育反贫困中个体的主体地位、人格尊严和心理安全是否得到承认，并且通过确保人与人之间在情感关怀、法律平等和社会尊重方面的承认，促进教育反贫困回归"人的发展"本身。

三　教育反贫困观的内在逻辑：实现人的全面发展

新时代教育反贫困观的转向对改进教育反贫困政策、优化教育反贫困机制具有重要作用。目前对教育反贫困成效的评估过于注重评估贫困地区的教育发展情况，尚未把贫困群体内生动力的提升、自主脱贫能力的发展以及个体的全面发展等因素纳入评估的考量范围，难以全面反映教育反贫困政策的实施成效。因此，新时代的教育反贫困观强调贫困群体在教育反贫困政策中的主观感受，注重激发贫困群体脱贫的内生动力，进而实现个人的全面发展。作为动态变化的过程，人的全面发展的实质是指人在发展上的自由、自主、自愿，丰富、多样、和谐，以及更新、变化、流动。在全面发展的状态下，人所感受到的是幸福和愉悦，是人性的满足、个人尊严的确立和自我价值的展现（扈中平等，2015：116～117）。其中，人的自由发展是实现人的全面发展的前提和基础。

（一）人的自由发展：教育反贫困观转向的基础

人的自由发展不仅是人的全面发展的前提和基础，也是人的全面发展的价值取向（扈中平等，2015：130）。人的自由发展包括人的内在需求的满足和人的自身价值的实现。新时代的教育反贫困观重点关注人的切身感受和现实需求，保障教育反贫困政策对人的完整性、独特性和人的内在需求的维护。为此，教育反贫困观的转向应当坚持以人为核心，把满足人的内在需求和实现人的价值作为重要组成部分。

此外，阿马蒂亚·森（Amartya Sen）在《以自由看待发展》一书中提出，人的自由发展的实质是个体追求有意义的生活的可行能力（森，2002：62）。可行能力即在社会制度的保障下个人所拥有的自主选择和行动的能力。同时，可行能力与贫困存在密切关联。森认为，贫困不仅表现为收入水平低下，而且表现为可行能力的欠缺与剥夺，也唯有这样界定贫困才符合人本身的利益、符合人的自由发展的实质，才能更全面地揭示贫困的内涵（周丽莎，2011）。因此，新时代的教育反贫困观通过发展贫困地区的教育，减少由可行能力不足造成的贫困，保障贫困群体追求有意义生活的机会和条件，从而实现人的自由发展。这也是新时代的教育反贫困观在承认人的主体地位平等、人的权利和机会平等的基础上提高人的可行能力，以实现每个人自由全面发展的表现。

（二）人的全面发展：教育反贫困观转向的价值取向

马克思在《资本论》中提出，未来社会是以"每个人全面而自由的发展为基本原则的社会形式"（马克思、恩格斯，1995：239）。其中，人的全面发展包括人的身心的全面发展、人的需要的全面满足、人的能力的全面发展、人与自然的全面关系与和谐统一（陈刚，2005）。然而，全面发展是一个相对的概念。在不同的时代条件下，人们对全面发展内涵的理解存在差异。在教育反贫困观的理论逻辑中，实现人的全面发展既要保障人的自由发展，又要在平等尊重不同个体差异的基础上提高人的认知能力与非认知能力，进而满足不同个体的发展需求，提升人的自我价值感和幸福感。

在现代社会中，人的全面发展主要包括人的认知能力的发展和非认知能力的发展。而教育作为一种培养人的社会实践活动，是提高学生认知能力与非认知能力的主要途径。一方面，人的认知能力的发展是个人全面发展的前提和基础，即认知能力的提升对提高个人的教育成就、收入水平和职业声望具有重要作用（Damian et al.，2015）；另一方面，人的非认知能力主要指认知能力之外的因素，包括自我效能感和自尊感等（许多多，2017）。自我效能感是个体对自身是否有能力完成某项任务的自信程度，而自尊感则是指个体在社会活动中对自身价值的积极评价。学生认知能力和非认知能力的提高不仅能够更新学生的思想观念，使其提高文化素质，积累家庭人力资本，而且能够提高贫困群体摆脱贫困的能力。

虽然新时代的教育反贫困观要从偏重外部教育资源投入转向提高贫困群体的自主发展能力，但这并不代表外部教育资源的扶持不重要。从教育反贫困观的本质来说，外部教育资源投入仍是提升贫困地区教育发展水平的重要途径。换言之，贫困地区的办学条件不完善，优质教育资源不足，严重影响了学生的认知能力与非认知能力的发展，进而弱化了教育在脱贫攻坚中的作用。因此，有效提升学生的认知能力和非认知能力，一方面需要聚焦外部教育资源的投入，确保贫困地区教育发展水平稳步提升，建档立卡使贫困家庭学生"能上学、上得起学、不因家庭贫困而失学辍学"；

另一方面聚焦学生的非认知能力,确保学生的主体地位、自我尊严得到平等的尊重,心理安全得到全方位保障,自我效能感得到不断提升。由此可见,以"人的全面发展"为中心的教育反贫困观有利于激发贫困群体的内生动力,彰显人的主体地位和社会价值,进而提升人的主观公平感,保障贫困家庭学生的个人尊严得到承认。

四 结论

"以人为核心"的教育反贫困观转向的时代命题是新时代教育反贫困的必然选择。作为破解贫困的根本之道,教育的核心在于激发贫困群体的内生动力,提高贫困群体的文化素质与脱贫能力,进而从根源上阻断贫困代际传递。同时,教育反贫困的阶段性目标在于全面打赢脱贫攻坚战,提升人民群众尤其是贫困地区人民群众的获得感、幸福感和安全感。此外,2020年1月发布的《中共中央 国务院关于抓好"三农"领域重点工作确保如期实现全面小康的意见》指出,2020年之后,我国教育反贫困工作重心将转向解决相对贫困。解决相对贫困的关键是兼顾外部资源保障与提升内生动力,并且更侧重于发挥内生动力的作用。因而,新时代教育反贫困观的转向需要秉持"人的全面发展"的理念,保障贫困群体的主体地位、人格尊严和心理安全得到平等承认,培养和激发贫困群体的内生动力,从而实现贫困群体物质和精神双脱贫。

参考文献

陈刚,2005,《马克思人的自由全面发展观及其当代意义》,《江苏社会科学》第6期,第49~54页。

冯建军,2016,《后均衡化时代的教育正义:从关注"分配"到关注"承认"》,《教育研究》第4期,第41~47页。

弗莱施哈克尔,塞缪尔,2010,《分配正义简史》,吴万伟译,译林出版社,第2页。

傅安国、张再生、郑剑虹、岳童、林肇宏、吴娜、黄希庭,2020,《脱贫内生动力机制的质性探究》,《心理学报》第1期,第66~80页。

高强、孔祥智,2020,《论相对贫困的内涵、特点难点及应对之策》,《新疆师范大学学报》（哲学社会科学版）第 3 期，第 2、120～128 页。

扈中平、蔡春、吴全华、文雪，2015，《教育人学论纲》，高等教育出版社，第 116～
　　117、130 页。

霍耐特，阿克塞尔，2009，《承认与正义——多元正义理论纲要》，《学海》第 3 期，
　　第 79～87 页。

李兴洲，2017，《公平正义：教育扶贫的价值追求》，《教育研究》第 3 期，第 31～
　　37 页。

吕寿伟，2014，《分配，还是承认——一种复合的教育正义观》，《教育学报》第 2 期，
　　第 27～33 页。

罗尔斯，2019，《正义论》，何怀宏、何包钢、廖申白译，中国社会科学出版社。

马克思、恩格斯，1995，《马克思恩格斯选集》（第 2 卷），人民出版社，第 239 页。

森，阿马蒂亚，2002，《以自由看待发展》，任赜、于真译，中国人民大学出版社。

森，阿马蒂亚，2016，《再论不平等》，王利文、于占杰，中国人民大学出版社。

孙久文、张静、李承璋、卢怡贤，2019，《我国集中连片特困地区的战略判断与发展
　　建议》，《管理世界》第 10 期，第 150～159、185 页。

王彩云、郑超，2014，《价值理性和工具理性及其方法论意义——基于马克斯·韦伯
　　的理性二分法》，《济南大学学报》（社会科学版）第 2 期，第 48～53 页。

王凤才，2008，《论霍耐特的承认关系结构说》，《哲学研究》第 3 期，第 41～50 页。

王世忠，2019，《"三区三州"教育脱贫攻坚的策略选择》，《中国民族教育》第 5 期，
　　第 22～25 页。

韦伯，马克斯，2010，《经济与社会》第 1 卷，阎克文译，上海人民出版社，第
　　114 页。

熊进，2017，《国家主导下的教育分配正义实践：批判与检省》，《教育发展研究》第
　　6 期，第 63～69、76 页。

许多多，2017，《大学如何改变寒门学子命运：家庭贫困、非认知能力和初职收入》，
　　《社会》第 4 期，第 90～118 页。

薛二勇，2018，《中国教育脱贫政策演进与制度创新》，《中国教育发展与减贫研究》
　　第 1 期，第 60～78 页。

俞可平，2017，《重新思考平等、公平和正义》，《学术月刊》第 4 期，第 5～14 页。

袁阳，1991，《工具合理性、价值合理性与现代化》，《社会科学研究》第 5 期，第
　　58～63 页。

赵阔、张晓京，2019，《改革开放 40 年我国教育扶贫政策变迁及其经验》，《中国人民
　　大学教育学刊》第 3 期，第 16～30 页。

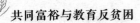
周丽莎，2011，《基于阿马蒂亚·森理论下的少数民族地区教育扶贫模式研究——以新疆克孜勒苏柯尔克孜自治州为例》，《民族教育研究》第 2 期，第 98～101 页。

Damian, Rodica Ioana, Rong Su., Michael Shanahan., Ulrich Trautwein, and Brent W. Roberts. 2015. "Can Personality Traits and Intelligence Compensate for Background Disadvantage? Predicting Status Attainment in Adulthood," *Journal of Personality and Social Psychology* 3: 473 – 489.

中国教育代际流动性研究[*]

吕国光　胡　一　张　燕[**]

摘　要：本文运用历年中国综合社会调查（CGSS）9 万多个家庭的样本数据，使用多项统计指标，系统考察了从晚清普及学校教育以来，各个历史时期我国教育代际绝对流动性和教育代际相对流动性演变的时间线索，讨论了在全球主要经济体中，我国教育代际流动的历史、现状和趋势。结果表明，一方面，我国教育代际绝对流动性表现优异，体现在教育代际流动性的底层－底层概率指标方面，在 100 多年的时间尺度上呈 L 形。最近 50 年，亲代的受教育年限增长都超过 6 年，为西方国家和亚非拉国家同年龄组群体增长水平的 2 倍。我国子代受教育年限增加了 5 年，高于同期世界平均水平。另一方面，普及学校教育的 100 多年间，以 1967 年出生人口为界，中国教育代际向上流动性呈 U 形曲线，20 世纪 80 年代出生人口的教育代际向上流动性恢复到 1920 年出生人口的水平。近年来子代与亲代的底层－底层概率大于底层－顶层概率，显示出教育弱势阶层提升子代教育层次越发艰难。在教育代际相对流动性方面，亲代受教育年限对子代具

---

* 基金项目：国家社会科学基金"十三五"规划 2018 年度教育学一般课题"乡村振兴战略中的教育与代际流动研究"（项目编号：BFA180069）。

** 吕国光，南通大学教育科学学院教授，研究方向为教育社会学、教育经济学、农村教育等，E-mail：LuGuoguang@ntu.edu.cn；胡一，爱尔兰都柏林大学数学与统计学院硕士研究生，研究方向为统计学、社会学等，E-mail：rlfff1998@gmail.com；张燕，南阳农业职业学院讲师，研究方向为教育基本理论与方法、女性教育等，E-mail：574805752@qq.com。

有显著影响，亲代每增加 1 年学校教育，子代受教育年限相应增加 0.4 年以上。教育代际流动性在 1967 年之前为递增趋势，1967 年之后为递减趋势。就家庭教育结构而言，父亲对子代受教育年限的影响虽然总体上仍然大于母亲，但 1968 年以来尤其是改革开放 40 多年来出生的人口中，2/3 的年份里母亲的影响已经超过父亲。随着家庭内部分工的平权化，母亲一方在子代教育方面将发挥越来越大的作用。

关键词：亲代教育；子代教育；教育代际流动性；CGSS

教育代际流动性是指父母教育对子女教育的影响，通常用以衡量一个社会能在多大程度上为不同家庭背景的儿童提供公平的教育机会。教育代际流动性一般分为绝对流动性和相对流动性。前者一般用子代和亲代教育水平之差来表示，后者通常用相关系数、代际弹性系数等指标来衡量。

学校教育在现代社会形成与发展过程中具有双重建构作用。它一方面为各个阶层实现阶层跃迁和影响力的代际积累提供动力，另一方面为优势社会阶层维护自身优势地位、实现地位传承提供现实手段（李煜，2006）。教育代际流动性过低，将借力家庭内部小范围的代际传递来完成结构复制，妨碍学校教育构成的多样性，强化阶层分化和社会不平等，从而造成教育精英阶层的固化和教育不平等的传递（朱健等，2018）。代际间合理的教育流动水平是社会公平的核心议题，也是优化社会结构的前提和保障。因此，系统考察我国普及学校教育 100 多年来家庭内部教育成就在代际的传递过程、基本特征及可能趋势，客观地比较分析我国教育代际流动的历史阶段，厘清学校教育在我国社会阶层结构形成与流动过程中的功能和脉理，理解我国教育公平问题的时空背景，具有重要的现实意义和理论价值（孙永强、颜燕，2015）。

一 文献回顾

教育代际流动性研究在国外始于 20 世纪 70 年代，我国学界从 1984 年开始出现相关研究，至今已积累了 700 多篇学术论文。按照主题分类，可粗略地将这些学术论文分为三个主题方向，即教育代际流动性的现状调查、教育代际流动性在不同类别之间的差异比较分析、教育代际流动性的影响因素及作用路径。

基于大规模的现状调查，特雷曼统计分析了47个国家教育代际流动性调查数据后发现，在统计学上，亲代的受教育年限与子代的受教育年限间普遍存在显著正相关关系（参见张翼，2004；Deng and Treiman，1997）。国内学者选择不同的样本群体也反复验证了这一结论。例如，李云森、齐豪（2011）对中国农村家庭的教育代际流动性的调查研究即是如此。杨娟、杨钰（2017）比较分析了城乡之间教育代际流动性的不均衡性，结果发现，教育代际流动性的城乡差异日趋缩小，农村家庭亲代的受教育水平对子代越来越重要。杨娟、何婷婷（2015）聚焦高等教育的机会分配问题，研究发现，父亲的受教育年限对子代教育的影响最为显著。类似的研究还有魏晓艳（2017）等人采用量化研究方法所做的统计分析。

关于亲代受教育程度影响子代受教育程度的机理，目前讨论最多的一个因素是子代成年之前亲代的陪伴时间。古良等（Guryan et al.，2008）研究发现，受过大学教育的亲代平均每周花在子代身上的时间比没有受过大学教育的亲代多4.5小时，而且其子代也更喜欢父母的陪同。卡内罗和赫克曼（Carneiro and Heckman，2002）区分了父亲和母亲的差异性影响，结果表明，母亲受教育程度对子女教育的影响大于父亲，因为母亲对子女教育过程的关注更为直接，所花费的时间一般多于父亲。另一个因素是榜样示范和发展预期差异。克莱门特和多梅内克（Casteuó-Climent and Doménech，2008）证实，受教育程度越高的父母对家庭生活和子代教育的预期越高，投资子女教育的家庭意愿也越强烈。克什施泰格和塞巴尔德（Kirchsteiger and Sebald，2010）认为高学历的父母不仅重视家庭教育投入，而且注重言传身教，最终实现对子女人力资本的代际传承。关于亲代的受教育年限与子代受教育年限之间的关系量化测量，玛丽安等（Marianne et al.，2003）以7~15岁的美国青少年为对象研究证实，亲代每增加一年学校教育经历，子代留级率会下降2~4个百分点。可见，国外学者对教育代际流动性的机理的研究主要聚焦于家庭内部，如家庭教育结构、亲代的教育投入（包括时间和金钱）、亲代婚姻、子代学习动机等。

国内学者对教育代际流动机制的研究一般都基于对教育公平的现实回

应，对不同群体的横向比较研究较多。其中，户籍变量引起了广泛关注。李春玲（2003）指出，拥有城市户口的个人更有可能达到更高的教育水平。孟凡强等（2017）的研究认为，拥有城市户口的个人更能从高等教育的代际传递效应中获益。陈济冬、罗楚亮（2017）进一步研究后认为，高学历家庭的确从1999年我国高等教育扩招中得到了更多收益，但低学历家庭从基础教育的普及中同样得到了更大程度的提升。因为高学历家庭一般都具有城镇户口，而低学历家庭则集中分布在农村。也就是说，高等教育扩招中受益者群体主要是城镇高学历家庭和农村低学历家庭（孟凡强等，2017）。一个较为普遍的结论是，中国优势阶层子女拥有较多的经济、社会、文化资本，几十年来他们在教育上同样赢得了相应的优势，而处于社会低阶层家庭的子代则处于明显劣势（罗楚亮、刘晓霞，2018）。

教育的代际流动性在不同国家甚至同一国家的不同地区存在明显差异。赫兹等（Hertz et al., 2007）使用横截面数据比较分析了21世纪初期全球42个国家样本的教育代际传递趋势，研究表明，教育代际流动在世界范围内存在巨大的区域文化与体制差异。其中，教育代际流动程度较高的国家集中在北欧和西欧发达国家，如荷兰、挪威、芬兰、北爱尔兰、英国、丹麦等；代际流动程度相对较低的国家集中在拉美和亚洲，如秘鲁、厄瓜多尔、巴拿马、智利、巴西、哥伦比亚、尼加拉瓜、印度尼西亚等发展中国家。据他们估计，在刚刚过去的50年里，亲代和子代受教育程度的全球平均相关系数约为0.42。他们研究了同期中国农村的教育代际流动指标，结果表明，中国亲代和子代受教育程度的相关系数为0.20，属于全球教育流动性最大的国家之一（杨东平，2006）。我们使用CGSS数据对此进行了验证，结果发现，1950～1999年出生的中国农村样本，父子教育相关系数均值为0.25，母子均值为0.24，略高于赫兹等人的统计结果，但可用抽样误差予以解释。他们还发现，平均回归系数的估计值在60年间下降了0.3个百分点，从1920年的0.80下降到1980年的0.50（孟凡强等，2017）。稻德（Daude，2011）根据对18个拉丁美洲国家教育流动性的估计认为，在父母教育方面，代际传递系数在统计上都有显著和急剧的下降。然而，基于相关系数，他们没有发现教育持久性的显著变化。布兰克和德弗罗对发达经济体相关问题进行了调查，和赫兹等人得出了类似的结论（Daude，2011）。一方面，比较世界各国教育代际流动性的现状可以丰富人们对教育代际流动性与教育均衡发展的科学认识；另一方面，不同教育改革战略和社会发展路径对教育代际流动性的影响不尽相同，比较分析他国经验也可为本国教育改革和发展提供经验参考。当然，同一个国家或地区的教育代际流动性由于各自所处的发展阶段不同、资源禀赋不同、政策选择不同而处于动态变化之中。排除历史文化因素的影响后，比较同一国家不同历史时期教育代际流动性的变化趋势，考察教育代际流动性的特征、现状与趋势具有理论意义和现实价值。

我国教育的基本价值取向之一就是促进教育公平。针对教育公平的研究长期以来遵循规范研究和实证研究两个逻辑方向。所谓规范研究，就是注重对教育公平的概念进行理论分析和思考，聚焦于教育公平问题的价值取向和理论基础。这个特点在哲学、伦理学等学科研究中尤为突出。实证研究是运用实证科学的方法，通过案例研究、社会调查、对照实验等方法收集教育公平方面某一具体问题的相关数据，通过对数据的整理和分析，得出结论并进行研究。通过以上文献回顾，我们可以发现，现有研究在上述两个方向上的努力仍然是非常不平衡的，近40年来，人们对规范研究的重视程度仍然较高，实证研究却没有得到同样的关注和重视（Black and Devereux，2011）。在实证研究中，从代际传递的微观视角，动态考察百年来中国教育代际流动性问题的，目前仍不多见。不少学者参考20世纪90年代之前西方经济学者研究职业流动和代际收入流动的策略分析我国教育的代际流动，而西方学者20世纪90年代之前的研究方法和数据本身都存在不少需要改进的地方（Hertz et al.，2007）。在研究内容上，正如贝克尔和托姆斯（Becker and Tomes，1979）所认为的那样，一个完整的收入分配理论应该包含两方面内容，既要包含同一代不同家庭之间的收入分配问题，也要包含同一家庭各代人之间的收入均衡问题（周鸿敏、方光宝，2019）。类似地，教育代际流动也可以从横向和纵向两方面进行讨论和分析。横向流动是教育代际流动的域内（或境内外）差距，纵向流动是教育代际流动在较大尺度的历史和时间轴上的动态变化和趋势延展（Hertz et al.，2007）。从这个意义上说，我们既有必要比较分析我国与同期不同国家在教育代际流动性方面的异同及机理，也有必要客观分析我国教育代际流动性的时间坐标，而这两方面的中文文献都是不多见的。

鉴于此，本文拟在弥补以上缺陷的基础上，基于对历年中国综合社会调查（Chinese General Social Survey，CGSS）数万配对样本的统计分析，选择同龄族群两代人最高学历的流动概率、相关系数、回归系数等统计指标，量化比较分析我国开始普及学校教育 100 多年来不同历史时期亲代和子代最高学历教育之间的关系，集中探讨中国教育代际流动性的历史轨迹和演变趋势，呈现中国教育代际流动性的长期图景。本文试图通过客观描述我国城乡不同年龄组别的教育代际流动性在不同历史时期，尤其是处于转型发展过程中的现代中国，子代教育受亲代教育的影响，为我国相关领域的科学研究和政策选择提供参考。同时，在宏观层面上，本文客观定位中国教育代际流动性在国际社会中的位置，以期增进教育界对当下我国教育代际流动性的科学认识。

二　研究过程与方法

1. 数据

本文研究数据来自中国综合社会调查。中国综合社会调查是由中国人民大学中国调查与数据中心负责组织实施的全国性、综合性、连续性学术调查项目。该项目系统、全面地收集了社会、社区、家庭、个人多方面的数据，为国际比较研究提供数据资料。目前，CGSS 数据已成为研究中国社会最主要的数据来源之一，广泛地应用于科研、教学和政府决策中。项目初次发布和共享数据始于 2003 年，平均间隔 1~2 年发布一次，最新发布的数据是 2020 年 10 月发布的 CGSS 2017。本文利用历年 CGSS 数据进行相关实证研究，样本总数超过 9 万个。调查密度大、范围广，数据全面、连续，适合全国性教育代际流动的研究。

2. 变量

本文对原始数据进行了如下处理。首先，亲代包括父亲和母亲，子代包括儿子和女儿，对养父母、收养子女均未做区分。其次，通常测算中，我们都在所有的个体中删除学生、辍学者等未完成教育的数据，选择亲代和子代信息均完整的数据进行统计分析。被解释变量为子代受教育年限，解释变量为亲代受教育年限。根据以往文献对受教育程度和受教育年限的设定，把各调查年份的受教育程度统一设定为 6 类，依次为未接受正式的学校教育（含不识字和私塾）、小学、初中、高中（含普通高中、职业高中、中专和技校）、大专（含成人大专）、本科（含成人本科）及以上，受教育年限依次赋值为 0、6、9、12、15、16 年。

1895～1905 年出生人口为清末样本，1905～1921 年出生人口为北洋军阀样本，1921～1942 年出生人口为民国样本，1942 年及以后出生人口为新中国样本，同年出生人口归入同一个年龄组。因清末和北洋军阀时期的样本太少，不具有代表意义，本文重点分析 20 世纪 20 年代以来的样本，共计 77 个年龄组别的配对数据。

3. 指标与算法

教育代际流动性包括绝对流动性与相对流动性。绝对流动性可以直观地用子代与亲代受教育年限之差来表示，这方面学者讨论最多，在此不再赘述。关于教育代际相对流动性，最常用的测量指标是代际相关系数和回归系数。教育代际回归系数通过公式（1）进行估计：

$$E_{si} = \alpha_0 + \beta_1 E_{fi} + \beta_2 E_{mi} + \varepsilon_i \tag{1}$$

其中，E_{si}、E_{fi}、E_{mi} 分别代表子代、父亲、母亲的受教育程度，ε_i 代表残差，参数 β 表示教育代际回归系数。公式（1）中没有加入其他控制变量，所以 β 涵盖了所有与亲代教育与子代教育相关的信息，这种相关性来源于基因遗传、亲代对子代的教育投资和家庭环境影响等多种因素。教育代际回归系数可以直观地告诉我们亲代教育对子代教育的平均预测力。国内学者的已有文献经常使用这一指标来测量教育的代际回报率（Daude，2011）。教育的代际回报率越高，代际流动性越低；反之，代际流动性越高。对于此指标，本文继续沿用，并分年龄组分别予以估算。

回归系数的变化可能因子代和亲代受教育程度的相对分布随时间的变化而变化，而相关系数的变化，根据定义，则必须来自亲代教育与子代教育的相关性的变化。因此，如果在不同国家之间进行比较，对本国教育代际流动性水平进行定位，则相关系数指标目前仍然不可替代。类似地，如果我们分析教育代际流动性随时间的演变，则相关系数可能是一个更好的衡量标准。为了方便进行国际比较，我们分别计算了各年龄组子代和亲代受教育年限的积差相关系数。同时，为了消除"学历贬值"效应的影响，测算个体教育代际流动的净值，我们设计了教育代际流动指数（Intergenerational Mobility Index of Education，IMIE)，作为代际流动性的标准指标。计算方法如公式（2）、公式（3）。

$$IMIE = \frac{E_{si}/mean_{E_s}}{E_{fi}/mean_{Ef}} \tag{2}$$

$$IMIE = \frac{E_{si}/mean_{E_s}}{E_{mi}/mean_{Em}} \tag{3}$$

公式（2）和公式（3）中，$mean_{Es}$、$mean_{Ef}$、$mean_{Em}$ 分别代表相同年龄组的子代及其父亲、母亲受教育年限的均值。若 IMIE 大于 1，则表明子代和亲代教育水平消除"学历贬值"效应后实现了向上流动；若 IMIE 小于 1，则表明家庭内部教育水平消除"学历贬值"效应后实质上为向下流动。一些研究忽略了"学历贬值"效应，在计算教育代际向上流动和向下流动的百分比时，通常用子代的教育水平减去亲代的教育水平来构建教育代际流动的虚拟变量。若结果大于 0，则表明教育代际上向流动；反之，则表明教育代际下向流动。这种算法在教育水平单调上升或持续下降的历史时期是不适合的。在前一种情况下，向上流动性普遍高估，而在后一种情况下，向上流动性会普遍低估。本文采用 IMIE 指标测算子代和亲代在各自年龄组内的相对位置，并计算两者的比值，较好地对冲了"学历贬值"效应，改进了教育代际流动测量的客观性和颗粒度。

三　研究结果

（一）亲代和子代普及教育的历史进程

我国自 1986 年开始以法律形式确立九年义务教育制度的 30 多年来，在教育方面取得了举世瞩目的成就。全国 31 个省（区、市）早在 2011 年就全部实现"两基"，高等教育人口大幅增长，教育投入规模 2020 年达到 5.3 万亿元的规模，诸多教育成就都走在发展中国家前列，达到或超过世界中等收入国家平均水平。

有研究表明，在过去 50 年的世界范围内，平均受教育年限在全球各国都呈稳步提高的态势。在亚洲、非洲和拉丁美洲国家，亲代的平均受教育年限增加了 3 年，子代的平均受教育年限增加了 3~5 年。在西方，亲代和子代的受教育年限也同步增加了大约 3 年（Becker and Tomes, 1979）。

普及学校教育 100 多年来，我国亲代和子代学校教育水平经历的变动情况如何？为此，我们以子代出生年份为横轴，平均受教育年限为纵轴，绘制了普及学校教育 100 多年来亲代和子代受教育年限随时间动态变化的散点图，如图 1 所示。

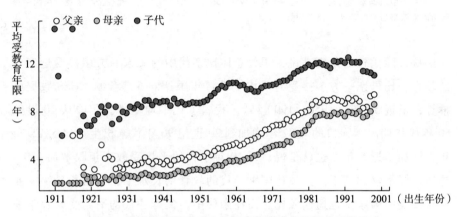

**图 1　普及学校教育 100 多年来我国亲代和子代受教育
年限随时间动态变化的情况**

图 1 显示，总体而言，我国普及学校教育 100 多年来，亲代和子代的平均受教育年限随时间的推移稳步增加。子代平均受教育年限明显长于亲代；在亲代中，同龄组子代父亲的平均受教育年限显著长于母亲。亲代的平均受教育年限在 1985 年之前都是单调增加的。子代的平均受教育年限则经历过数次波折，比较明显的是 20 世纪 50 年代末期出生的人口和 20世纪 80 年代末期出生的人口的平均受教育年限经历持续 5 年左右的明显下行阶段。子代群体中，1992 年出生人口的平均受教育年限首次超过 12年，达到了 12.6 年。这意味着在平均值的意义上，我国已经普及了 12 年教育。需要说明的是，截至 2017 年的最新一次调查，子代出生年份在1996 年及以后的受访者还未完成学业，因此图 1 中子代群体的平均受教育年限是低于 20 世纪 90 年代早期出生群体的 12 年均值的。

表 1 测算了我国成年人口中亲代和子代的平均受教育年限。总体来看，子代的平均受教育年限超过 10 年，达到 10.2 年，亲代的平均受教育年限分别为 5.3 年和 3.6 年。

表1　我国亲代和子代的平均受教育年限

	N	最小值	最大值	均值	标准差	偏度	峰度
父亲的平均受教育年限	66452	0	16	5.3039	4.72653	0.28	-0.979
母亲的平均受教育年限	67281	0	16	3.5627	4.32789	0.77	-0.592
子代的平均受教育年限	71592	0	16	10.1724	3.47082	-0.168	-0.014
有效个案数（成列）	65461						

注：表中数据整理自历年 CGSS，全样本数为 95681。为精确计算，此表排除了各学段因中途辍学而未获得最高学历毕业证书的数万样本。

从代际比较的角度来说，子代总体比亲代中的父亲一方多接受近五年的教育，比母亲一方多接受的平均受教育年限达 6.6 年。从 CGSS 数据可推算，最近 50 年（1950~1999 年），我国子代平均受教育年限从 20 世纪 50 年代初期出生人口的 7.82 年增加到 20 世纪 90 年代末出生人口的 12.74 年，增加了近 5 年。也就是说，每 10 年子代的平均受教育年限增加 1 年。这项指标不仅远高于西方发达国家子代的教育增长水平，在增长最快的亚非拉发展中国家中也遥遥领先。而在亲代中，父母一代的平均受教育年限在近 50 年间增长都超过 6 年，父母亲的平均增长年限依次为 6.12 年、6.45 年，为西方发达国家和亚非拉国家同年龄组群体增长水平的 2 倍。

（二）教育代际绝对流动性的现状与演变

Aydemir 和 Yazici（2017）使用流动概率法测量教育代际流动性，并提出了两个重要的研究量度。第一个是当亲代处于教育阶梯的底部时，子代也停留在底部的概率，称为底层－底层概率；第二个是当亲代处于教育分布的底部时，子代向上流动到教育阶梯顶部的概率，称为底层－顶层概率（Becker and Tomes，1979）。参照 Aydemir 和 Yazici 的统计算法，我们统计了各年龄组代际流动的概率分布情况，为节约版面，图 2 仅展示了全样本统计的教育代际流动堆积直方图。

图 2 反映了亲代不同教育背景下，子代的教育流动概率的变化。以图 2a 中横轴为 0 的一列为例，当父亲属于"未接受正式的学校教育（含不识字和私塾）"一类时，4.65% 的子代仍然属于这一类，32.97% 的子代小学毕业，36.61% 的子代初中毕业，19.15% 的子代高中（含普通高中、职业高中、中专和技校）毕业，4.13% 的子代大专（含成人大专）毕业，

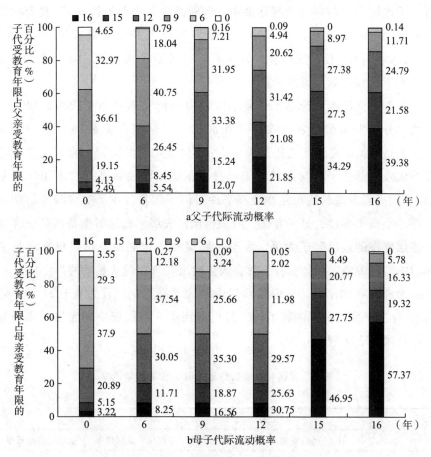

图2　全样本统计的教育代际流动堆积直方图

2.49%的子代为本科（含成人本科）及以上学历。同理，在图2b中，当亲代中的母亲为"未接受正式的学校教育（含不识字和私塾）"、"小学"、"初中"、"高中（含普通高中、职业高中、中专和技校）"、"大专（含成人大专）"、"本科（含成人本科）及以上"受教育程度时，子代结束学校教育后最高学历占比最高的依次是"初中"、"初中"、"高中（含普通高中、职业高中、中专和技校）"、"高中（含普通高中、职业高中、中专和技校）"、"本科（含成人本科）及以上"、"本科（含成人本科）及以上"。以母子代际流动为例，粗略地说，母亲接受"小学"教育或"未接受正式的学校教育（含不识字和私塾）"，子代接受初中教育的概率最大；母亲接受"初中"或"高中（含普通高中、职业高中、中专和技校）"教育，子代接受"高中（含普通高中、职业高中、中专和技校）"教育的概率同样大。而母亲上大学，则意味着57%以上的子代具有接受"本科（含成人本科）"教育的机会。母亲的学历对子代教育阶层向上流动的影响均大于具有同等学历的父亲。

表2为全样本统计结果，显示出我国当前父母亲与子代的底层－底层概率分别为4.65%和3.55%，而底层－顶层概率则分别为2.49%和3.22%。两类研究量度占比都小于5%。这说明，一方面，我国义务教育普及成效显著，子代与亲代均未接受过正式的学校教育（含不识字和私塾）、同处教育阶梯底层是小概率事件，但子代教育水平实现跨阶层跃迁同样是小概率事件；另一方面，两项相比，底层－底层概率是远高于底层－顶层概率的。以父子为例，底层－底层概率比底层－顶层概率增长了86.7%。这说明，总体而言，教育弱势阶层实现跨越式流动的难度很大。

为考察我国不同历史时期阶层流动的动态变化，我们从1921年开始每10年为一组，分别测算了各年龄组的底层－底层概率和底层－顶层概率，结果如表2所示。

表2　我国教育弱势阶层的教育代际流动概率

单位：%

子代出生年份	父子		母子	
	底层－底层概率	底层－顶层概率	底层－底层概率	底层－顶层概率
1921~1930	25.21	5.1	21.73	6.54
1931~1940	12.97	4.46	11.28	6.04
1941~1950	4.89	2.25	4.29	2.58
1951~1960	4.02	1.29	3.28	1.57
1961~1970	2.4	2.18	1.88	2.75
1971~1980	1.99	3.71	1.25	4.65
1981~1990	0.9	5.51	0.54	6.84
1991~1999	0	2.53	0	6.4
总体	4.65	2.49	3.55	3.22

表2显示，无论是父子还是母子的教育代际流动性，底层－底层概率均呈线性递减趋势。20世纪90年代出生的子代，正如上文所述，实质上已经普及了12年教育，两代人的底层概率趋零。从底层－顶层概率所反

映的教育代际向上流动性来看，20 世纪 50 年代出生的子代群体，父子和母子的代际向上流动概率均为历史最低，分别为 1.29% 和 1.57%。20 世纪 50 年代之前出生的子代底层 - 顶层概率单调下降，之后出生的子代底层 - 顶层概率几乎呈单调增加趋势。20 世纪我国教育代际流动性的历史轨迹，大致以 20 世纪 50 年代出生人口为界，分成前后两部分，新中国成立之前出生人口的教育代际流动性单调下降，之后出生人口的教育代际流动性单调增加，呈 U 形分布。2012 年《中国社会科学》以高等教育为例发文认为，20 世纪五六十年代，工农无产阶级子女在大学新生中的比例迅速上升，很快达到了垄断地步。1977 年恢复高考后，工农子女仍然是大学生的重要生源，在地方高校的优势更加明显（李修彪、黄乾，2020）。文章认为，新中国成立 70 多年来，在高等教育领域中国教育代际向上流动性呈 S 形增长。最初流动性很小，受益者主要是非工农群体。20 世纪 50 年代以后，教育代际流动性逐年加速增大，工农群体成为受益者的绝对主力。本文部分支持了上述观点。不过从底层 - 顶层概率指标进行粗线条分析可见，新中国成立之前，我国教育代际向上流动率比较高，20 世纪 20 年代教育代际底层 - 顶层流动概率一度达到 5.1% 和 6.54%。[①] 但 20 世纪三四十年代回落到 3% ~4%，20 世纪五六十年代延续了回落趋势，20 世纪 50 年代出生人口的教育代际向上流动率达到历史最低值，只有不到 2%。新中国成立之前的历史记录是 20 世纪 20 年代出生人口保持的，首次被 20 世纪 80 年代出生人口打破，父子和母子底层 - 顶层概率分别为 5.51%、6.84%，略高于 20 世纪 20 年代的平均水平。我国教育代际向上流动率在 100 多年的时间尺度上呈 U 形分布。改革开放加速了我国教育代际向上流动的历史进程，尤其是改革开放初期，不分区域和身份的高考成为选拔培养人才的客观机制，我国各条战线人才严重匮乏，经济发展水平低，教育成了奢侈品，受过教育的人很少，教育回报率很高。这一逻辑塑造了改革开放前期中国社会较强的教育代际流动性。

---

① 社会动荡时期选拔人才不拘一格，常常人才鼎盛，文化事业蓬勃发展，社会全面进步，但代价很大，这时候人口受教育程度的方差非常大，国民素质普遍较低。

（三）教育代际相对流动性的现状与演变

对教育代际相对流动性的考察，我们重点选用相关系数指标展开讨论。表 3 统计了 1940～1999 年各年龄组出生人口受教育程度与父亲之间相关系数的演变趋势。

表 3　1940～1999 年各年龄组出生人口受教育程度与父亲之间
相关系数的演变趋势

序号（1）	子代出生年份（2）	父子受教育程度相关系数（3）	父子受教育程度相关系数 20 年移动平均值（4）	(3) - (4)	趋势
1	1940	0.398	0.31145	>0	固化倾向
2	1941	0.304	0.30660	<0	流动性增强
3	1942	0.264	0.30090	<0	流动性增强
4	1943	0.205	0.30185	<0	流动性增强
5	1944	0.292	0.29800	<0	流动性增强
6	1945	0.372	0.29525	>0	固化倾向
7	1946	0.316	0.29430	>0	固化倾向
8	1947	0.289	0.29475	<0	流动性增强
9	1948	0.333	0.29445	>0	固化倾向
10	1949	0.254	0.29375	<0	流动性增强
11	1950	0.294	0.29005	>0	固化倾向
12	1951	0.349	0.29185	>0	固化倾向
13	1952	0.250	0.29370	<0	流动性增强
14	1953	0.288	0.30195	<0	流动性增强
15	1954	0.220	0.30515	<0	流动性增强
16	1955	0.267	0.30440	<0	流动性增强
17	1956	0.302	0.30470	<0	流动性增强
18	1957	0.285	0.30995	<0	流动性增强
19	1958	0.288	0.31485	<0	流动性增强
20	1959	0.305	0.32265	<0	流动性增强
21	1960	0.324	0.32780	<0	流动性增强
22	1961	0.340	0.33160	>0	固化倾向
23	1962	0.301	0.34360	<0	流动性增强

序号 （1）	子代出生 年份（2）	父子受教育程度 相关系数（3）	父子受教育程度 相关系数 20 年 移动平均值（4）	（3）－ （4）	趋势
24	1963	0.370	0.35095	＞0	固化倾向
25	1964	0.356	0.36160	＜0	流动性增强
26	1965	0.357	0.37020	＜0	流动性增强
27	1966	0.322	0.37765	＜0	流动性增强
28	1967	0.394	0.38555	＞0	固化倾向
29	1968	0.431	0.39315	＞0	固化倾向
30	1969	0.410	0.39935	＞0	固化倾向
31	1970	0.397	0.40550	＜0	流动性增强
32	1971	0.425	0.40915	＞0	固化倾向
33	1972	0.490	0.41535	＞0	固化倾向
34	1973	0.435	0.42105	＞0	固化倾向
35	1974	0.433	0.42660	＞0	固化倾向
36	1975	0.439	0.43075	＞0	固化倾向
37	1976	0.451	0.43465	＞0	固化倾向
38	1977	0.443	0.43505	＞0	固化倾向
39	1978	0.440	0.43660	＞0	固化倾向
40	1979	0.429	0.43680	＜0	流动性增强
41	1980	0.447	0.43835	＞0	固化倾向
42	1981	0.413	0.43820	＜0	流动性增强
43	1982	0.425	0.43285	＜0	流动性增强
44	1983	0.484	0.42815	＞0	固化倾向
45	1984	0.467	0.41940	＞0	固化倾向
46	1985	0.440	0.41830	＞0	固化倾向
47	1986	0.400	0.41135	＜0	流动性增强
48	1987	0.402	0.40155	＞0	固化倾向
49	1988	0.462	0.39805	＞0	固化倾向
50	1989	0.414	0.39000	＞0	固化倾向
51	1990	0.428	0.36765	＞0	固化倾向
52	1991	0.422	0.34700	＞0	固化倾向
53	1992	0.383	0.32575	＞0	固化倾向

序号 (1)	子代出生年份 (2)	父子受教育程度相关系数 (3)	父子受教育程度相关系数20年移动平均值 (4)	(3) - (4)	趋势
54	1993	0.341	0.30155	>0	固化倾向
55	1994	0.258	0.27820	<0	流动性增强
56	1995	0.417	0.25620	>0	固化倾向
57	1996	0.312	0.23620	>0	固化倾向
58	1997	0.247	0.21610	>0	固化倾向
59	1998	0.370	0.19300	>0	固化倾向
60	1999	0.268	0.17230	>0	固化倾向

20 世纪 60 年代之前的出生人口，父子受教育程度相关系数大部分年份在 0.3 以下，教育代际流动最为频繁。剧烈的社会变动，使原有的社会阶层遭受冲击，这充分反映在教育代际流动性上，表现为子代个人努力而非亲代"福荫"对教育阶层跃迁具有更为重要的作用。"60 后"教育代际流动性降低，大部分年份在 0.30~0.40，亲代与子代之间受教育程度相关系数逐年走高，父亲学历对子代受教育程度的影响日益显著。"70 后"和"80 后"的教育代际流动性增加到 0.40~0.50，教育代际流动性较大的年份是 1972 年和 1983 年，两代人的受教育程度相关系数达到了 0.48~0.49。"90 后"的教育代际流动性有所增强，表现在父子受教育程度相关系数指标连年下降。其中，1994 年、1997 年、1999 年三个年龄组的数值降到了 0.27 以内。

如何排除个别年份的扰动，综合分析 100 多年来我国教育代际流动性的历史趋势？我们从 1940 年出生人口开始，比较当前年份父子受教育程度相关系数和父子受教育程度相关系数 20 年移动平均值，用两者的差值作为标准来衡量教育代际流动性的性质。如果两者的差值大于 0，则意味着该年份出生人口的教育代际流动性减弱，教育代际有固化倾向；反之，则意味着教育代际流动性增强。

从表 3 中可见，从 1940 年到 1999 年的 60 年间，我国教育代际流动性增强的年份为 25 个。在 35 个年份里，父子受教育程度相关系数高于该值 20 年移动平均值，显示教育代际流动性减弱，占教育阶层固化年份的 58.3%。

据此，总体来说，可把 100 多年来我国教育代际流动性分为两个历史时期。一个历史时期是教育代际流动性增强期，以 1966 年为界的样本组，共 27 个统计年份，其中教育代际固化年份有 8 个，占该阶段统计年份的 29.6%，流动性增强的年份超过 70%。另一个历史时期是教育代际流动性减弱期，从 1967～1999 年共 33 个年份，其中教育代际固化年份有 27 个，占该阶段统计年份的 81.8%。

（四）亲代之间教育影响力的对比

各年龄组亲代双方受教育程度对子代的影响力经历怎样的历史变迁，趋势为何？这是学者争论较多的问题，但因缺乏时间维度的比较分析，结论的参考价值往往大打折扣。为此，我们按照子代出生年份分组，通过分别采用回归系数和相关系数进行测算，来简要考察这一问题（见图 3）。

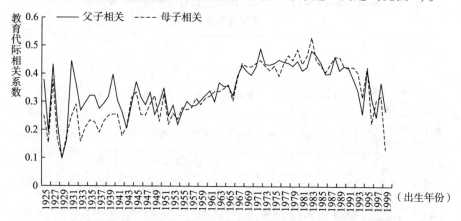

图 3　1925～1999 年出生人口亲子教育代际相关系数折线图

将亲代教育作为被解释变量逐一回归，结果显示，全样本计算父亲的标准化回归系数为 0.441，母亲的为 0.444。同时将父母亲受教育年限变量纳入回归模型，结果显示，父亲的标准化回归系数降为 0.261，母亲的为 0.269。与 2007 年赫兹等人测算的世界平均水平相差无几。母亲的影响略大于父亲，与卡内罗和赫克曼、克莱门特和多梅内克、克什施泰格和塞巴尔德等人的结论是一致的。这表明，就现状而言，我国母亲对子代教育的影响已经超过父亲，但并非从来如此。为了找到母亲的受教育程度对子代的影响超过父亲的时间节点，我们测算了 1925～1999 年出生的子代受教育程度与亲代的相关系数，如图 3 所示。影响力对比的结论依据两个相关系数之差，如果父子相关系数大于母子相关系数，则结论为"父亲影响力较大"；反之，则将该年份出生的子代划入"母亲影响力较大"的一组。

从图3可见，在1925～1999年75个年龄组别中，父子教育代际相关系数高于母子教育代际相关系数的年份为46个，占总样本年份的61.3%。但母亲的影响力在1978年以来的年龄组中稳步增强，在1978～1999年出生人口的22个年份中，母子教育代际相关系数高于父子教育代际相关系数的年份达到15个。这说明，在改革开放以来的大多数年份里，母亲取代父亲成为对子代受教育程度影响更大的一方。

使用2003～2017年十次横截面数据分别计算亲代和子代受教育程度的回归系数和相关系数，统计结果如表4所示。

表4　2003～2017年CGSS 10次全国性调查中亲代教育的代际影响变动情况

被解释变量	解释变量	各年份回归系数									
		2003	2005	2006	2008	2010	2011	2012	2013	2015	2017
子代受教育程度	父亲受教育程度	0.412	0.482	0.425	0.486	0.502	0.509	0.518	0.541	0.560	0.549
	母亲受教育程度	0.396	0.448	0.395	0.491	0.499	0.510	0.509	0.519	0.538	0.539
被解释变量	解释变量	各年份相关系数									
		2003	2005	2006	2008	2010	2011	2012	2013	2015	2017
子代受教育程度	父亲受教育程度	0.415	0.489	0.440	0.497	0.512	0.513	0.525	0.547	0.567	0.558
	母亲受教育程度	0.401	0.460	0.411	0.502	0.511	0.520	0.521	0.531	0.550	0.552

结果表明，在10次全国性调查中，以不区分出生年份的总样本统计，父亲对子代受教育程度的影响力更大的调查年份为8个，只有2008年和2011年的调查支持母亲的受教育程度对子代的影响超过父亲。

四　结论与讨论

我国普及学校教育100多年的历史成效是极其显著的，其中教育的底层－底层概率100多年来逐年降低，"90后"的底层－底层概率为0。20世纪90年代出生人口平均受教育年限已经超过12年，有效保障了我国经济社会发展在较长一段时期内具有较大的人力资本优势。无论是在教育的效率方面还是在提高教育的层次方面，这在世界各国都是不多见的，而最近一些年陆续推进的"两基"攻坚、高等教育普及化和大众化、城镇化、大规模教育扶贫等工程发挥了重要作用。

在各个历史时期，教育代际向上流动性差别较大，总体而言，教育代际向上流动性100多年来呈U形分布。本文采用的各项指标的趋势指向是基本一致的，结论符合对子代教育的亲代预期。① 1966年之前，我国教育代际流动性呈逐年下降趋势，来自受过教育的家庭、知识分子或干部家庭的教育代际优势在此期间延续之前的趋势。1966～1995年出生人口的教育代际向上流动性恢复性单调增加，稳步回升。使用经济学中的稀缺性概念似乎可以更好地解释这一现象。因为大规模的教育普及引发教育稀缺性持续下降，教育回报率同步降低，教育在促进社会流动、缓解长期不平等方面的边际效应越来越小。1977年恢复高考和1999年高等教育扩张是半个世纪以来影响我国教育阶层流动的最为重大的历史性事件。前者促进了教育阶层的继承性，而后者则对教育流动性的政策效应还没有充分显现。不少论者（李春玲，2010；徐娜、张莉琴，2018；马文武，2019；张东海、李莉，2019）认为，因1999年高等教育扩招而增加的高等教育机会，多被亲代受教育程度更高的家庭所占据。原因在于教育精英阶层一旦形成，利益就可能固化，从而演变为既得利益阶层。既得利益阶层会千方百计保护自己的利益，人为提高进入门槛，这就会造成精英阶层的"板结化"，最终导致教育代际流动性的下降。尽管如此，20世纪90年代后期出生人口的教育代际相对流动性增强绝非偶然，我们认为是高考扩招和全国范围内的教育扶贫政策协调作用的结果。至于何者作用更大，尚须更多后续年份数据的支持，可以继续观察。

在家庭内部，母亲对子代的教育影响增强。人们普遍认为，女性教育投资的一个重要回报体现在下一代受教育程度的提高方面。增加女性的学

---

① 杨春华（2006）证实亲代普遍希望子女获得大学学历，但存在阶层差异，其中占比最大的社会中上层父母期待子代获得研究生学历。

校教育比增加男性的学校教育对儿童的教育影响更大。研究中我们发现，父母受教育程度的确对子女受教育程度具有明显的促进作用，受教育程度较高的父母，其子女在最终教育成就上具有明显优势。近20年，亲代的教育回归系数从2003年的0.40左右上升到0.55左右。虽然从全样本统计来看父亲的影响仍然大于母亲，但控制子代出生年份变量后发现，早在从1968年开始的绝大多数年份（超过2/3）里，母亲的受教育程度对子代的影响就已经超过父亲。1968年之前的结果，与贝尔曼等（Behrman et al.，2002）的研究结论是基本一致的。贝尔曼等人使用从明尼苏达双胞胎登记处（MTR）获得的1936年至1955年间出生于明尼苏达州的8400对同卵双生子和异卵双生子数据，系统研究了亲代受教育程度对子代教育的影响。结果显示，母亲的受教育程度与子代的受教育程度没有产生有益的影响。因为受教育程度较高的主妇在外工作机会更多，因而会减少在家陪伴子代的时间，对子代的教育产生不利影响。与之不同的是，本文认为，基于不同的文化土壤和时间窗口，必须动态解释这些研究结果，即使在同一环境中，母亲受教育程度的提高也有可能导致儿童的其他发展指标的改善，如健康。在英美以外的劳动力市场环境中，妇女受教育程度的提高会显著提高子代的受教育程度。事实上，贝尔曼等人在1999年就报告了印度农村近几十年来的相反证据，他们发现，受过教育的印度农村妇女并没有因明显增加的社会参与而减少子代教育活动（参见梁晨等，2012）。

对于改革开放以来中国教育代际流动性持续下降，有学者认为与国内收入分配失衡有关（李春玲，2010）。收入分配失衡降低了社会阶层的流动性，减少了中低收入家庭对儿童的教育投资，从而降低了人力资本积累的效率。关于如何发挥教育在阻断代际贫困中的作用，促进教育代际流动性，还需要从更多角度进行思考和分析。按理说，国家财政性教育支出作为一项基本保障，可以显著降低亲代教育和家庭城乡背景对子女教育的影响，从而促进教育的代际流动。2001年以来，国家实施了优先发展教育的战略，不断加大教育投入。到2019年，全国教育经费总投入达到50178亿元，2020年为5.3万亿元，连续两个财年全国教育总投入超过5万亿元。近20年来，我国高等教育迅速从精英教育向大众教育转变。2002年，我国高等教育毛入学率就已经达到15%，这标志着按照国际标准，我国已进入高等教育大众化阶段。我国入学率十多年来逐年提高，2020 年全国高等教育毛入学率达到 54.4%，已连续 3 年超过 50%。我国各类高等学校数量已达到 3833 万所。高等教育规模的扩大，优化了高等教育资源的空间布局，增加了相对欠发达地区人口接受教育的机会。在财政性教育经费方向上，全国财政性教育经费虽然有一半以上用于中西部地区，但高等教育扩招会提高教育代际流动水平是有条件的。不同社会阶层代际积累差异的能力近些年来进一步拉大，内部的差异性并未随着教育普及和高等教育扩张同步缩小。在"水涨船高"的态势下，教育优势阶层和教育劣势阶层的教育投入（包括收益和动机）的差异性显然大于一致性，我国教育的代际流动性降低将是一个长期过程。促进教育代际流动，单纯靠增加国家财政性教育经费投入和高等教育扩招恐怕是不够的，还要解决重点人群的教育机会和就业机会不均等问题，进一步保障教育优势阶层和教育劣势阶层拥有同样的教育机会，通过建立市场化监督机制来消除就业市场对家庭背景的依赖，建立良好的社会选择机制。

与国际社会相比，本文发现，我国两代人教育水平的总体相关系数为0.440，高于赫兹等（Hertz et al., 2007）报告的全球平均值 0.420。如果我们用回归系数来衡量持久性，结论仍然相似。但是，分不同调查年份测算的亲代－子代教育水平的相关系数最近 20 年是逐年提高的，从 2003 年的 0.40 左右增加到 2017 年的 0.55 左右。如果分年龄组测算的话，某些年龄组可能超过 0.7。与剧烈的社会革命相比，基于精英群体结构的社会转型往往难以察觉，但它对社会发展同样具有深远的意义（马文武，2019）。

教育是提高代际流动性、缓解长期不平等、降低社会转型成本的核心因素和驱动力量。同时，教育是一项回报率很高的人生投资，我国应该将教育流动性作为政府部门、科研机构重点关注的社会发展和机构活力指标予以重视和研究，不断深化和促进社会公平，提高人类福祉。

由于数据的局限性，本文使用完成的最高学位的信息来衡量人们的教育成果。另一个更精细的衡量教育水平的标准是实际完成的受教育年限。相当多的样本（占总样本量的1/4）表现出辍学行为，此部分数据因无法准确测算其实际受教育年限而被视为缺失值删除了，这对于研究精确性来说是一种损失，后续研究将专文讨论。尽管 CGSS 是子代的代表性样本，但亲代样本具有代表性递增效应：进入老年期的亲代[1]和那些有更多孩子的父母可能被过度代表。鉴于教育和长寿之间普遍存在的正相关、教育和生育率之间存在普遍的负相关的事实，我们预计抽样调查的早期亲代样本受教育程度高于平均水平。另外，大量研究表明，在父母学历和儿童学习成就之间，还有很多中介变量。这些中介变量对子代学习成就具有更直接的现实影响，而且有可能干预改变。相比之下，父母学历只是一个远端因素，这也是后续研究可以深入探讨和比较分析的方面。

参考文献

陈济冬、罗楚亮，2017，《城镇居民教育公平感的经验分析》，《教育经济评论》第 5 期，第 72 ~ 91 页。

李春玲，2003，《社会政治变迁与教育机会不平等——家庭背景及制度因素对教育获得的影响（1940—2001）》，《中国社会科学》第 3 期，第 86 ~ 98 页。

李春玲，2010，《高等教育扩张与教育机会不平等——高校扩招的平等化效应考查》，《社会学研究》第 3 期，第 82 ~ 113、244 页。

李修彪、黄乾，2020，《中国教育代际流动程度的测算：基于 CGSS 的实证》，《统计与决策》第 18 期，第 46 ~ 49 页。

李煜，2006，《制度变迁与教育不平等的产生机制——中国城市子女的教育获得（1966—2003）》，《社会》第 4 期，第 97 ~ 109 页。

李云森，2013，《自选择、父母外出与留守儿童学习表现——基于不发达地区调查的实证研究》，《经济学》（季刊）第 2 期，第 1027 ~ 1050 页。

李云森、齐豪，2011，《中国农村教育的代际因果关系——基于 1970 年代农村基础教育普及政策的研究》，《世界经济文汇》第 4 期。

梁晨、李中清、张浩、李兰、阮丹青、康文林、杨善华，2012，《无声的革命：北京大学与苏州大学学生社会来源研究（1952—2002）》，《中国社会科学》第 1 期，

---

① 亲代代表性递增效应的明显的一个例子是，对于 20 世纪初期出生的人口，CGSS 可能仅采集到部分拥有丰富社会资本的人口数据。这一偏差随着时间的推移逐渐减小，例如，1995 年出生的子代所对应的父代样本平均受教育年限在 8.9 年左右，代表同一群体的 1966 年（假定平均生育年龄为 25 岁）子代样本平均受教育年限为 10.2 年，差值约为 1.3 年。而 1966 年出生的子代样本所对应的父代样本平均受教育年限在 3.61 年左右，代表同一群体的 1941 年（假定平均生育年龄为 25 岁）子代样本平均受教育年限在 8.86 年，差值达到 5.25 年。

第 98~118、208 页。

罗楚亮、刘晓霞，2018，《教育扩张与教育的代际流动性》，《中国社会科学》第 2 期，第 121~140 页。

马文武，2019，《高校扩招背景下城乡居民高等教育机会考察——基于 CHNS 数据的经验分析》，《兰州学刊》第 3 期，第 153~166 页。

孟凡强、初帅、李庆海，2017，《高等教育规模扩张是否缓解了城乡教育机会不平等?》，《教育与经济》第 4 期，第 9~16 页。

孙永强、颜燕，2015，《我国教育代际传递的城乡差异研究——基于中国家庭追踪调查（CFPS）的实证分析》，《北京师范大学学报》（社会科学版）第 6 期，第 59~67 页。

魏晓艳，2017，《高等教育代际传递及其影响因素的实证研究——谁是"学二代"?》，《中国经济问题》第 6 期，第 87~97 页。

徐娜、张莉琴，2018，《高校扩招对高等教育机会平等的影响——基于断点回归设计的经验证据》《教育科学》第 2 期，第 45~52 页。

杨春华，2006，《教育期望中的社会阶层差异：父母的社会地位和子女教育期望的关系》，《清华大学教育研究》第 4 期，第 71~83 页。

杨东平，2006，《高等教育入学机会：扩大之中的阶层差距》，《清华大学教育研究》第 1 期，第 19~25 页。

杨娟、何婷婷，2015，《教育的代际流动性》，《世界经济文汇》第 3 期，第 32~42 页。

杨娟、杨钰，2017，《教育代际流动的城乡差异分析》，《教育经济评论》第 6 期，第 65~82 页。

张东海、李莉，2019，《扩招与高等教育入学机会地区差异的再分析》，《北京大学教育评论》第 1 期，第 142~162、191~192 页。

张明，2020，《宏观中国：经济增长、周期波动与资产配置》，东方出版社。

张翼，2004，《中国人社会地位的获得——阶级继承和代内流动》，《社会学研究》第 4 期，第 76~90 页。

周鸿敏、方光宝，2019，《教育公平测量的路径演变和典型方法》，《教育研究》第 6 期，第 128~135 页。

朱健、徐雷、王辉，2018，《教育代际传递的城乡差异研究——基于中国综合社会调查数据的验证》，《教育与经济》第 6 期，第 45~55 页。

Aydemir, A. B. and Yazici H. 2017. "Intergenerational Education Mobility and the Level of Development: Evidence from Turkey [C] //Koç University-tusiad Economic Research

Forum Working Papers. " Koc University-TUSIAD Economic Research Forum.

Becker, Gary S. and Nigel Tomes. 1979. "An Equilibrium Theory of the Distribution of Income and Intergenerational Mobility. " *Journal of Political Economy* 6: 1153 – 1189.

Behrman, R. Jere, Andrew Foster, Mark R. Rosenzweig, and Prem Vashishtha. 1999. "Women's Schooling, Home Teaching, and Economic Growth. " *Journal of Political Economy* 4: 682 – 714.

Behrman, R. Jere and Mark R. Rosenzweig. 2002. "Does Increasing Women's Schooling Raise the Schooling of the Next Generation?" *American Economic Review* 1: 323 – 334.

Black, Sandra E. and Paul J. Devereux. 2011. " Recent Developments in Intergenerational Mobility-Sciencedirect. " *Handbook of Labor Economics* 1: 1487 – 1541.

Carneiro, P. and J. J. Heckman. 2002. "The Evidence on Credit Constraints in Post Secondary Schooling. " *The Economic Journal* 11: 705 – 734.

Castelló-Climent, Amparo and Rafael Doménech. 2008. "Human Capital Inequality, Life Expectancy and Economic Growth. " *Economic Journal* 4: 653 – 677.

Daude, C. 2011. "Ascendance by Descendants? On Intergenerational Education Mobility in Latin America. " *OECD Development Centre Working Papers* No. 297.

Deng, Zhong and D. J. Treiman. 1997. "The Impact of the Cultural Revolution on Trends in Educational Attainment in the People's Republic of China. " *American Journal of Sociology* 2: 391 – 428.

Guryan, Jonathan, Erik Hurst, and Melissa Kearney. 2008. "Parental Education and Parental Time with Children. " *Journal of Economic Perspectives* 3: 23 – 46.

Hendel, I. , Joel Shapiro, and P. Willen. 2005. "Educational Opportunity and Income Inequality. " *Journal of Public Economics* 5: 841 – 870.

Hertz, T. , Jayasundera T. , Piraino P. , et al. 2007. "The Inheritance of Educational Inequality: International Comparisons and Fifty-year Trends. " *The B. E. journal of Economic Analysis & Policy* 2: 1775 – 1775.

Kirchsteiger, G. and Sebald A. 2010. "Investments Into Education-Doing as the Parents Did. " *European Economic Review* 4: 501 – 516.

Marianne, P. , Jonah B. , and Hilary W. Hoynes. 2003. "The Impact of Welfare Reform on Living Arrangements. " *NBER Working Paper* No. 8784: 1 – 59.

Solon, Gary. 1992. "Intergenerational Income Mobility in the United States. " *American Economic Review* 3: 393 – 407.

控辍保学与贫困治理

义务教育儿童辍学问题及长效
治理机制研究

——基于对凉山州贫困县的实证分析[*]

时 玥[**]

摘 要：脱贫攻坚以来，我国控辍保学工作取得了显著成效，但当前部分欠发达地区依然存在辍学空间集聚、辍学行为自愿、辍学成因复杂、复学过程反复等特征。凉山州 L 县 S 乡政府义务教育辍学治理行动可类型化为劝返行动、化解行动和复学行动，并分别面临由集中自愿辍学带来的刚性治理问题、由辍学复杂成因带来的策略化治理问题以及由反复辍学带来的运动式治理问题三大治理困境。巩固教育扶贫成果，夯实乡村教育基础，需要对义务教育辍学问题实施长效治理：一是合理优化辍学治理相关制度规范，为辍学治理提供合法保障；二是全面建立义务教育学校和乡（村）社会工作服务站，鼓励专业社会组织参与辍学治理行动；三是系统构建复学监督、干预、管理及教学机制，为学生留住、学好提供完备保障；四是定向培养教育资源相对薄弱地区的义务教育学校教师，以多维福利政策吸引优秀人才；五是重点加大对边缘贫困群体的教育保障力度。

关键词：义务教育；辍学治理；凉山州

---

[*] 基金项目：国家社会科学基金重大项目"相对贫困的标准、识别与治理机制研究"（项目编号：20ZDA074）。

[**] 时玥，中共四川省委党校（四川行政学院）法学教研部讲师、博士，研究方向为乡村发展、社会工作、教育扶贫等，E-mail：shiyuescu@qq.com。

引　言

2020 年，我国已全面消除绝对贫困，实现了义务教育有保障。2021
年中央一号文件要求"持续巩固拓展脱贫攻坚成果，健全防止返贫动态监
测和帮扶机制"。保障义务教育是夯实巩固脱贫攻坚成果的重要环节和关
键指标，是实现乡村振兴的内在要求和核心基础。当前，部分地区义务教
育阶段辍学问题依然不容乐观，农村"隐性辍学"问题凸显（龚正华，
2021；方征等，2021），偏远地区初中辍学情况严峻（曾雯露，2021）。控
辍保学工作面临长效性不足的问题，如教育优质资源不足，管理壁垒明
显，"后教育管理"阶段存在问题（贾伟等，2021），教育帮扶依赖度高
（方征等，2021）。这关系着适龄儿童受教育权利的实现，关系着教育扶贫
成果巩固和乡村教育振兴，关系着国家和民族的未来。因此，有必要基于
义务教育阶段辍学问题的特征，探明当前的治理困境，反思辍学治理长效
性不足的原因，并以此为依据构建义务教育辍学问题的长效治理机制。

本文选择了凉山彝族自治州（以下简称"凉山州"）已脱贫摘帽的 L
县作为实证调研地。L 县少数民族人口占比为 77.92%[①]，脱贫攻坚时期的
贫困发生率为 30.60%[②]，属于少数民族贫困地区。脱贫攻坚之前，L 县曾
有贫困时间长、贫困程度深、地理环境恶劣、公共服务落后、基础设施薄
弱、少数民族文化突出等典型特征，是控辍保学工作的主战场。田野点 L
县 S 乡少数民族人口占比为 98%，所辖 6 个行政村均为贫困村，贫困发生率
为 40.29%。S 乡所辖 G 村彝族人口比例 100%，贫困发生率为 37.92%。[③]
本文对凉山州 L 县人民政府、教育部门、司法部门工作人员，以及 S 乡人
民政府工作人员，G 村"两委"及驻村工作队成员，辍学家庭以及普通农
户等展开了深度访谈。按照社会科学研究伦理和规范，笔者对文中出现的
部分市以及全部县和县以下地名以英文大写字母做了隐匿处理，对访谈内
容被采用的受访者姓名做了匿名处理。

---

① 数据来源于《凉山统计年鉴（2017 年）》，凉山州统计局官网，http://tjj.lsz.gov.cn/。
② 数据来源于 2019 年 L 县政府提供的内部资料。
③ 数据来源于 2019 年 L 县 S 乡政府提供的内部资料。

一 义务教育辍学问题特征

21世纪初，国家进入了统筹城乡背景下的农村教育发展阶段（刘秀峰，2019）。这一阶段中，我国对农村教育的大力投入基本解决了"因贫辍学"的问题。但是农村学校布局调整和城镇化的驱动，使农村地区依然出现了大量辍学问题。随着国家政策对辍学问题的干预力度逐步加大，辍学问题呈现当前的新特征。

根据义务教育儿童辍学行为的发生学段，义务教育辍学可分为小学辍学、小升初辍学和初中辍学。凉山州是四川省所辖少数民族自治州，故本文将凉山州、四川省和全国的辍学情况一同进行描述，便于对整体的辍学情况进行全面把握，对局部与整体的辍学情况①进行对比分析。

（一）辍学空间集聚

义务教育各阶段凉山州辍学情况均较四川省和全国更为严峻，义务教育阶段的辍学问题具有向少数民族贫困地区集聚的空间分布特征。

2001～2019年小学阶段，相比于四川省和全国，凉山州历年毛辍学率均为最高。凉山州小学阶段的毛辍学率从2001年的最高值43.62%下降到2019年的最低值7.3%，其间波动较为剧烈，说明义务教育辍学问题是可以进行治理和有效解决的。2001～2019年小升初阶段，相比于四川省和全国，凉山州绝大部分年份毛辍学率均为最高②。凉山州小升初阶段的毛辍学率从2001年的最高值27.93%下降到2019年的4.49%，在2012年前后出现了一次明显的反弹。2002～2019年初中阶段，与四川省和全国相比，

---

① 辍学情况可操作化为毛辍学率，参考刘成斌（2014）的计算方法：首先，收集某一地区各年份某一学段招生人数和毕业人数，n为该学段的规定学制，将第 x 年的招生人数减去第 x +（n－1）年的毕业人数，所得数量即为该学段中途离校的学生数量，再用这个数字除以第 x 年的招生人数，所得比例即为毛辍学率。该方法的缺点在于：一是忽略了流动人口，但刘成斌（2014）以此方法计算出的全国农村辍学率与国家统计局官方公布的数据非常接近，故以此方法测算辍学率是可行的；二是该方法无法测量小学入学比例，即无法得知是否有人"从未上学"。因此，本文将按照上述方法计算出的辍学率实称为毛辍学率，也就是各地区历年义务教育各阶段入学与毕业期间的学生流失比例。数据来源于1996～2020年《中国统计年鉴》和《四川统计年鉴》。

② 除了2007年和2013年。

凉山州各年份毛辍学率均为最高。① 凉山初中阶段毛辍学率从 2002 年的最高值 29.42% 下降到 2019 年的 17.39%，前期呈现显著下降趋势，但是自 2008 年起进入反复波动期（见图 1）。

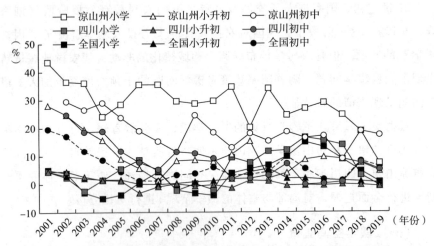

图 1　2001～2019 年凉山州、四川省、全国义务教育阶段毛辍学率

将历年凉山州、四川省和全国义务教育阶段毛辍学率作为三组独立样本进行方差分析，结果如表 1 所示。义务教育各阶段不同区域毛辍学率均呈现 0.01 水平上的显著差异，组别平均值得分对比结果为：各阶段凉山州的毛辍学率均显著大于四川省和全国。这说明与少数民族贫困地区所在省份和全国相比，少数民族贫困地区义务教育阶段辍学问题更为突出，辍学空间具有集聚性特征。

表 1　历年义务教育各阶段凉山州、四川省、全国毛辍学率方差分析

义务教育各阶段	各区域毛辍学率（平均值±标准差）			F 值	P 值
	凉山州	四川省	全国		
小学	0.29 ± 0.08	0.08 ± 0.05	0.04 ± 0.02	57.082	0.000**
小升初	0.10 ± 0.07	0.02 ± 0.02	0.02 ± 0.01	12.208	0.000**
初中	0.19 ± 0.06	0.09 ± 0.07	0.06 ± 0.04	22.777	0.000**

注：** $p < 0.01$。

---

① 2002 年之前凉山州及四川省统计资料将初中和高中数据合并为普通中学数据。

（二）辍学行为自愿

自 21 世纪初，农村学生辍学就由"被迫性"转向"主动性"（卢德生、赖长春，2009），主要表现为自愿辍学①。

首先，从我国义务教育政策演进及战略发展转向来看，21 世纪我国因贫辍学问题已得到有效缓解。在中央财政转移支付制度的支持下，部分少数民族贫困地区很早就实现了免费的义务教育。例如，1984 年 4 月 10 日，西藏自治区人民政府制定了《关于全区重点中小学实行"三包"的试行办法》②，是中国最早实行免费义务教育的地区（参见刘英杰，1993：2065）。到 1990 年，西藏自治区享受"三包"政策的中小学共 320 所，在校生共 69419 人（朱志勇，2008）。我国 1986 年颁布、2006 年修订的《义务教育法》明确规定，义务教育经费投入实行国务院和地方各级人民政府共同负担的原则。这不仅解决了深度贫困地区义务教育经费不足的问题，也改变了基础教育责任只在地方的弊端。自此，全国统一免除义务教育阶段学费、杂费，实行就近、免试、免费入学。21 世纪初，我国义务教育发展目标已全面转向均衡发展。义务教育均衡发展目标是每一所学校均符合国家办学标准，办学经费得到保障，率先使县域内学校之间的差距明显缩小。这说明我国义务教育发展已由"有没有学上"的绝对问题转变为"平等受教育"的相对问题。《国务院关于深入推进义务教育均衡发展的意见》指出，要推进义务教育均衡发展，努力实现所有适龄儿童"上好学"。2013 年，教育部启动了全国县域义务教育均衡发展督导评估认定工作。

其次，从实地调研发现来看，大部分辍学学生主动辍学意愿强烈。按照《义务教育法》的规定和控辍保学政策的要求，基层人民政府有义务对辍学学生及其监护人进行宣传教育，劝说其返校。但是大部分辍学学生不

---

① 由于身体原因被迫放弃学业的义务教育阶段学龄儿童除外。

② 文件指出，小学三年级以上在校生中的农牧民子女，县以下（含县）职工子女，父母有一方在县、区工作的子女，凡思想品德好、勤奋学习，且成绩优良，高小毕业时不超过 15 周岁、初中毕业时不超过 18 周岁、高中毕业时不超过 21 周岁的中小学生，均可以享受"三包"待遇：每人发给一次性装备费 60 元（边境县 70 元），由学校统一购置被褥和生活用品；小学生每人每月伙食费、零用金 22 元，服装费每人每年 54 元；中学生每人每月伙食费、零用金 27 元，服装费每人每年 60 元。

愿返校，且其监护人不干预、不支持其返校。G 村驻村工作队队员田辉说道："（劝返）不是一次就做成功了。比如第一次我们去给他做工作，他找一大堆理由，说自己有什么困难啊，回不来啊。但是我们必须告诉他不回来会有什么后果，比如说优惠政策给你取消，你必须想办法回来。他会（进行）思想斗争，会考虑。我们下一次又去，说法一次比一次严重，如果两三次没有劝回来还会请派出所、村集体出面。"（访谈编号：20190715STH45MH）由此可见，第一，辍学是辍学学生及其家庭的自愿行为；第二，政府执行劝返程序的次数与劝返对象的辍学意愿成正比，劝返次数越多，劝返对象辍学意愿就越强烈。

（三）辍学成因复杂

截至 2019 年 6 月，L 县 S 乡 G 村共有辍学学生 41 人，占全村义务教育学龄人口的 6.08%。辍学学生以初中阶段居多，7～12 岁的有 3 人（占辍学人数的 7.32%），13～15 岁的有 21 人（占辍学人数的 51.22%），16～18 岁的有 15 人（占辍学人数的 36.59%），19 岁的有 2 人（占辍学人数的 4.88%）。

经统计，G 村义务教育适龄儿童辍学基本情况及影响因素如下。一是辍学学生以女生居多，"男尊女卑"观念影响辍学。G 村辍学学生中女生 23 人，占比 56.1%；男生 18 人，占比 43.9%。S 乡九年制学校校长刘庆林说："有些家里条件比较好的，会把女儿送到我们这读书，把儿子送到县城或者更好的地方读书，所以乡上小学女孩子偏多，辍学的也是女孩子多。"（访谈编号：20180518MLQL39MY）可见，在部分少数民族贫困地区，教育资源在主观因素的作用下依然向男性倾斜。二是辍学生年龄影响劝返成效，年龄较小者更易接受劝返。G 村辍学学生年龄与劝返成效显著负相关（皮尔逊相关系数为 -0.336，$p < 0.05$）。统计结果显示，年龄越大，劝返成功的比例越低。能够被有效劝返者大多数年龄在 16 岁以下，且辍学去向一般是外出务工或者在家务农、料理家事。三是问题户籍[①]及已婚或已育是劝返失败的主要原因。G 村劝返失败者中超龄者人数最多（5 人[②]），

---

① 问题户籍是指年龄有误以及重复、死亡、迁出但是未履行注销手续的户籍。
② 其中 1 名辍学学生既超龄又已婚。

其次是已婚或已育者（4人），最后是因死亡未销户（1人）、查无此人（1人）等问题。此外，还有劳教所服刑人员（1人）。四是辍学学生以非贫困家庭子女居多，相对贫困取代绝对贫困成为辍学主因之一。G村辍学学生中建档立卡贫困户子女共12人，占比29.27%；非贫困户子女24人，占比58.54%；另有5人未知其家庭贫困情况。少数民族贫困地区存在相当一部分贫困边缘户，该部分农户子女入学无法享受教育扶贫政策，迫于家庭生活压力，其入学的外部驱动力明显不足。

（四）复学过程反复

学生复学稳定性不足，部分已复学学生依然频繁辍学，复学行为呈反复性、波动性特征。2019年暑期，S乡九年制学校承担了对S乡及周边乡镇部分义务教育阶段辍学学生的补偿教育工作，主要针对13～15岁和16岁及以上的部分辍学学生开展补偿教育，总人数175人，分两个班开展教学工作。复学过程反复主要表现在以下三个方面。第一，学生复学后无心向学，复学动机偏离教育目标。实地调研发现，补偿教育不少文化课临时改为体育课，老师解释："（学生）坐这里边，要么就是玩手机，要么就是打瞌睡，要么就是不来，要么就是不进教室。"（访谈编号：20190716SHCL30FY）辍学学生缺乏学习动机，对升学目标感到困惑。G村一个在校初中生说："我们整个村没有一个是（通过）上学有（正式）工作的，好多都是十四五岁就出去打工了。有的打工回来买了漂亮衣服、手机。（大家）好羡慕他们，然后一个比一个，慢慢就不想上学了。"（访谈编号：20190722G15FY）学习动机是寻求学习活动的意义并努力从这些活动中获得益处的倾向（伍尔福克，2015），对学习行为起着唤醒、维持和指向的作用。学生们周遭没有因求学而获得向上流动机会的同辈群体，但是因辍学务工收获眼前利益的例子比比皆是。因此，他们求学动机不足，务工对于他们来说更有吸引力。第二，学生在辍学与复学状态之间反复游移，游移周期短、次数多。实地调研发现，周中学习时间在校生仅50余人，不到总人数的1/3。一名在校复学学生解释其他学生去向时说："有些人回家了。老师提醒他们不要走，但是他们就逃课回家了。他们想来就来，如果今天把他们喊回来了，可能明天就走了。"（访谈编号：20190715SA14FY）第三，学生是否复学取决于管控强度。学校管控手段有限，很难有效阻止学生辍学。谈到补偿教育的出勤情况，二班班主任韩春玲说："每天基本上只来三四十个人（约一半）。要么就请假，要么已经出去打工了。上面是不允许走，但是不允许他也已经走了，别人拿他没办法。但是再叫他应该会回来，不过他可能又走。"（访谈编号：20190716SHCL30FY）S乡九年制学校大门平时有专人看守，无特殊情况不会任由学生出入。但是调研时我们发现，当大门偶尔临时开放时，5名学生趁机出走。

二 义务教育辍学治理行动及治理困境

控辍保学政策实施之后，全国范围内义务教育阶段辍学人数锐减。可以说，控辍保学工作机制在减少义务教育阶段辍学人数方面取得了显著成效。在辍学治理实践中，地方政府采取了劝返、化解、复学等行动，但由于当前部分少数民族贫困地区依然存在辍学空间集聚、辍学行为自愿、辍学成因复杂、复学过程反复等问题，地方政府的辍学治理实践面临种种困境。这导致当前辍学治理内卷化明显，长效性不足。本部分将以凉山州L县及所辖S乡两级政府的辍学治理行为为例，分析由义务教育辍学问题特征引发的辍学治理困境。

（一）劝返行动：由集中自愿辍学带来的刚性治理问题

劝返行动是指政府部门通过综合施策使辍学学生返校就读。L县政府出台了协同劝返复学方案大力劝返辍学学生。针对辍学的客观原因，县人社部门印制"禁止使用童工"告知书，发放全县各乡镇，开展劳务市场清理。多部门联合对全县娱乐场所、洗脚房、茶楼等场所非法使用童工问题进行督查。乡镇干部到全国各地抓劝返，帮助解决外出务工辍学学生返乡车旅费等资金困难问题。针对辍学的主观原因，宣传部门将控辍保学宣传材料制作成彝汉双语材料，广泛分发宣传。公安部门整合乡镇派出所警力和治安警力，会同乡镇村组干部，到辍学学生家中开展劝返工作：一是对56户不送适龄学生入校读书的学生监护人开展训诫工作，依法下达训诫书；二是户籍人口信息登记358人，更正53人，纠错145人。司法部门采取正面引导与反面警示相结合的方式开展劝返工作。正面引导是指以巡回讲学的方式到各中学现场讲述司法案例给予学生警示教育，反面警示是指对 8 个乡镇 14 名拒不送子女读书的家长集中开展 3 场司法诉讼。S 乡成立了义务教育阶段辍学学生劝返复学工作领导小组，乡党委副书记、乡长为组长，副乡长为副组长，乡级有关单位负责人为成员。乡党委班子包村，驻村工作队、村组干部和部分帮扶责任人是一线劝返人员，分别包户（人）。

通过实施上述措施，大部分辍学学生已返校复学，但是其中暴露了政府过于依赖刚性治理（曹现强、张霞飞，2019）所带来的问题。劝返阶段的刚性治理主要表现在以下三个方面。一是对控辍保学的责任落实单位实施刚性管理。S 乡严格落实控辍保学政策执行惩罚制度，以村为单位进行工作评赛，评赛最后一名罚款 5000 元，倒数第二名罚款 3000 元，倒数第三名罚款 2000 元。二是对控辍保学责任人实施刚性管理。S 乡建立责任追究机制，对辍学率高于国家警戒标准村的村干部实施年度综合考评一票否决；对未达返校人数目标村，差 1 人罚款村支书、村主任各 200 元，组长各 100 元，差两人双倍罚款，以此类推。三是对拒绝送子女入学的辍学学生家长实施司法诉讼。L 县巡回法庭对以 S 乡乡长为原告、辍学学生家长为被告的"官告民"案件进行了公开审理，法庭现场调解 4 名家长承诺限期送子女入学，藐视法庭的 1 名家长被移送法制教育、拘留。

劝返行动依赖刚性治理手段的原因如下。一是辍学空间集聚，基层政府"权小责大"。义务教育儿童辍学问题集中出现在我国部分少数民族贫困地区，乡镇人民政府在治理实践中负有"属地责任"，承担着较大的辍学治理责任，但缺乏有效治理手段，现有的执法权配置很难为其责任落实提供保障。乡镇人民政府是控辍保学的责任主体，必须对辍学学生及其监护人实施劝返。但是除了批评教育、责令限期改正及轻度行政处罚，现行法律法规并未规定乡镇人民政府对不送义务教育适龄儿童就学的监护人可以采取强制性的处罚措施。一些辍学意愿强烈的学生及其监护人对"软性"劝返无动于衷，可能是由于监护人对基层人民政府强制执行权的经验性表示怀疑（郭兴利，2008）。二是辍学行为自愿，基层政府的劝返工作遭遇顽固对抗。辍学行为很难仅通过政府动员、劝返工作就得到彻底纠正。"两免一补"政策实施之后，我国义务教育阶段因贫困被动辍学问题就已基本解决。调研发现的辍学问题主要是由学生自愿辍学行为导致的，学生过早参与劳动生产、早婚早育、厌学等是自愿辍学的主要原因。在辍学治理压力层层传导、基层政府权责不对等的背景下，面对艰巨的劝返任务，基层政府不得已催生出体制性约束手段以治理辍学问题。

辍学治理劝返行动中刚性治理"重结果、轻过程"的压力型工作机制固然会促使基层政府"千方百计"地完成任务，但其长期处于高负荷运作状态，极易导致辍学治理遭遇内卷化困境和数字化游戏，这对维系辍学治理稳固成效无益。另外，刚性治理中还存在制度性瑕疵。现实中辍学行为能否得到纠正与违法行为能否得到明确的法律制裁存在正向相关性，但《义务教育法》等有关法律法规并未规定义务教育适龄儿童及其监护人主动辍学的违法责任。

（二）化解行动：由辍学复杂成因带来的策略化治理问题

控辍保学的坚决性与辍学成因的复杂性之间存在巨大张力。由此，基层政府提出了"居中式"解决方案——化解。化解包含劝返复学、问题户籍核查、超龄及已婚嫁学生核实资料等辍学治理行动，是"强政策"与"软措施"张力之下一种结果导向的策略化治理办法（杨磊、刘建平，2014）。

基层政府的化解行动包括针对劝返成功者和劝返失败者的两套方案。S乡党委书记黄韦波指出："（全乡）312个（辍学学生）基本上全部被化解了。化解不是说把孩子全部弄回来，（而是）一部分到补偿班，一部分随班就读，还有一部分像结婚的，或者年纪稍微大一点的，补偿班就发结业证了。这样就是化解了。"（访谈编号：20190716SHWB43MH）针对劝返成功的辍学学生，化解方式包括：一是针对辍学时间不长、能够跟上教学进度的学生（主要是7~12岁学生），以辍学学生户籍为准，按照就近入学的原则，劝回原就读学校班级进行随班就读或到当时的辍学年级续读；二是针对辍学时间较长、基础薄弱的学生（主要是13~15岁学生），在县民族中学和县职业技术学校进行分年龄段的集中编班学习；三是针对16岁及以上和已婚或已育的辍学学生，实行超龄学业补偿，集中开展20天以上的职业技术技能培训和文化学习。培训结束后，经县科教局会同各乡镇中心校组织测试合格后认定完成义务教育，发给毕业证书。针对劝返失败的辍学学生，化解方式包括以下四种。一是问题户籍学生完善相关证明或手续。在校就读查无学籍的、在外就读的学生由乡村组提供证明，户籍有问题的由户籍所在乡村与辖区派出所对接，死亡、重复户籍的核实后进行销户。二是年龄不符学生核实、更正信息。有些辍学学生身份证件上的年龄和实际年龄不同，这种情况要核实后进行更正，之后根据年龄分类解决。三是已婚或已育学生提供已婚证明。一些未满16周岁的辍学学生本应参加集中编班学习或随班就读，但由于早婚早育，其只需要提供已婚证明，参加补偿教育后即可结业。四是残疾学生送教上门。针对无法到校就读的残疾学生，县残联出具相关残疾证明之后，保留其学籍，由S乡九年制学校负责送教上门，使其完成相应的文化知识学习，达到相应的水平。经考试合格，发给毕业证书，即完成义务教育。

辍学问题深受区域发展、收入水平、传统习俗、思想观念等因素的影响，由此产生了基层政府策略化的辍学治理方案。策略化辍学治理的重点群体是超龄学生和已婚或已育学生，少数民族贫困地区"早婚早育（兼多育）"观念是策略化辍学治理的重要影响因素。首先是辍学学生户籍年龄有误，实际年龄超龄问题。调研中发现不少户籍年龄在15岁以下、本应返校参加集中编班学习的辍学学生，但其实际年龄已超过18周岁，只能接受短期补偿教育。多育是部分少数民族传统婚育观念的核心，是一种壮大家庭规模的策略，用以解决历史上贫困地区由于人类预期寿命短、资源争夺激烈带来的家族劳动力延续问题。计划生育政策的执行使大部分早育超生家庭选择瞒报子女出生，待子女必须接受学校教育时再登记落户。其次是辍学学生已婚或已育问题。父母出于现实需要约束子女，"老人红利"、"身价钱"趋高等，使辍学学生早婚的社会支持因素长期存在（伍琼华、张睿莲，2015），而早婚的目的是使早育合理化。影响辍学的性别因素在因婚育辍学的案例中也得到证实。针对已婚或已育辍学学生进行策略化治理进行目的是避免他们因接受教育而影响家庭稳定，且女性更易因婚育而辍学。

采取策略化辍学治理方案，超龄辍学和因婚育辍学被默许，助长了不良婚姻旧俗，不利于彻底抑制早婚早育现象，严重影响义务教育适龄儿童受教育权利的实现。"数字控辍"暴露出辍学治理长效性不足的问题。另外，策略化辍学治理方案中针对残疾辍学学生的送教服务频率和内容适配程度均不足。S乡党委副书记说："全乡有5个残疾儿童，其中3个中度（残疾）的由学校送教上门，但是送教上门形式大于内容。一学期或者一个月上一次，或者一次都达不到，没有多大意义。这些孩子不被重视，教的内容他们接受不了，住得又分散，路途远，走一个要半天时间。"（访谈编号：20190718SWXW33FH）

（三）复学行动：由反复辍学带来的运动式治理问题

为保障已返校辍学学生按时就近接受义务教育。L县控辍保学领导小组牵头制订了复学保障方案。第一，在目标责任制之下，采取常规治理方式，根据辍学学生的年龄和学段进行分类安置复学，完善劝返学生管理机制，大力投入开办补偿教育。L县建立了失辍学生请假制度、乡镇定期回访失辍学生制度、校区协警驻点制度，制定了"学生安全承诺责任书"和"学生遵纪守法承诺责任书"，对辍学学生流动请假情况实施动态监控管理，对休学、转学等手续严格把关。L县投入570万元搭建学生宿舍板房，购置生活用品，注入资助资金等；实施政府购买服务和"银铃计划"增加师资力量；开设"智慧课堂"，邀请校长、机关干部、社会人士等群体多维度开展各类教学活动；邀请对口支援单位专业团队，在县内学校开展舞蹈、音乐、美术等兴趣教学。S乡从派出所协警中聘请了一名干警专管辍学学生，并投入5万元用于购买住宿用品，保障伙食条件。第二，采取运动式治理方式，对义务教育适龄儿童重大节假日后离乡的情况严格监管。2019年12月，L县组织全县义务教育学校教师对所有义务教育阶段学生开展大规模家访活动。调研发现，运动式治理在短期内对约束辍学行为起到了关键作用。教育治理范畴下的运动式治理是指在常规教育治理网络无法奏效时展开，所有责任人接受统一调配，治理力度比常规治理大，短期效果显著的治理方式（沈洪成，2014）。

政府采取运动式治理方式的原因包括以下两个方面。（1）基于目标责任制的常规辍学治理方案成效有限，反复辍学问题频发。当常规治理体制无法奏效或者出现懈怠时，就要通过运动式治理的方式强化目标责任制的运作（周雪光，2012）。L县政府建立了多项制度用以防控学生反复辍学，但是在实施过程中，由于没有强制性的手段，效果不佳。司法局局长于初见说道："他要翻墙（逃学），老师不可能24小时把他守到。而且和学生有关的法律法规都没有强制性的东西。"（访谈编号：20190717LYCJ48MY）（2）补偿教育效能低，学生学习积极性不高，能动性不足。这具体表现在以下三个方面。①班额大、成年学生多、师生比低，复学管理难度大。接受补偿教育的学生共有 175 名，编为两班，每班约 78 名学生，仅配备两名教师，班额远超国家规定，而师生比则远低于国家规定。班内成年学生占比约为 20%，增加了学生管理难度。②学生异质性强、教学内容偏、教学计划性弱，复学教育难度大。班内学生学习能力差异较大，教师教学时难以顾及每个个体的接受程度。S 乡九年制学校教师董晓军说："他们是混编班。有些小学就辍学了，该读初二才来，有些七年级辍学了，大半年又来上学。"（访谈编号：20190716SDXJ31MH）凉山州学业补偿教育的教学内容丰富，但部分内容偏离了教育目标：一是中国文化常识、历史故事、法律普及等内容以文字为主，学生学习难度大；二是乐谱展示、美术赏析等内容对于辍学学生而言实用性有待加强；三是大量需要长期熏陶才能领会的学习内容与补偿教育短期速成的学习理念不符；四是技术类课程教授不足。另外，调研发现，由于补偿教育学制、学时尚未确定，教学计划难以落实。S 乡九年制学校教师冯直说："具体多久没有说，多半到八月底。他们说先上着，上面的文件也没下来，也没有规定教学任务。"（访谈编号：20190716SFZ30MY）③保障复学行动对辍学学生的心理关注不足。学校及教师在复学教育环节仅规划了知识性学习内容，忽略了诱发辍学的家庭因素、心理因素、厌学情绪等，未能针对学生诉求精准施教。在辍学隐患未消除的前提下，复学学习很难取得显著效果。G 村驻村工作队队员田辉说道："辍学的原因很多，用这么多办法劝回了之后，怎么让他们留得下来、稳得住，你怎么帮他们，让他们认可，让他们全身心投入补偿（教育），但他们（学校及教师）现在没做，这块是很薄弱的。"（访谈编号：20190715STH45MH）

对于短期反复辍学行为，运动式治理取得了显著成效，但是面临短期内效果显著、长效性不足的问题。一是运动式治理投入多、强度大、不连续且缺乏合法依据。目前使学生稳定复学的有效方法局限于对学生行动的监督和管理，具体包括签署承诺书、家访、"盯人"等限制方式，消耗了大量人力且无法发挥持续性效果。另外，根据《义务教育法》等相关法律的规定，政府无权限制学生的人身自由，也不能以防控辍学为由直接对学生行使行政执法权。二是持续开展运动式治理消极回避了常规式治理漏洞和低效能教育困境。当前的辍学治理实践表明，客观方面，政府的强制性管控措施缺乏充分的法律依据，保障义务教育适龄儿童受教育权的方式受到束缚；主观方面，由于低效能教育，辍学学生对义务教育的认可度不高。持续的运动式辍学治理使政府依赖短效方案，不利于解决常规式治理漏洞和低效能教育问题。

三 构建义务教育辍学问题长效治理机制的对策建议

当前我国义务教育辍学治理呈现出短期成效显著而长效性不足的问题。为巩固教育扶贫成果，夯实乡村教育基础，保障乡村教育振兴，本文提出构建义务教育辍学问题长效治理机制的对策建议。

（一）合理优化辍学治理相关制度规范

健全辍学治理相关制度规范，改进对受教育权的救济方式，完善教育行政执法体系，为辍学治理提供合法、合理的制度保障。一是修订义务教育实施办法，以及关于实施《民法典》《人口与计划生育法》的具体规定等，明确规定辍学学生及其监护人的法律义务和违法责任，完善对实施违法婚育者的处罚机制。二是采取制定自治条例和单行条例的办法确立教育公益诉讼制度，针对义务教育适龄儿童受教育权利受损问题，明确以乡镇人民政府为原告、以辍学儿童监护人为被告提起诉讼，要求责任人以停止侵害、排除妨碍、恢复原状的方式承担责任。三是在乡镇人民政府下设教育行政执法机构，赋予基层政府教育行政执法权，在县级人民政府内设教育行政执法监督机构，保证基层教育行政执法的公正性。

（二）全面建立义务教育学校和乡（村）社会工作服务站

在义务教育学校和乡（村）全面建立社会工作服务站，鼓励专业社会组织扎根基层参与辍学治理行动。建议民政部门联合教育部门等有关单位，依托政府购买服务机制，以学校和乡（村）为单位建立社会工作站。一是鼓励专业社会组织采用学校社会工作方法驻点服务义务教育学校学生，重点解决由家庭问题、学习困难、心理困境和朋辈效应等造成的各类辍学问题。二是鼓励专业社会组织以家庭社会工作方法驻扎服务贫困乡村，重点推动移风易俗工程，帮助学龄人群及其家庭成员纠正"读书无用""早婚早育"等落后观念,从根本上摆脱辍学思想,从源头上防范辍学行为。三是孵化培育本土社会工作人才队伍和公益慈善类社会组织,建成适应当地社会发展的基层服务基地,为解决当地辍学治理问题提供人才和服务保障。

(三) 系统构建复学监督、干预、管理及教学机制

系统构建义务教育辍学学生复学监督、干预、管理及教学机制,防范复学学生再次辍学,保证学生留住、学好。在复学监督方面,建议依托乡村干部、宗族乡贤和学校教师,建立社区-学校联动监督机制,发挥社区监督作用,有效防止学生反复辍学。在复学干预方面,建议发挥驻校社会工作者的柔性干预作用,采取个案、小组等社会工作专业方法对复学学生进行规劝、引导,稳定复学成果。在复学管理方面,建议学校增配补偿班教师、缩小班额,细化复学学生分类安置方式,随班就读之前先进行单独或集中补习,以保证其学习水平适应学习进度。在复学教育方面,根据学生的学习能力更新完善教材,适度删减难度过大的课程内容,增加实用性强的课程内容;明确规定各类复学教育的学制和学时,要求教师规范编制教学计划和教学方案;定期组织专家督查复学教育过程,验收复学教育成果。

(四) 定向培养教育资源相对薄弱地区的义务教育学校教师

定向培养教育资源相对薄弱地区的义务教育学校教师,以多维福利政策吸引优秀人才。一是建议国家教育部门在师范类高等教育学校中开设班级,定向培养面向边远农村贫困地区的义务教育学校教师,保障其学习、生活支出并提供一定的学业补贴;教师完成高等教育学业并考核合格后,督促他们履行赴相应地区从事教育工作的义务。在培养过程中,应鼓励承担社会责任的企业提供相应资金支持。二是建议国家教育部门增加边远农村贫困地区义务教育学校教师编制,提高教师待遇,协助优秀教师家庭解决就医、住房、子女入学等问题,吸引优秀教育人才投身乡村教育事业。

(五) 重点加大对边缘贫困群体的教育保障力度

一是建议以村为单位开设家长课堂,县级教育部门组建教育宣讲团,

巡回宣讲教育扶贫政策、教学内容以及家庭可能产生的教育收益，扭转家长"读书无用"思想。二是建议政府动员义务教育阶段学生家长在本地就业，可为其提供一定的就医、住房等优惠政策，以此增加其从业的可持续性，缓解家庭相对贫困，减少留守儿童的数量，将可能因随迁而产生辍学风险的学生留在本地上学。三是建议各级政府及有关部门结合家庭人均纯收入和家庭总抚养比或少儿抚养比等指标系统识别整体性贫困地区的边缘贫困群体，将这部分边缘贫困群体纳入教育扶持政策保障范围，并加大教育保障力度，如逐步扩大目前仅针对建档立卡贫困户学生的奖学金、寄宿生生活费和困难救助基金等的覆盖范围。

参考文献

曹现强、张霞飞，2019，《刚柔并济：社区冲突视域下地方政府治理的双重逻辑——基于配建"共享小区"冲突的多案例对比研究》，《中国行政管理》第 12 期，第 58～64 页。

方征、金平、张雯闻，2021，《脱贫巩固阶段教育扶贫政策的实施困境与治理突破——基于连片特困地区村（社区）的质性研究》，《华南师范大学学报》（社会科学版）第 3 期，第 62～72、206 页。

龚正华，2021，《贫困地区控辍保学内卷化及其突围》，《四川轻化工大学学报》（社会科学版）第 3 期，第 88～100 页。

郭兴利，2008，《"官告民"案的价值探析与制度构造》，《理论与改革》第 5 期，第 138～140 页。

贾伟、邓建中、蔡其勇，2021，《新时代我国实施义务教育控辍保学的内在价值、政策沿革及发展经验》，《教育与经济》第 4 期，第 29～37 页。

刘成斌，2014，《农村青少年辍学打工及其原因》，《人口研究》第 2 期，第 102～112 页。

刘秀峰，2019，《改革开放 40 年农村教育的变迁——基于供给制度与城乡关系的双重视角》，《四川师范大学学报》（社会科学版）第 1 期，第 54～60 页。

刘英杰，1993，《中国教育大事典（1949—1990）》（下），浙江教育出版社。

卢德生、赖长春，2009，《从学生自愿性辍学看我国"控辍"政策的调整与转变》，《教育学术月刊》第 1 期，第 79～81 页。

吕晓娟、陈虹琴，2021，《控辍保学问题的地方经验与改进策略——基于"三区三州"

深度贫困地区控辍保学政策的文本分析》，《民族教育研究》第 1 期，第 111 ~ 121 页。

沈洪成，2014，《教育下乡：一个乡镇的教育治理实践》，《社会学研究》，第 2 期，第 90 ~ 115、243 ~ 244 页。

伍尔福克，安妮塔，2015，《教育心理学》（第 12 版），伍新春等译，中国人民大学出版社。

伍琼华、张睿莲，2015，《云南边境边远地区少数民族的早婚原因探究》，《中央民族大学学报》（哲学社会科学版）第 6 期，第 45 ~ 52 页。

杨磊、刘建平，2014，《权力边界模糊与策略化治理：土地冲突演变机制研究——基于对湖北省 L 市和 G 开发区的调查》，《公共管理学报》第 4 期，第 71 ~ 82、142 页。

曾雯露，2021，《零零后初中辍学青年研究——基于对粤北某农村零零后辍学青年的深度访谈》，《中国青年研究》第 3 期，第 21 ~ 27 页。

周雪光，2012，《运动型治理机制：中国国家治理的制度逻辑再思考》，《开放时代》第 9 期，第 105 ~ 125 页。

朱志勇，2008，《西藏牧区"三包"政策下的基础教育反思：达萨乡中心小学个案分析》，《教育研究与实验》第 4 期，第 16 ~ 21 页。

场域视野下大凉山彝族女童辍学问题研究

——以凉山州 G 县 X 村为例[*]

张月琼　赵　丹^{**}

摘　要：后脱贫时代，教育扶贫作为相对贫困治理的重要路径，是阻断贫困代际传递的根本之策，在脱贫攻坚过程中发挥着基础性、先导性、根本性和可持续性作用。在相对贫困治理阶段，民族贫困地区女童的控辍保学工作是新时期教育扶贫的重点和难点。受地区贫困文化和恶劣自然条件的影响，部分贫困地区少数民族女童辍学新增以及反弹问题还在不同程度上存在。本文基于布迪厄场域理论，以凉山彝族自治州 G 县 X 村为例，深入剖析当地少数民族女童辍学的现状、问题及成因。研究发现，因早婚、补足家庭劳动力、失依等产生的女童辍学现象仍然存在。其辍学的深层次原因在于：传统彝族婚嫁和生育惯习导致女童在教育场域中的资本获得不足，使女童作为"工具""被支配"，导致其在教育场域进行自我撤离。基于此，我们应不断加强少数民族义务教育学校改革，加大控辍保学督查、问责力度，积极发挥妇联组织的扶贫作用，持续推进农村移风易俗政策法规的落实。

---

* 基金项目：国家自然科学基金项目"基于集群发展的乡村小规模学校教育质量提升研究"（71874140）。

** 张月琼，西北农林科技大学人文社会发展学院社会学硕士研究生，研究方向为农村家庭教育、农村教育发展，E-mail：zyq1431@ nwafu. edu. cn；赵丹，陕西师范大学教育学部特聘教授，博士生导师，教育经济学博士，研究方向为教育经济与管理、农村教育发展、教育规划与 GIS，E-mail：zhaodan821225@163. com。

关键词：彝族女童；辍学；场域；惯习；资本

习近平总书记在 2021 年脱贫攻坚会议上提出："紧紧扭住教育这个脱贫致富的根本之策，再穷不能穷孩子，再穷不能穷教育……尽力以教育阻断贫困代际传递。"[①] 教育扶贫通过统筹各级各类教育资源保障处境不利人群的受教育权，提高脱贫人口的人力资本水平，进而有效阻断贫困代际传递，最终实现贫困地区稳定长效脱贫。在相对贫困治理的新阶段，教育扶贫的工作重点要紧紧聚焦于贫困地区弱势儿童的控辍保学。这些地区的儿童能否在"好上学"的基础上"上好学"，将直接影响到贫困地区整体教育质量的提升及相对贫困治理的成效。针对这一问题，教育部等十部发布的《关于进一步加强控辍保学工作健全义务教育有保障长效机制的若干意见》中也特别指出，"要持续常态化开展控辍保学工作，形成义务教育有保障长效机制……以贫困县尤其是三区三州为重点，从政策、资金、项目上给予倾斜支持"。而现实中，在民族地区尤其是少数民族深度贫困地区，辍学新增以及反弹问题还在不同程度上存在，如受民族传统文化影响辍学早婚、转为家庭劳动力的现象仍然存在。这也给促进义务教育优质均衡发展和教育扶贫政策落实带来了负面影响。因此，探索当前少数民族贫困地区义务教育辍学特点及原因也显得尤为重要。

目前，我国学者对少数民族教育场域的关注度仍然不够。领域内研究内容仅有少数落在少数民族学生教育质量研究上。毕天云（2004）首先注意到少数民族在教育场域中的性别观，并认为教育场域中的性别平等观念是影响教育发展的重要惯习之一。杨成胜、王倩倩（2008）从布迪厄场域和惯习两个概念出发分析了湘西凤凰苗族学生的辍学原因，并认为少数民族教育场域中的学生受民族惯习影响，导致少数民族地区教育困境的产生。聚焦于彝族义务教育质量研究的学者便更少了。国内学者潘正云、吴明先（1999）认为，凉山彝族自然条件恶劣、生存发展环境艰难、经济基础薄弱，加上一些传统观念的束缚，造成凉山彝族女童入学率低，流动率

---

① 《习近平：在全国脱贫攻坚总结表彰大会上的讲话》，中华人民共和国中央人民政府，http://www.gov.cn/xinwen/2021-02/25/content_5588869.htm，最后访问日期：2022 年 7月 30 日。

高。李乐玉（2009）、阿各莫（2010）认为，彝族女童辍学的原因包括男尊女卑等传统习俗、学校教学质量不佳、家庭收入影响以及社会（如打工潮）四个方面。李树翠（2014）研究发现，滇东南彝族聚居区女童教育具有入学年龄高、学业成绩不佳、受教育层次低的特点，并认为应当从国家、政府、社区、学校、家庭等多方面改进，以提升彝族女童的受教育质量。朱文华（2020）认为，导致彝族女童辍学的因素包括生长环境、传统观念和风俗习惯、语言文化、彝族地区课程设置、学校教育教学活动。

从上述研究进展来看，现有文献对少数民族女童辍学的研究大多集中在社会性别分析下对少数民族女童辍学行为的现象描述、成因分析和对策研究等方面。只有极少数研究基于场域的视角进行少数民族女童辍学研究，但其研究缺乏对少数民族教育场域中实践、惯习、资本三个要素的系统关联分析，也没有提出解决措施。本文试图以四川凉山州 G 县 X 村有过辍学经历的彝族女童为例，采用半结构式访谈法，结合观察及相关文献资料，以布迪厄场域理论为理论视角，从惯习、资本、实践三个方面分析彝族女童辍学现象的成因并提出对策。

一　凉山州 G 县 X 村彝族女童辍学问题的表征

G 县位于四川省西南部的凉山彝族自治州东北部。全县彝族人口占总人口的 99%。G 县境内山高坡陡谷深，三山夹三河。长期以来，交通闭塞、底子薄弱、经济落后、教育滞后等问题阻碍着 G 县的发展。2021 年，G 县城乡居民人均可支配收入 13538 元，仅占四川省城乡居民人均可支配收入的 46.55%。G 县 X 村人大多居住在半高山和高山区。经济作物主要为土豆和白菜，产量不高。笔者通过电话访谈与实地调研发现，凉山州 G 县 X 村存在多例女童义务教育阶段辍学案例。其主要体现在凉山彝族女童辍学早婚、早恋以及辍学转为劳动力的现象屡见不鲜。同时，由于普遍贫困的特点，凉山彝族失依家庭女童辍学的现象也时有发生。

2017 年，凉山州小学学龄儿童入学率达到 99.72%[①]，2018 年、2019

---

① 《凉山州统计局 2017 年国民经济和社会发展统计公报》，凉山彝族自治州统计局，http://tjj.lsz.gov.cn/sjfb/lstjgb/201808/t20180816_1176634.html，最后访问日期：2022 年 4 月 11 日。

年分别达到 99.35%^①、99.46%，其中少数民族学龄儿童入学率分别为99.32%、98.74%^②。由此可以看出，相比于 2017 年，凉山自治州 2018年、2019 年的学龄儿童入学率和少数民族学龄儿童入学率均不断下降。凉山彝族学龄儿童辍学问题依然存在。加上彝族一些传统观念的束缚，相较于男童，凉山彝族女童的义务教育更难得到保障。第五、第六次全国人口普查数据表明，彝族女性文化水平普遍低于男性。2000 年，彝族 6 岁及以上人口男女比例为 1.05∶1，未上过学、小学文化、初中文化的男女比例分别为 0.51∶1、1.20∶1、1.75∶1，男童入学比例为 85.97%，女童入学比例为 71.19%^③。2010 年，男女比例为 1.04∶1，未上过学、小学文化、初中文化的男女比例分别为 0.52∶1、1.04∶1、1.45∶1，彝族男童入学比例为 90.41%，女童入学比例为 80.81%^④。由数据可以看出，接受过小学教育的女童大约只占男童的 50%，而完成义务教育阶段的女童大约只占男童的 69%。义务教育阶段彝族女童上学难的问题依旧存在。

（一）因早恋早婚而辍学的现象仍然存在

受传统文化制约，X 村女童因自主恋爱、被迫换亲、早婚等原因辍学的现象依然存在。小芳（化名）便是被迫换亲的女童中的一员。她是 G县 X 村一名 14 岁的女生，是家里三姐弟中的长姐。14 岁的她本该在小学毕业后进入初中，但是她现在已经嫁入同村的一户人家。其弟今年 13 岁，小学在读。小芳家的收入低微，无法支付弟弟的彩礼金。在 X 村早婚早育普遍的社会环境下，小芳家选择以"换亲"的形式抵扣弟弟的彩礼金。小芳的弟弟表示：

---

① 《凉山州统计局 2018 年国民经济和社会发展统计公报》，凉山彝族自治州统计局，http://tjj. lsz. gov. cn/sjfb/lstjgb/201905/t20190529_1176635. html，最后访问日期：2022 年 4 月11 日。

② 《凉山州统计局 2019 年国民经济和社会发展统计公报》，凉山彝族自治州统计局，http://tjj. lsz. gov. cn/sjfb/lstjgb/202006/t20200615_1626122. html，最后访问日期：2022 年 4 月11 日。

③ 《第五次全国人口普查公报（第 2 号）》，国家统计局，http://www. stats. gov. cn/tjsj/tjgb/rkpcgb/qgrkpcgb/200203/t20020331_30315. html，最后访问日期：2022 年 4 月 11 日。

④ 《2010 年第六次全国人口普查主要数据公报（第 2 号）》，国家统计局，http://www. stats.gov. cn/tjsj/pcsj/rkpc/6rp/indexch. htm，最后访问日期：2022 年 4 月 11 日。

我们这边彩礼特别贵，所以我要去打工筹钱娶媳妇。我那边（岳父家）要 25 万彩礼，我们家拿不起，所以把我姐换过去，这样就不用拿彩礼钱了。我娶的是我姐老公的妹妹。我们这边给不起彩礼就会直接两边商量像这样把姐姐或者妹妹换过去。我知道的就有三例。虽然我感觉很对不起我姐姐，但是我也没有办法，因为家里给不起那么多彩礼钱。

类似的因为女童婚嫁、早恋而辍学的案例在 X 村还有几例。村民对此类现象也习以为常。尽管当地大力开展教育扶贫各项政策活动，但 X 村女童辍学早婚、早恋的现象仍然存在。学校的老师和村干部也经常对这些女童进行劝返，尤其是在开学前夕、寒暑假期间加大督查力度进行电话或家访劝返，但这些劝返活动常因辍学女童已经在夫家进行生活劳作或与早恋对象一起外出打工而收效甚微。

（二）女童辍学转为家庭劳动力的现象时有发生

除了为兄弟被迫早嫁外，女童辍学转为家庭劳动力的现象也时有发生，主要表现为女童读完小学后或初中阶段便辍学在家务农、外出打工，以获取家庭经济资本。春丽（化名）是 X 村的一名 16 岁女生，已在深圳打工两年半左右。据春丽自述，其父因吸毒入狱，出狱后外出打工，五年来从未回过家。2017 年母亲因艾滋病去世。全家共有兄弟姐妹四人（三女一男）。春丽作为长姐，在理性选择下辍学打工，从而肩负起养家糊口的重任。村里与春丽一般大的女孩子去广州、福建等地打工的不在少数。她们当中有如春丽一般为养家追求经济效益的女孩，也有因无心学习而跟风逃离学校加入打工潮的女孩。相较于打工，辍学在家做家务的女孩较少，因为家长认为"打工来钱快，在家里养猪、种土豆没钱"。部分家长认为女童读完小学后已经掌握了基本的文化知识，加上女童本人继续念书的意志并不坚定，所以 X 村女童辍学后转为家庭劳动力的现象比较普遍。X 村的"女童读书无用论"思想以及未成年人"打工潮"已经严重影响了女童正常接受义务教育。

（三）父母家庭教育缺位，失依女童辍学现象偶有发生

失依女童因父母角色缺位而缺乏教育投入与家庭教育。这就使其义务教育在极度贫困状态下难以得到保障。因自然地理条件和思想观念等各方面原因，凉山彝族失依儿童①不在少数。受区位和普遍贫困因素影响，凉山州毒品走私犯罪和艾滋病高发的问题依然十分严重。彝族崇尚多子多福，加上计生、避孕知识普及度不够，儿童数量较多。X村交通及经济相对落后，是名副其实的凉山"高山村""悬崖村"。在20世纪90年代之前，知识教育普及度较低，村民大多知识水平较低，日常行为实践缺乏理性指导，多为性情使然，因此父母犯罪、抛家弃子的不在少数。小勇（化名）今年15岁，目前就读于寄宿制初中，其三个妹妹都处于小学阶段。小勇和妹妹们便是失依儿童，目前均暂居于舅舅家。

> 爸妈关系不好，妈妈跑出去就没回来，爸爸出去打工，但是好几年没回来了。我们就住在舅舅家。舅舅经常会打我们。我已经大了，在读初中，一周回来一次，不怎么被打，但是我每次回来都能看到我妹妹身上有被打过的痕迹。她们有时好久不去上学，因为被打过看得出来。不干活就要被打，所以她们也不敢去上学了。我很想不住在舅舅家，但是我们除了舅舅家也没地方去了，没有家。

这类处境不利的失依儿童大多被寄养在亲戚家，但X村是经济欠发达的山区农村典型代表，寄养家庭大多也是被迫接受寄养。寄养家庭无法给予被寄养的孩子足够的家庭关怀及家庭教育，反而更多的是埋怨。其中不乏以口头辱骂甚至家暴形式来发泄埋怨的寄养家庭。X村与此类似的女童因失依而辍学或隐形辍学的案例还有几例。部分女童辍学已久，年龄超过16岁，不属于"三保障"教育扶贫监管范围。目前，X村义务教育阶段失依女童虽然大多还在国家兜底保障范围内，但由于各种原因仍处于隐性辍学状态。

---

① "失依儿童"指的是法定年龄未满18周岁且父母双亡、父母双方因自身不可抗拒因素无法履行或是主观上不愿意继续履行监护人责任的儿童。

二 惯习获得与资本占有：彝族女童辍学问题的深层原因

布迪厄认为，场域是经过一段时间发展出来的稳定权力关系、规则、传统和习俗所构成的一个社会空间（Bourdieu and Wacquant，1992：133 - 134）。换句话说，场域是一种在各种位置关系之间存在的客观关系的一个网络或构架。"资本"和"惯习"是场域理论中的重要概念，亦是构成场域的关键因素和实施场域研究时的主要分析对象。惯习（habitus）是个体对场域规则感知和内化的结果（Bourdieu，1977：72 - 95；Bourdieu，1990：96 - 99）。它反映个体对场域内一系列规则的内化，强调特定社会空间对个体产生的影响以及这种影响的后果。资本（capital）是积累起来的劳动，可以作为社会资源在排他的基础上被行动者或群体占有。依据获取途径，资本可分为经济资本（economic capital）、社会资本（social capital）、文化资本（cultural capital）。布迪厄的场域理论体系要回答的中心问题便是：为什么人会产生特定的行为？基于该内涵的场域理论和分析路径，我们能够更好地理解为什么特定行为在行动者所处的情境中就是合理的（King，2000：417 - 433）。因此，布迪厄的场域理论在本文中被用于解释彝族女童辍学问题的发生机制。

（一）婚嫁与生育传统惯习导致彝族教育场域中女童的"先赋"弱势

正如布迪厄的场域理论所说的，场域中所形成的一系列正式和非正式的规则会逐渐被行动者感知并内化为惯习。那么，在彝族文化演变的过程中，一些关于彩礼、嫁娶、男女社会分工的规则逐渐被彝民内化形成彝族的传统惯习。不少彝族女童过早被家庭和婚姻支配。长此以往，婚嫁与生育这两个传统惯习对彝族教育场域的影响便得到强化，从而影响了女童在教育场域中的资本占有，导致彝族男女童教育不公平现象的发生。婚嫁惯习（如"换亲""天价彩礼"）以及生育惯习（如"重男轻女""多子多福"等）导致彝族教育场域中女童的"先赋"弱势。部分女童自出生之日起就被决定了作为"工具"而"被支配"的命运，从而以一种先赋性的弱势地位处于彝族教育场域中。这导致部分女童辍学行为和辍学风险的产生。

1. "婚嫁工具化": 教育场域中彝族女童的工具型被迫撤离

凉山彝族家庭的彩礼对其较低的家庭收入而言可谓"天价"。正因为这"天价"彩礼，多数女童才早早婚嫁，工具型地被迫撤离教育场域。彝族关于"彩礼"与"换亲"等扭曲的惯习指导着 X 村数百年来的婚嫁实践。X 村的彝民认为，彩礼越高，女孩越"值钱"。很多村民甚至拒绝让女孩接受更多的教育。原因在于"万一读书多了，嫁出去就收不到彩礼钱了"。在实践中，X 村家长养女儿是一种经济理性行为。这主要表现在三个方面：（1）X 村彝族父母可收取嫁女儿的"天价"彩礼；（2）女儿"换亲"可给儿子省彩礼金；（3）女儿外出打工可补贴家里。彩礼直接体现的是一种实质性经济资本。这强化了彝族扭曲的婚嫁惯习，以致于尽管在大力宣传移风易俗的背景下，X 村仍然有因早婚或"换亲"而被迫辍学的女童。女童逐渐成为家庭获得经济资本的一种"工具"，并通过"彩礼"的形式直接体现。

2. "性别支配身体化": 彝族女童教育权利的支配型自我放弃

彝族关于女性传统社会分工的教导使女童认为选择辍学进而为家庭付出是其责任，从而使其自觉地成为被支配者。X 村彝族有着传承数百年的生育观念——"重男轻女"与"多子多福"。尽管随着时代的发展以及教育的普及，彝族"男尊女卑"的两性不平等社会秩序已经逐渐得到改善，但在家庭内部，彝族女童自出生开始便承担着比男童更大的责任，如照顾弟妹、照料牲畜等。这种传统的社会分工要求女童在接受教育的同时兼顾家庭，且将更多的精力放在兼顾家庭上。这也解释了在农忙时节会有更多女童发生隐性辍学行为的原因。布迪厄认为，"行动者的屈服并不是经过深思熟虑或自觉地向支配者做出退让，这种屈服源于他们的惯习与他们身在其中、进行实践的场域之间无意识的契合关系，它深深地寄居于社会化了的身体内部，事实上，它体现了'社会支配关系的身体化'"。不少彝族女童因为"社会支配关系的身体化"而被家庭和婚姻支配。彝族传统生育惯习指导下的女性"性别支配身体化"，使女童相比于男童更易因家庭经济困难而产生自主放弃教育权利的想法并将其付诸实践，从而导致彝族男女童教育不公平现象的产生。

（二）资本缺乏导致彝族教育场域中女童的"他致"弱势

传统的惯习获得使彝族女童在教育场域中处于先赋性弱势地位。这种"先赋"弱势又导致彝族女童在教育场域中注定与男童在资本占有上存在区别，以致于彝族女童在教育场域中又有了由他人后天导致的弱势。布迪厄将场域内的资本分为经济资本、文化资本和社会资本。本文认为，教育场域中的经济资本是彝族家庭对儿童的教育投入，包括学业资料费以及生活费等；文化资本是彝族教育场域中儿童所获得的知识与掌握语言的能力（普通话）；社会资本在处于义务教育阶段的儿童身上表现得并不明显，所以本文不做讨论。

1. 经济资本：教育投入低影响女童公平地接受义务教育

X村彝族家庭因"重男轻女"这一传统观念而对男女童的教育投入明显不平等。这种不平等影响了彝族女童正常接受义务教育，甚至直接导致彝族女童辍学。彝族男女童教育投入的不平等渗透在生活的方方面面，如"弟弟在学校刷牙，我（姐姐）不用刷牙""弟弟上学的生活费是一周10块，我是一学期50块"，甚至是"为了弟弟能读书，我就不读了，出去打工补贴家里"。诸如此类的现象体现的是X村彝族家庭对男女童教育投入和彝族男女童在教育场域中经济资本占有上的差异。国家针对少数民族义务教育实行"三免一补"①的政策，因此经济因素本不应该成为儿童辍学的原因。但事实是，G县有不少女童因为家庭经济原因而辍学。其所认为的经济原因只是X村彝族家长考虑到男女童受教育的机会成本后，选择让女童辍学实现家庭经济资本的"开源节流"。"读书无用论"思想已经在部分X村家长的头脑中根深蒂固，所以才会出现"万一读书多了，嫁出去就收不到彩礼钱了"之类的言论。由于彝族女童在教育场域中所获的经济资本较少，还要被迫为家庭创造经济资本，X村彝族女童在教育场域中取得教育成就的可能性就比较小。因学业成绩不佳，部分女童自身原生动力不足。再加上同辈群体的引导，女童自身也认为，"成绩这么差，继续读也没用，还浪费家里钱，不如一起出去打工"。

---

① 三免一补：免学杂费、免教科书费、免作业本费，补助贫困寄宿生生活费。

2. 文化资本：学前教育缺失的累积效应导致女童辍学

文化资本指的是在场域中能够发挥作用的知识和文凭。本文将其运用到彝族教育场域，并将其扩展为儿童在义务教育阶段中能够发挥作用的知识和语言运用能力。学前教育是义务教育的基础，儿童在这一阶段所积累的知识和语言能帮助其在义务教育阶段获得良好的学业表现。但 G 县彝族女童接受学前教育的机会很少，因此学前教育缺失的累积效应容易导致彝族女童辍学现象的发生。2021 年末，G 县有 10 所幼儿园，其中公办 3 所，民办 5 所，公建民营 2 所；幼教点 281 个，共接收幼儿 17333 人①。根据统计公报的数据，G 县 2020 年接收幼儿 19361 人，入园率为 85.35%②。这一数字达到了"2020 年全国学前三年毛入园率达到 85%"的要求，但与"十四五"规划提出的"学前教育毛入园率达到 90%"的目标差距较大。笔者对 X 村教学点男女比例进行了统计，发现女童数量（9 人）仅为男童的约 1/2。X 村女童一般都没有接受学前教育，直接进入一年级进行学习。这些学前教育缺失的女童直到小学二年级才具备普通话交流能力以及阅读人教版教科书的能力。加上学校"双语教学"政策落实的不到位，部分女童由于语言不通、知识衔接不够、课程内容难以理解而在义务教育阶段学业成绩不佳，进而产生厌学的想法，最终导致其辍学。

三 实践改进：解决彝族女童辍学问题的对策

根据布迪厄的场域理论，我们可以改变彝族教育场域中一些关于男女不平等观念以及传统的婚嫁、生育惯习，从而改变彝族场域中个体的实践，减少彝族女童辍学行为的发生，以实现彝族教育场域中男女童的教育公平。

---

① 《2021 年 G 县国民经济和社会发展统计公报》，G 县统计局，http://www.meigu.gov.cn/zfxxgk/fdzdgknr/tjsj/ttgb/202203/t20220328_2186964.html，最后访问日期：2022 年 4 月 11 日。
② 《2020 年 G 县国民经济和社会发展统计公报》，G 县统计局，http://www.meigu.gov.cn/zfxxgk/fdzdgknr/tjsj/ttgb/202104/t20210407_1872859.html，最后访问日期：2022 年 4 月 11 日。

（一）普及适龄儿童学前教育，促进少数民族义务教育学校改革

优化乡镇幼教点的资源布局。幼教点的设置应尽量与全村人群聚居点相协调，同时开设早晚村通公交以解决儿童上学路途遥远的问题。同时，该建议对义务教育阶段同样适用。通过社区宣传、财政落实、村委严抓共管等途径提高 G 县彝族学前教育入学率，普及适龄儿童尤其是女童的学前教育。通过严抓彝族地区义务教育学校改革，从制度保障、经费拨付、教师培训和引进等多方面入手改进彝族双语教学模式，加强彝族地区双语教育师资队伍建设，以助推少数民族教育扶贫。尽管彝族地区确有双语教学要求，但其目前在落实方面还存在较大问题。大多数学校的双语教学只是为了应付检查。因此，学校应将双语教学落到实处，建立反馈与投诉机制，以达到定期自检与约束的目的。例如，X 村此类基本以彝语为日常交流语言的地区，应在一、二年级运用彝语教授语文、数学等专业课。同时，彝族地区，尤其是像 X 村这样的偏远山村，师资力量十分薄弱，基本处于老教师文化程度不够、新教师只想将之作为"跳板"这种青黄不接的状态。因此，国家和县级政府需加大对彝族民族教育的投入力度，吸引优秀人才，同时要建立如名校支教等社会帮扶机制，共同加强彝族民族教育的师资队伍建设。

（二）加强教育制度保障，促进少数民族女童教育机会平等

各级政府可通过制定各类政策等手段，加强少数民族义务教育制度的制度化保障，以促进少数民族教育扶贫的有效开展。首先是建立和完善各种资助机制，加大对失依儿童的社会资助力度。由于凉山州长期以来积弱积贫，部分失依儿童的受教育权无法得到保障，对此，地方政府应设立失依儿童专项补贴，进一步扩大受资助对象的范围，为凉山彝族失依女童提供直接援助。其次是加大督查力度，广泛开展调研。各级政府及主管部门需加大对女童控辍保学的督查力度。基层人员需定期开展入户摸排工作，巩固控辍保学成效，保障困难家庭女童的受教育权。针对不同辍学原因的家庭，基层人员要做到有针对性地进行帮扶和劝导，及时回访以巩固帮扶成效。最后是有效建立与完善问责制度，严抓政策落实。在控辍保学政策执行过程中，各级责任主体要各司其职，一旦出现学生辍学率超标、入学

率不达标或者瞒报、谎报辍学等情况，要切实执行问责制度，严肃追究相关责任人的责任。同时，在相对贫困治理新阶段，各级政府更要严抓落实，通过有效问责强化制度执行，即通过有效督查和问责做到彝族女童义务教育辍学的"早排查，早预防"，而不是"发现一个，解决一个"。

（三）积极发挥妇联组织的扶贫作用，增强彝族妇女与女童的权能

今天的女童便是明天的母亲。彝族女童所接受的家庭教育基本来自母亲，因此提高彝族妇女的文化素质迫在眉睫。各地区要积极发挥地方妇联组织的扶贫作用，加强对彝族妇女培训的经济投入，大力开展彝族文化扫盲工作，维护妇女家庭权益等，以增强彝族妇女与女童的权能。妇联组织可以通过带薪文化知识普及讲座、专题培训等多种形式，大力宣传"男女平等""少生优生"观念以及其他妇女文化，同时加强妇女对自身权利的认知，引导妇女积极应对家庭暴力。妇联组织协同社区或村委会开展普及教育活动时，需要循序渐进且灵活有度，如可先通过厨师技能、养殖技能培训等实质性技能培训建立一种广泛的、积极的妇女公共参与，之后再举行一系列关于妇女权利的讲座，或者直接将"男女平等"观念以及妇女权益的宣传渗透到技能培训中。妇联组织要对彝族妇女进行"扶智"与"扶志"，有效提升彝族妇女在家庭自治中的话语权，通过社区教育提升彝族妇女的文化素质，为给彝族女童提供良好的家庭教育打好基础。我们要让"男女平等""少生优生"等观念在家庭教育中进行代际传递，让女童明确自身权利与义务，并通过家庭教育的传递性，使两性平等观念与生育观念在彝族场域中扎根，以此实现对女童包括义务教育受教育权在内的各项权利的保护。

（四）持续推进农村移风易俗，夯实教育扶贫文化根基

在后脱贫时代，各级政府要在抓物质文明的基础上狠抓精神文明建设，通过持续推进农村移风易俗，提高乡村社会文明程度，从而夯实教育扶贫文化根基。因此，凉山州各级政府和主管部门首先应该建立并完善推进整治凉山"天价彩礼"等风俗的政策规定，并严格执行；其次，在政策执行过程中应明确责任主体，同时建立相应的问责制度，严肃追究相关责任人的责任；再次，还需广泛建立"天价彩礼"等的投诉通道并普及投诉方

法，为陷入早婚或"换亲"泥潭的女孩建立完备的保护机制，让投诉机制成为彝族女童义务教育的保护盾；最后，加大违规惩罚力度。违规成本低是农村移风易俗成效不佳的重要原因，因此提高违规成本，即加大对彝族"天价彩礼"等行为的处罚力度，能有效扼制彝族的传统婚嫁陋习。对于农村移风易俗的政策文件，各基层政府和组织除严格落实外，还应该结合地方实际做到"因地施策"，针对性地推进农村移风易俗。"治贫先治愚，扶贫先扶智"，只有对彝族原有的文化陋习进行彻底整治，通过政策法规推动民族文化革新，才能夯实教育扶贫的根基，有效阻断贫困的代际传递。

参考文献

阿各莫，2010，《民族地区农村女童辍学原因分析及对策研究——以甘孜州九龙县彝族女童为个案》，硕士学位论文，四川师范大学。

毕天云，2004，《基诺族和布朗族在教育场域中性别平等观的实证研究》，《思想战线》第 4 期，第 69~73 页。

李乐玉，2009，《凉山地区彝族女童的辍学问题研究——以新塘村"彝族包"为个案》，硕士学位论文，西南大学。

李树翠，2014，《滇东南彝族聚居区女童教育问题及对策研究——以东山彝族乡女童教育为例》，《云南社会主义学院学报》第 2 期，第 154~155 页。

潘正云、吴明先，1999，《凉山彝族女童教育存在的问题及对策建议》，《西南民族学院学报》（哲学社会科学版）第 5 期，第 56~61 页。

杨成胜、王倩倩，2008，《布迪厄实践理论视野下少数民族学生辍学原因探析——以湘西凤凰苗族学生为例》，《民族论坛》第 5 期，第 17~19 页。

朱文华，2020，《义务教育阶段彝族女童辍学问题研究——以凉山彝族自治州 M 县女童 H 为个案》，硕士学位论文，西北师范大学。

Bourdieu，Pierre. 1977. The Outline of a Theory of Practice. New York：University of Cambridge Press.

Bourdieu，Pierre. 1990. The Logic of Practice. Stanford：University of Stanford Press.

Bourdieu，P. & Wacquant，L. J. D. 1992. *An Invitation to Reflexive Sociology*. Chicago：University of Chicago Press.

King，A. 2000. "Thinking with Bourdieu against Bourdieu：A 'Practical' Critique of the Habitus." *Sociological Theory* 3：417 – 433.

仪式化互动：义务教育控辍劝返的实践模式[*]

李桂荣　宋小香[**]

摘　要： 劝返是控辍保学的有效途径，具有深刻的历史意义。通过参与式观察和深度访谈，本文发现，控辍劝返行动主要有劝返准备、劝返实施和劝返追踪三类。每类行动都有丰富的内容，并且劝返行动具有互动仪式链特征。劝返成功的关键是劝返者亲临现场，营造出没有局外人的劝返情境，与当事人围绕孩子返校问题调动并传递情感能量，最终达成共同理解并促成复学行为。基于劝返的经验启示，为进一步巩固拓展控辍保学成果，本文建议持续重视政策工具的充分运用、重视劝返人员的使命担当、重视劝返互动的仪式规范。

关键词： 义务教育；控辍劝返；互动仪式链

2020 年，我国全面建成小康社会，实现了第一个百年奋斗目标，历史性地解决了绝对贫困问题。在脱贫攻坚的宏伟事业中，教育脱贫最显著的成就是实现了贫困家庭学生辍学的动态清零。[①] 而在解决贫困家庭学生

---

* 基金项目：河南大学哲学社会科学创新团队资助项目。

** 李桂荣，河南大学教育行动国际研究中心主任、教育学部教授、博士生导师，研究方向为教育经济、教育政策与管理研究，E-mail：guirong1965@163.com；宋小香，河南大学教育学部博士研究生，研究方向为教育政策与管理研究，E-mail：songxiaoxiang@hafu.edu.cn。

① 《教育部等四部门关于实现巩固拓展教育脱贫攻坚成果同乡村振兴有效衔接的意见》，中华人民共和国教育部，http://www.moe.gov.cn/srcsite/A03/s7050/202105/t20210514_531434.html，最后访问日期：2021 年 12 月 16 日。

失学辍学问题时，劝返是最具攻坚性质的一类基层行动。本着"不让一个孩子掉队"（习近平，2017）的目标，劝返为提升义务教育巩固水平提供了攻坚性保障。在向第二个百年目标进军的新起点上，面向教育现代化和教育高质量发展的新要求，我们仍需持续性、常态化地开展控辍保学工作，也亟须深入总结控辍劝返经验，形成对控辍劝返的理论认识，以期对进一步巩固拓展控辍保学成果并助力乡村振兴提供启示和借鉴。

一 义务教育控辍劝返的历史意义

（一）控辍劝返是保障义务教育、实现脱贫攻坚的有效行动

党的十八大以来，以习近平同志为核心的党中央带领全国人民开展了人类历史上规模最大、世界范围内惠及人口最多的脱贫攻坚战。以劝返为关键环节的控辍保学工作，作为脱贫攻坚的一项重要政治任务取得了辉煌成就。从 2019 年 5 月到 2020 年 12 月，我国义务教育阶段辍学学生由 60 多万人下降至 682 人，其中 20 多万建档立卡辍学学生实现了动态清零，历史性地解决了长期存在的辍学问题。[1]

（二）控辍劝返是压实联控联保、推动政策落地的有力引擎

控辍问题始终是我国基础教育政策的内容之一。近些年，"将义务教育控辍保学工作纳入地方各级政府考核体系，作为对地方政府及其主要领导考核的重要指标"[2]，几乎是有关控辍保学政策文件的标配内容。对此，各地纷纷建立政府和教育部门的双线多级目标责任制，联控联保层层压实，各级党委、政府和一线工作者协同配合，学校领导、教师、村委会干部、脱贫干部等深入劝返第一线，切实保障了控辍保学政策的落地实施。

---

① 陈宝生：《乘势而上 狠抓落实 加快建设高质量教育体系——在 2021 年全国教育工作会议上的讲话》，http://www.moe.gov.cn/jyb_xwfb/moe_176/202102/t20210203_512420.html，最后访问日期：2021 年 6 月 1 日。

② 《国务院办公厅关于进一步加强控辍保学 提高义务教育巩固水平的通知》，中华人民共和国教育部，http://www.moe.gov.cn/jyb_xxgk/moe_1777/moe_1778/201709/t20170905_313257.html，最后访问日期：2017 年 7 月 28 日。

（三）控辍劝返是坚持学生为本、有效应对辍学的典型样板

辍学是世界各国和社会普遍面临的现实问题。欧盟委员会等（European Commission et al.，2019）发布评估报告称，尽管欧盟的早退①率从2011年的13.4%下降到2018年的10.6%，但这种进展自2016年以来基本上停滞不前，农村地区的人比城市地区的人境况更糟。与之相比，我国脱贫攻坚期间的控辍保学工作成功创造了一个具有史诗般意义的教育奇迹，为国际社会有效应对辍学问题提供了样板。劝返是控辍保学的重要环节，劝返的行动过程、影响劝返成败的关键因素及劝返行动的理论模型都极具案例价值。

二 义务教育控辍劝返的行动内容

为了深入了解劝返过程各要素的互动过程，本文遵循目的抽样和便利抽样原则，先后在河南省两个地区的四个乡镇，针对初中学段的控辍问题进行调研。笔者通过参与式观察和深度访谈了解到，义务教育阶段的控辍劝返行动主要有劝返准备、劝返实施、劝返追踪三类。

（一）劝返准备

劝返准备是劝返工作的基础环节，准备内容主要包括以下四个方面。

1. 人员准备

学校出现辍学学生后，首先要做的即是确定责任主体，组建劝返团队。考虑到劝返主体的经验和价值取向会影响劝返的方式方法和路径选择，劝返主体给辍学学生留下的既往印象会影响学生的态度和情绪，一般学校会根据人员的来源构成、主观认识和客观能力组建一个结构化、梯度化的劝返团队（见表1）。具体实施时，劝返人员的级别往往随着劝返难度的增加和劝返次数的增多而不断提高，比如学校中层领导参与首次劝返，副校长参与第二次劝返，校长参与第三次劝返，乡（镇）分管领导参

---

① 辍学是一个世界性难题，但辍学的称谓和定义至今尚未统一。从称谓上，采用"辍学"的最多，但欧盟认为，"辍学"术语具有负面含义，所以用"早退者"表示辍学。

与第四次劝返。

表1　劝返准备阶段人员分工及任务

责任主体	工作任务	方式方法	备注说明
包学生的科任教师	掌握学生的日常生活和学习状态	课堂观察、日常谈心	分包原则为师生关系兼任务制
班主任	确定学生不在校的性质；了解学生特点、在校表现、辍学原因和家庭情况等	调查、平时观察、家庭情况登记、家校联系	班主任包班，掌握班级学生情况
校领导	和家长联系确定劝返时间；制订劝返方案；就学生情况联系村委会并上报中心校	电话沟通、统筹安排	还包括排查教育部门下发的疑似辍学学生及其劝返工作
村委会或包村干部	关注辖区内子女就读情况；配合劝返工作	关注、督促、配合	一般是学校主动求助、村委会予以协助

2. 信息准备

如果发现学生不在校，相关负责人首先是向班干部、与该生要好的同学或科任教师等了解情况，如"今天早上，我发现她没来学校，我立马问了几个和她相熟的同学"（教师ZLP①）、"疫情期间，有个孩子不上课，也不交作业，我们只能给家长一遍一遍打电话，直接被拉黑名单，（后来）我们又拜托他同学去了解情况"（校领导WJY）。通过对多方信息的研判，如果初步确定学生不在校属于辍学性质，则继续了解可能的辍学原因，随后将该学生信息汇报给分包年级的校领导，由校领导统一进行劝返部署。

3. 方案准备

基于对学生及其家庭的了解，结合所在地的控辍保学要求，劝返者需做出劝返方案，包括参与人员、交通方式、劝返方式及注意事项等，如"我们都会多喊着几个老师一同去，让学生感觉自己很受重视"（校领导LJX）、"我到学生家里就是像聊天一样，但有一点，绝对不向家长告学生的状"（教师JWJ）、"听说家长不太好说话，我们会带着礼物去"（校领导CJS）。辍学学生一般不会回避劝返者的到来，但有时会出现极端情形，如"我当时想，你们还来干什么，我是真不想上学了"（学生HCY）、"他（学生）听说你们要来俺家，就提前偷偷溜了"（家长CXH）。当遇到特殊

---

① 本文所有访谈对象的姓名均进行了匿名化处理。

情况时，劝返者会对劝返方案进行动态调整，如寻求村委会干部或乡镇政府的协助、更换劝返人员、做出一定的返校承诺等。

4. 情感准备

学校一旦出现辍学学生，被指派的劝返人员往往会内生出一种劝返使命感，发自内心地希望把辍学学生劝回来。从与家长的第一通电话开始，情感投入就开始了，打电话者多是面带微笑且使用易于拉近关系的言语，如"听班主任说，咱孩子这几天没来上学，是怎么回事呀？……您看啥时候方便？学校老师去找你们，咱们当面好好说说"（校领导 LY）。劝返者完全知道劝返的难度，做足了知难而上的情绪情感储备，如"劝返非常难做，有些学生就是坚决不上了，我们还是要劝，尽最大努力让他回来"（校领导 XZW）、"这个学生成绩这么好，到现在初三不上就太可惜了"（校领导 JQX）。

（二）劝返实施

劝返实施是控辍劝返最核心的过程，具体包括如下环节。

1. 进场

进场主要有亲身进场和电话进场两种形式。亲身进场指的是劝返者亲自到被劝返者所在地进行劝返，一般是"学生家里"或"家长打工或干活的地方"，也存在个别特殊情况，比如"孩子被父母带出去打工了，有学校领导开车到上海把学生带回来"（校领导 DP）。电话进场指的是劝返者通过电话进行劝返，如"我一般都是打电话，每天早上 5：20 进班，晚上 10：20 离校，根本没时间再去学生家"（教师 ZHY）。根据访谈和笔者观察发现，亲身进场往往比电话进场更为有效，如有劝返者说："我们通常是几个人去，让学生家长觉得自己的孩子很受重视，还能观察到学生家的经济状况和父母的为人处世、教养方式和教育态度，劝返也更有针对性。"电话进场只有语音交流，对话双方很难敞开心扉，劝返效果也会打折扣，所以亲身进场对保障控辍劝返成效至关重要。

进场的劝返者通常以教师、校领导和（或）监护人为主，有时还包括村委会干部、扶贫干部、心理老师和辍学学生家庭的亲朋好友等。被劝返者通常是学生，有时也包括不配合劝返工作的家长，如"老师，你们别再劝了，孩子不想上就不上了"（家长 WCF）、"上不上是他自己的事情，我也没法"（家长 LYH）。

2. 破冰

当劝返双方见面时，基于事先了解的情况，劝返者最常用的破冰方式是拉家常、找联结，如与学生家长是同村镇、同年龄、同经历，或者有些远亲关系之类，以此传递对被劝返者的尊重，拉近关系，奠定平等可信的沟通基础。

在见面礼节之后，围绕"我不想上学了"，劝返者首先表示出对孩子的关心，如"孩子有啥困难？有啥想法都可以说"（校领导 WJY）、"放宽心和我们说说，看能不能帮到你？"（教师 ZAL）、"有啥问题，政府都会想办法帮咱们解决"（校领导 WGQ）。在劝返者关注的表情和亲切的话语感染下，一般会形成和谐的沟通氛围，被劝返者也会回以微笑、感谢，如"老师大老远跑到咱家里，图啥呢？不都是为了你（孩子）好"（家长 WCF）、"您多操心，还专门来家里劝他，（同时转脸对孩子）我们那时候不听话，老师就是训"（家长 CUX）。反之，如果劝返者以权威姿态对被劝返者进行质疑批评，就很容易唤起对方的负性情绪，不利于劝返互动。

3. 查因

在劝返互动中，劝返者的首要任务是查明学生的辍学原因。劝返者多采用基于经验的推断式提问，即先证实是不是学校原因，再追问是不是个人或家庭因素，如"你怎么不来上学了？是真的学不进去、学校太紧张……是哪个老师说我了，或者哪个同学针对我了……或者我一背书就紧张，或者一考倒数就觉得没有面子、同学看不起之类？……或者早上起床太早？"再如，"老师让咱必须背一篇课文，咱背不成？……最近要打比赛（游戏），比较忙？……一个星期不去学校了，更不好露面？……刚才我当着你爸妈没好意思说，咱是因为情感问题吗？……是对爸妈有啥意见吗？"（校领导 LM）

面对劝返者的提问，学生多是回避对方的眼神、保持低头状，从沉默不语到选择性作答，继而基本都会简要作答，但不会直抒辍学症结。劝返者根据学生的反应持续追问，若感觉气氛不对劲，则马上转移沟通对象或话题；若发现学生父母或教师在场可能不利于问清辍学原因，则会主动提出和辍学学生单独沟通，如"我和××（学生名字）单独聊一会儿"。此时，辍学学生大都会向劝返者倾诉辍学的关键原因。若辍学学生在劝返中始终闭口不言，则劝返者便会寻求心理教师的帮助。心理教师多借助心理咨询或房树人、自画像和沙盘模拟等活动来辅助探索影响学生辍学的因素。根据田野经历，学生辍学的主要原因是学习困难或厌学（见表2），潜在诱因则可能来源于家庭、学校、社会、个人等方面。

表2　学生辍学的主要原因、潜在诱因及表现

	辍学原因	主要表现
主要原因	学习困难	基础差、跟不上、学不会、没信心
	厌学	对学习没兴趣、学习没有快乐感、看不到毕业后的出路
潜在诱因	家庭方面	家庭结构问题、父母过于追求眼前利益、经济困难或突遭变故
	学校方面	唯分数论、老师"找事"、师生关系差
	社会方面	同伴辍学、社会风气
	个人方面	沉迷网络、心理障碍、不适应

4. 规劝

辍学一般具有积累性、坚定性和深层性特征（赵明仁、陆春萍，2020），因此，劝导学生返校是劝返过程中最为缓慢、艰难和反复的环节。如表3所示，辍学类型不同，劝返的着力点和主要方式也有所不同。

表3　不同类型辍学学生的劝返着力点和主要方式

辍学类型	劝返的着力点	劝返的主要方式
学习困难	提高学习能力和水平	个别辅导、心理支持
厌学	增强学习信心、兴趣和动力	挖掘其学习兴趣、强调社会对人才的需求、联系中职学校
父母或者监护人无正当理由	了解父母不同意的缘由	普及相关政策和法律、说明社会对人才的需求、讨论养老防老的传统观念、批评教育甚至"威胁恐吓"
学生一时冲动	弄清突然辍学的理由	批评教育、正向引导
家庭经济困难或突遭变故	对接村委会进行帮扶	情感安抚、经济支持

劝返者的规劝一般不是说教式的摆事实、讲道理，而更多是对学生辍学境遇的共情和复学期望的婉转表达。例如，"你明天能去吗？咱俩去学校再聊聊，行不行？咱先去学校半天。""今天晚上有我的课。我想见到你

上课，怎么办？""我喜欢你们班比喜欢我们班还多，少一个学生在我心里都接受不了，能不能让我看到你？哪怕你上了我的课再回家呢，行不行？""我希望这三节课能见到你，好不好？""××，能不能答应？（语气接近哀求）我就想着三节课见到我的××，好不好？……现在看到那个位置空荡荡的，真是不美。原本是完整的班级，能不能答应老师就去三节课，难度不大吧？……咱就听这三节课就行了，至于以后咱再说，行不行？"（校领导 SLX）

在这个案例中，劝返者多次使用"好不好""行不行""能不能"，以期让学生的态度有所松动。笔者在现场真切感受到劝返者言语的温柔、关切和希望学生返校的强烈期盼。在规劝过程中，劝返者还经常借助拆屋效应，即先提一个大要求（如能不能坚持到初中毕业、能不能回学校），再过渡到小要求（如一周在学校几天、白天在校、在某节课回学校、在学校可以边学边玩等）。对此，有校领导解释说："哎，我们也是头疼得很，只能先把学生哄到学校，再慢慢解决问题，如果学生不回来，其他的都是不可能。"（校领导 WGQ）

（三）劝返追踪

实施劝返以后，需要进行及时追踪。劝返追踪主要有两类行动：一是对劝返不成功者的再次或多次劝返，二是对劝返成功者的保学行动。

辍学者既往的教育境遇导致其角色符号多为自我否定、不被接纳和消极偏见，所以很少有控辍劝返是一次就能成功的，除非学生本身就没有下定辍学的决心。被劝返者态度过于坚决、劝返准备不到位或互动不理想等都有可能导致劝返失败。在劝返失败的案例中，突出的原因是家校双方不能责任共担。例如，有的劝返者认为"每个问题小孩都有个问题家庭或问题经历"，辍学在某种程度上是"家里埋下的种子，学校只是行为发生的诱因"。这种观点下意识地会影响劝返者的劝返心态，如"（家长）表面上对你恭敬，其实心里想着，你不就是个教书的"（教师 CF）、"好学生就诚心诚意去劝，不好的学生就做个明面活儿，不明确表明态度"（教师 XTT）。同样，如果家长认为孩子辍学是学校的问题，那也会影响其劝返互动中的表达，如"你（孩子）这次不上后又回学校，老师对你肯定不一样"（家长 CYX）、"你（老师）叫我去学校我就去学校，你数落我我不吭声，你还让我怎么配合？"（家长 ZRX）。

保学行动是劝返追踪的重要内容。劝得回是基础，能否留得住、学得好是学生返校后的最大难题。只有做好保学工作，才能防止学生陷入"辍学—劝返—再辍学"的恶性循环。从田野调研的资料来看，除了家庭困难学生的在校费用由学校承担外，班主任是保学的主要责任人，在生活、思想、学习方面给予返校学生更多的关注、理解和照顾。例如，对于沉迷网络的学生，班主任在班会上让学生分享其在游戏中最开心、最有成就的事情，使其在重复游戏愉悦体验的同时回归班级；对于学习困难的学生，班主任通过组织学习小组、请科任教师加强个别化辅导，来帮助学生跟上学习进度；对于厌学的学生，班主任会不同程度地放宽学习要求，让"这些孩子在这儿待着就行，健康快乐生活，学习上能背首诗、写个字就行"。但是，面对极个别学生返校后"为所欲为"甚至"严重违反学校纪律"的情况，如何让学生有质量地留在学校仍是目前保学工作面临的困境。

三　义务教育控辍劝返的互动模式

由上述对控辍劝返行动的描述可知，脱贫攻坚中的控辍劝返是一个艰难、复杂的系统工程，劝返活动已经超出了作为教育行为的家校沟通范畴，从宏观层面看是一个典型的教育政策执行过程，从微观层面看是相关利益主体的互动与理解过程。通过深入分析成功劝返案例可以发现，这些劝返活动具有典型的互动仪式链特征。

根据美国社会学家兰德尔·柯林斯提出的互动仪式链理论，仪式是一种相互专注的情感和关注机制，它形成了一种瞬间共有的实在，因而会成为群体团结和群体成员身份的符号（柯林斯，2012）。互动仪式包括四个组成要素：（1）两个或两个以上的人聚集在同一场所，且都能通过其身体在场而相互影响；（2）对局外人设定了界限，参与者知道谁在参加、谁被排除在外；（3）人们将其注意力集中在共同的对象或活动上，并通过相互传达该关注焦点，使彼此知道了关注的焦点；（4）人们分享共同的情绪或情感体验（柯林斯，2012）。其中，相互关注焦点和共享的情感状态是通过有节奏的连带反馈来相互强化的。也就是说，当参与者共情到彼此的关注焦点和情感体验时，就会形成协调的会话交替和同步的身体反应，进而形成主导他们意识和行为的共同情感。当上述各组成要素有效整合并达至集体兴奋时，互动仪式会出现以下结果：群体团结，一种成员身份的感觉；个体的情感能量，采取行动时自信、兴高采烈、有力量、满腔热忱与主动进取的感觉；代表群体的符号，使成员感到自己和集体有关；道德感，维护群体中的正义感，尊重群体符号，以及对违背群体团结及其符号标志的愤怒感（柯林斯，2012）。

为了更好地解析控辍劝返活动过程，并追寻劝返成功的经验启示，本文参照柯林斯提出的互动仪式链理论，勾勒出成功劝返的互动模型（见图1）。

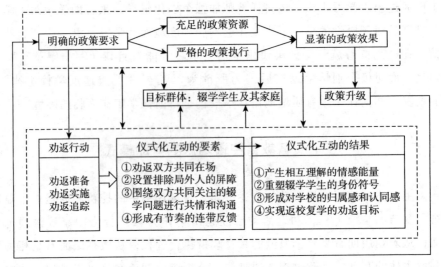

图1 义务教育阶段控辍劝返互动模型

如图1所示，作为一个政策执行过程，控辍劝返具有明确的政策目标，即"不让一个孩子掉队"（习近平，2017），通过辍学学生的动态清零提升义务教育巩固水平，完成教育脱贫攻坚的政治任务，并通过扶贫、扶智、扶志等推动脱贫攻坚战的全面胜利，实现第一个百年奋斗目标。同时，各级政府的高度重视和联控联保为劝返工作提供了充足的政策资源。从人力资源来看，劝返人员不仅有来自教育部门的学校领导和教师，也有代表政府的村委会和脱贫干部，体现了劝返队伍的权威性。从体制资源来看，通过多级目标责任制，层层压实联控联保，不仅严格保证了政策执行过程，也取得了显著的政策效果。

同时，作为由政策驱动的互动过程，劝返具备了仪式化互动的典型特征。

第一，劝返双方共同在场。身体共在是互动仪式的起点。通过方案设计和前期准备，无论是如约而至，还是直接拜访，当劝返者与被劝返者相见时，双方都会自然地围绕控辍劝返形成特定的互动际遇。并且在劝返行动中，由多种身份构成的劝返团队共在一种情境中，会让学生感受到不同于以往的被关注程度，易于产生新的情感体验和符号认知。

第二，劝返环境有排除局外人的屏障。界限与屏障是互动仪式的场景特征，控辍劝返的现场环境符合互动仪式的界限感。控辍劝返多发生在被劝返者所在的区域，参与者围绕劝返问题开始互动和对话，使环境中建起了一道封闭的空间屏障，与劝返问题无关的人员自然被排除在外，成为局外人，而劝返双方则不容置疑地成为局内人。这种身份界限，客观上营造了相对封闭的互动环境，拉近了劝返双方的心理距离，从而确保劝返仪式的连贯性和情境的稳定性。

第三，劝返双方有共同关注的焦点。共同关注是互动仪式的逻辑主线。在控辍劝返中，劝返各方最关心的是学生和学生的上学问题。以此为核心，劝返参与者相互传达各自的关注焦点，从而知觉到彼此的关注焦点，进而形成共同关注。从互动仪式链的角度看，辍学行为可以理解为学生在既往与学校有关的互动中持续接收不被肯定和悦纳的信息，产生了较多的消极情感能量，继而对学校疏离、对学生身份进行自我剥夺。所以，劝返者需要在互动中强化与被劝返者的情感联结，循序渐进地厘清学生辍学的原因及学生深层次的需要，并逐步提出可能的个性化解决策略，促使被劝返者重新思考辍学决定，进而实现对学生身份的重新确认。在此过程中，"辍学与复学"既是双方共同关注的焦点，也是劝返互动的仪式主线。劝返双方在这个焦点问题上相互理解并达成共识，是劝返成功的关键。

第四，劝返参与者有共享的情感体验。共享情感是互动仪式的必备要素。在劝返互动中，劝返双方可以通过对方的话语、语调和动作领悟其背后的意蕴，因而，当彼此能感同身受地相互理解时，更容易通过情感共鸣深入彼此的内心世界，进一步激发对方积极主动地融入互动仪式，形成相互连带的情绪体验。受既往心境的影响，被劝返者参与互动的情绪和积极性一般不高。对此，劝返者既真诚表达希望学生返校的期待，也反复阐明党和政府的教育政策，同时想方设法创设有节奏的情感连带，如与被劝返者保持平等融洽的关系、身体动作与言语节奏保持一致、谈话没有中断且交替和谐等，以此激发被劝返者的自我呈现，进而唤醒其积极的情感体验。

第五，劝返结果有符合预期的产出。互动仪式不是简单的形式化表现，而是具有明确结果预期的互动过程。在控辍劝返中，当劝返仪式的各构成要素有机呈现时，会产生积极的情感能量。情感能量既是互动仪式的动力，也是互动仪式的结果（柯林斯，2012）。劝返双方在互动中通过共同关注和彼此理解，生成积极的情感能量，逐步消解辍学学生积压的消极感受与负面评价，从"差生""坏学生""不受待见的人"到"好孩子""懂事""善良"，重塑身份符号，促使学生生成和增进新的认知，从拒绝上学到不再排斥上学，形成重新对学校的归属感和认同感，如"以前感觉学习没啥用，现在感觉学习很有用，长大了没文化，人家（工作单位）不收"（学生 LFZ）。在这些积极情感能量的支持下，学生最终有勇气面对复学，并做出"还是去学校吧"的积极回应，实现返校复学的劝返目标。

四　义务教育控辍劝返的经验启示

从劝返的田野发现和理论分析来看，控辍劝返既是从劝返者带动被劝返者参与互动仪式，进而到双方产生情感共鸣和彼此认同的过程，也是政策支持和执行者不懈努力的结果，这为持续常态化开展义务教育控辍保学工作提供了有益启示。

（一）重视政策工具的充分运用

辍学是极为复杂的教育顽疾。在脱贫攻坚工作中，建档立卡辍学学生的动态清零和控辍劝返的卓越成效离不开强制性政策工具的有效使用。在全面实现脱贫攻坚目标任务的驱动下，党中央不仅明确了控辍保学的战略地位，而且将其作为一项重大政治任务融入脱贫攻坚战中。各级政府切实履行责任，从组织领导、工作机制、类型控辍等方面，积极做好控辍劝返的制度设计，建立联控联保机制，广泛发动相关职能部门和社会力量共同构筑控辍保学的全方位屏障，同时坚持以学生为中心，针对不同辍学类型学生，开展个性化的精准劝返活动。控辍劝返行动在柔性帮扶、行政约束、司法震慑等综合支持下，充分彰显了义务教育的"义务"强制性，为控辍保学提供了强有力的体制机制保障。

（二）重视劝返人员的使命担当

劝返人员既是控辍劝返工作的实际执行者，也是国家控辍保学政策的传递者、表达者、践行者。劝返人员对政策任务理解的深度、高度，直接影响着劝返行为的力度、效度。在脱贫攻坚工作中，劝返者的情感能量是一种高品质的价值资本。这种资本付出收获的更多是超越了劝返者个人利益的国家利益和社会利益。劝返者能够以坚强的决心和坚实的步伐深入辍学学生的生活，得益于他们对打赢脱贫攻坚战的理解和认识，以及据此对劝返行为构建的基于正当性的使命感。在劝返互动中，这种使命感不仅使劝返者克服了劝返工作中的困难，也激发了学生复学的动力，以及家长督促和保证孩子上学的责任感。劝返人员将国家使命转化为工作信念的心理行为逻辑，是巩固拓展控辍保学成果的不竭动力。

（三）重视劝返互动的仪式规范

劝返行动是劝返者带着使命感与被劝返者共同促成的互动过程。这一过程具有仪式性，劝返成功的关键不是通过苦口婆心的说教来提高认知，而是营造出能够传递和生成情感能量的情境。为此，劝返者不仅要提前做好设计和准备，而且要有准仪式化的进场方式。即便在互动过程中，劝返者也需要注意仪式规范。一方面，劝返者要通过主动适应、引导被劝返者的节奏，守住"辍学与复学"这个共同关注的焦点；另一方面，劝返者要通过真诚表达、建设性移情、积极心理暗示等，小心碰触既往的消极情感创伤，唤起情感共鸣，缓解负向情绪，促成积极的"复学"情感能量。在劝返过程中，劝返双方的情感能量具有不均衡性。劝返者因肩负社会责任，往往具有较多的积极情感能量，是劝返互动的主导方。劝返人员的真诚付出和仪式化的劝返行动保证了辍学学生的动态清零。

参考文献

柯林斯，兰德尔，2012，《互动仪式链》，林聚任、王鹏、宋丽君译，商务印书馆。

习近平,2017,《二〇一七年新年贺词》,《人民日报》1月1日,第1版。

赵明仁、陆春萍,2020,《从外控逻辑到内生逻辑:贫困地区义务教育控辍保学长效机制探究》,《教育研究》第10期,第73~81页。

European Commission, Directorate-General for Education, Youth, Sport and Culture, Donlevy, V., Day, L., Andriescu, M., et al. 2019. Assessment of the implementation of the 2011 Council Recommendation on Policies to Reduce Early School Leaving: Final Report, Publications Office. https://data. europa. eu/doi/10. 2766/88044.

乡村振兴与教育扶贫

中国中等后教育在扶贫中
发挥作用了吗？

——基于教育类型差异与区域异质性分析*

潘海生　翁　幸**

摘　要："扶贫先扶智"，扶贫的关键在于"造血式"的"扶智"。本文基于柯布－道格拉斯生产函数模型对 2000～2019 年中国 22 个有扶贫任务的省份的中等后教育扶贫成效进行了实证分析，并对教育与其他扶贫措施的扶贫效果、教育扶贫的类型差异和区域差异进行了分析。结果表明，教育扶贫成效高于其他扶贫措施；不同类型教育的扶贫成效有明显的差异，其中职业教育的扶贫成效综合优于普通高等教育，高等职业教育的扶贫成效最好；教育扶贫成效在区域之间具有明显的差异性。因此，要不断完善教育投入机制，加强贫困区域职业教育发展、增强区域教育适配性以及提高扶贫政策合力，以教育发展实现扶贫成效的巩固与提升。

关键词：教育扶贫；普通高等教育；高等职业教育；中等职业教育

"扶贫先扶志、扶贫必扶智"① 是习近平总书记新时期对坚决打好、

---

* 本文是教育部社科司关于 2020 年度教育部哲学社会科学研究重大课题"职业教育专业建设与产业发展的谱系图研究"（项目批准号：20JZD060）成果之一。

** 潘海生，天津大学教育学院教授、博士生导师，杭州市钱江特聘专家，研究方向为职业教育管理、政策与评估等，E-mail：panhs@tju.edu.cn；翁幸，天津大学教育学院硕士研究生，研究方向为职业教育经济与管理、政策与评估等，E-mail：tjuwx924@163.com。

① 《习近平谈摆脱贫困：扶贫必扶智，治贫先治愚》，中青在线，http://theory.cyol.com/content/2018-10/09/content_17662875.htm，最后访问日期：2022 年 7 月 30 日。

打赢脱贫攻坚战的重要战略部署。相对于经济扶贫、项目扶贫和政策扶贫而言，教育扶贫立足于提高贫困人口的人力资本水平，以此提升贫困人口的脱贫能力，因而更具基础性、稳定性和持久性（孙涛，2020），这对于文化程度低和劳动技能低下是阻碍贫困家庭脱贫致富、造成贫困代际传递主要因素的我国来说，具有重要的启示意义（彭振宇等，2020），但不同类型教育在扶贫中的作用并不一致。为此，教育部等六部门印发的《教育脱贫攻坚"十三五"规划》提出，要准确把握不同地区、不同群体教育需求，分类制定教育脱贫举措，找准教育脱贫实施路径，推动教育脱贫政策精准实施、脱贫资金精准投放。[①] 因此，准确把握教育对扶贫工作的成效，特别是明确教育类型差异和区域差异对教育扶贫成效的影响，对厘清各教育类型对扶贫的助力、打好"后扶贫时代"脱贫攻坚战、发展中等后教育均具有重要意义。

一 文献综述

教育扶贫理论源于国内外学者运用人力资本理论、人的发展理论、基本需求理论以及人的能力理论对贫困问题的研究（林迪珊等，2016）。教育是减少贫困的主要工具之一，通过传授知识与技能的方式作用于人，而这些人身上所体现的知识与技能就是所谓的人力资本（Rosen，1982）。尽管不同社会、职业、文化等因素均可能对教育成效产生影响，但都无法撼动教育对增加收入的重要意义（Psacharopoulos，2003），以及其在促进经济发展和消除贫困方面发挥的积极作用。

伴随着我国脱贫攻坚任务的稳步开展，教育扶贫逐渐成为理论研究的热点。关于教育对扶贫的作用，现有研究认为教育在减少贫困和收入不平等方面起到很大的作用，应当引起社会重视（Fang et al.，2002）。教育在精准扶贫中具有基础性、先导性和持续性作用（王嘉毅等，2016）。收入贫困与教育贫困是相辅相成的关系，具体表现为教育水平的提高能够减少

[①] 《教育部等六部门关于印发〈教育脱贫攻坚"十三五"规划〉的通知》，中华人民共和国教育部，http://www.moe.gov.cn/srcsite/A03/moe_1892/moe_630/201612/t20161229_293351.html，最后访问日期：2022 年 7 月 30 日。

贫困，贫困的减少引起对教育需求的增加，最终又会提升人们的教育水平（Hou，2010）。现有研究指出，教育与收入贫困之间呈显著负相关关系，受过教育的家庭贫困发生率比未受教育的家庭低，缺少教育机会以及受教育程度低是贫困的长期影响因素（Tilak，2007）。而对于贫困人口来说，其主要通过教育来提高获取资源、驾驭资本的意识和能力（吴晓蓉、范小梅，2018）。教育人力资本既可以作为"要素积累"直接作用于产出，也可以通过"效率提升"间接促进经济增长，还通过与物质资本的互补效应对经济增长产生影响（杜育红、赵冉，2018）。

不同教育类型的扶贫作用及其影响机制也得到了学者们的广泛关注。就普通高等教育而言，通过显著提高贫困人口的人力资本水平从而实现扶贫脱贫，相较于其他扶贫方式具有突出的比较优势（孙涛，2020）。而职业教育作为更加重视民生的"平民教育"，能够较为精确地聚焦贫困群体（李鹏等，2017）。国外学者也普遍认为"职业教育对亚非拉等地区的贫困治理有着重要的意义"（Villa，2018）。部分学者将普通教育和职业教育进行比较分析，探究不同类型的教育对收入的影响。有学者借助单因素方差分析法对比中等职业学校和普通高中毕业生数据，得出中等职业教育毕业就业者比普通高中毕业就业者的非货币收益要高，并认为中等职业教育能够提升受教育者的非货币收益（李兰兰，2011）。有学者对农村入户调查数据进行实证分析，发现普通教育的收益率要显著低于职业教育的收益率和技能培训的收益率（黄斌、钟晓琳，2012）。还有学者通过对农户中等职业教育和普通高中教育的收入回报率进行估计，发现中等职业教育的受教育者的教育回报率要高于普通高中（栾江等，2014）。

在教育扶贫的区域异质性方面，现有研究指出教育扶贫模式和效果在时间和地区上均呈现显著差异，在时间维度上与社会发展水平衔接，在空间维度上因地制宜，结合具体情况细分。有研究在探索西部贫困地区农村"双证式"教育扶贫模式的过程中，创建了"四连"结构"双证式"教育扶贫模式并取得教育与经济社会合一的发展（朱德全，2004）。有研究面向边疆民族地区，指出建构定向模式培养本土人才、传承创新民族民间文化、开展"互联网＋职业教育"行动、完善职业教育资助政策体系，是民族地区职业教育实施精准扶贫的有效路径（许锋华，2016）。还有研究通过对不同区域进行抽样调查进而对家庭成员受教育程度作用于家庭经济发展进行分析，得出家庭成员受教育程度越高、家庭经济状况越好的结论（王金营、魏慧静，2015）。

整体来说，当前研究对教育扶贫的作用、作用机制等进行了较为系统的研究。但从研究对象来看，大部分研究选择以教育为整体或是以某种教育类型为研究对象，对不同类型教育扶贫作用与效果的对比研究仍非常有限，缺乏区分不同层次教育扶贫成效的对比研究，更缺乏从区域异质性的角度对不同层次教育扶贫成效进行分析。从研究方法来看，当前研究主要以定性研究为主，根据现有学理基础，运用逻辑推理、哲学思辨和归纳总结等方式对教育扶贫现状进行分析，量化研究较为有限，量化方法也较为简单。因此，本文拟利用定量方法对我国普通高等教育、高等职业教育、中等职业教育三种不同教育类型的扶贫成效进行实证分析，并对不同地区所体现的成效加以比较。

二 研究设计与方法

（一）研究模型构建

1. 测度模型的选择

柯布－道格拉斯（Cobb-Douglas）生产函数模型被广泛地应用于研究弹性系数和变量的变化关系多个领域，对本文有适用性，而将教育作为生产函数中的独立变量进行回归估计是测度教育人力资本作用的最直接方法。为减少由数据的波动对结果带来的影响，并更直观地从数量上表明教育扶贫成效，本文对柯布－道格拉斯生产函数模型进行改进，拟使用处理后的双对数线性模型探求不同类型教育投入对扶贫的影响。

（1）教育类型差异的扶贫作用的测度模型

柯布－道格拉斯生产函数模型作为探讨投入和产出关系的经典模型，能够反映不同生产要素组合在各种条件下的效用，最初的基本生产函数只包含劳动力和资本两种生产要素。农村户籍在贫困人口中占绝大多数，扶贫地区在学校招生过程中会对农村经济困难家庭进行倾斜，因此选择将农民收入作为因变量。农业劳动力投入对农业生产总值的贡献最为明显（兰夏晨皓、王佳楠，2020），因此可将农业产量视为生产函数中的劳动力投入。王圣云等（2020）、曾冰（2020）、卢新海等（2020）的研究，结合农村社会实际，选择将农村农户固定资产投资作为生产函数中的资本要素。

随着技术进步和研究领域的不断拓展，为满足不同研究的需要，函数自变量也有所改进。参考彭妮娅（2019）的研究，本文将脱贫攻坚"五个一批"工程提到的脱贫措施，即教育投入、发展生产、易地搬迁、生态补偿、社会保障，共同列入22个扶贫省份农民收入的影响因素。其中，发展生产和易地搬迁对应基本生产函数中的劳动力和资本要素，其余变量为对生产函数的补充。在探讨教育投入对农民收入的作用时，本文对不同类型教育的扶贫成效进行进一步研究与比较，分为普通高等教育、高等职业教育和中等职业教育。修改后的生产函数模型为：

$$Rin_{i,t} = AEdu_{i,t}{}^{a}Pro_{i,t}{}^{b}Ass_{i,t}{}^{c}Eco_{i,t}{}^{d}Ins_{i,t}{}^{e}e_{i,t}{}^{m} \tag{1}$$

其中，变量含义如下：Rin 为农民收入，Edu 为教育投入，Pro 为发展生产，Ass 为易地搬迁，Eco 为生态补偿，Ins 为社会保障，i 为有扶贫任务的不同省份，t 为年份，A 为影响农民收入的其他因素，a、b、c、d、e 分别为 5 个自变量的弹性系数，e^{m} 是随机干扰项。它在一定程度上弥补了生产函数模型设置和变量选取上的偏差。等式两边取对数得到：

$$LnRin_{i,t} = LnA + aLnEdu_{i,t} + bLnPro_{i,t} + cLnAss_{i,t} + dLnEco_{i,t} + eLnIns_{i,t} + m \tag{2}$$

（2）区域异质性对扶贫作用的测度模型

为观察 22 个省域教育投入对农民收入的影响，了解区域间教育扶贫的效果差异，在对中等后教育扶贫面板数据进行整体回归后，本文通过计算不同地区中等后教育投入的年均增长率以及区域内各类教育投入所提升的农民收入比率，进一步探究扶贫成效的地区差异，公式如下：

$$m = \sqrt[n]{\frac{Edu_t}{Edu_1}} - 1 \tag{3}$$

$$k = am \tag{4}$$

其中，m 为教育投入年均增长率，n 为年数，k 为农民收入比率，a 为回归所得的教育投入弹性系数，Edu_t 为教育经费支出最后一年的数据，Edu_1 为第一年的经费支出。

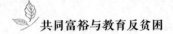

2. 指标的选择

基于指标选取的系统科学性以及数据可得性的基本原则，本文在充分考虑各变量内涵的情况下，对各变量的指标进行如下选择。

农村居民人均纯收入——代表农民收入（Rin）的指标。对于农民收入有总收入和纯收入两种理解，区别在于是否包括各项经营费用和税费负担。一般说来，农民收入指的是农民纯收入（王春正，1995），即农村居民家庭总收入中扣除相应金额后可直接用于进行投资、消费和积蓄的收入。该指标由"当年农民纯收入"除以"农村人口"所得，可以较为准确地反映该地区在当年的实际收入水平。

人均教育支出——代表教育投入（Edu）的指标。参考袁振国（2005），郭庆旺、贾俊雪（2009）的研究，教育是不考虑盈利的公共产品，人均教育支出指标更能表示教育投入的特性。

农村主要粮食产量——代表农业生产（Pro）的指标。粮食产量最能直观反映农业生产经营情况。以人均粮食产量指标代表区域地理环境和农业生产条件（刘人境、李晋玲，2007）。

农村农户固定资产投资——代表易地搬迁（Ass）的指标。农村建设用地的整理，会产生大量农用地的产权调整（朱玉碧，2012）。易地搬迁通过改善安置区的生产生活条件使贫困人口搬迁，因此，固定资产投资额能够反映农民搬迁流动状况。

生态治理完成投资——代表生态投资（Eco）的指标。参考何忠良、李群（2019）对生态治理评价指标体系的研究，作为建设资金运动的第三阶段，投资完成金额能够反映具体项目资金投入的实际情况。

农村社会养老保险支出——代表社会保障（Ins）的指标。社会养老保险是公众最关注的基础保障，能够反映社会保障水平。一般来说，对老年人的社会保障程度越高，社会养老保险的支出越多（荆涛等，2011），具体如表1所示。

表1　变量和指标说明

变量类别	具体指标	符号	单位
农民收入	农村居民人均纯收入	Rin	元

变量类别	具体指标	符号	单位
教育投入	普通高等院校人均教育支出	*Hed*	千元
	高等职业院校人均教育支出	*Ved*	千元
	中等职业院校人均教育支出	*Med*	千元
农业生产	农村主要粮食产量	*Pro*	万吨
易地搬迁	农村农户固定资产投资	*Ass*	亿元
生态投资	生态治理完成投资	*Eco*	万元
社会保障	农村社会养老保险支出	*Ins*	万元

3. 数据来源

本文的样本为中国有扶贫任务的 22 个省份 2000~2019 年的面板数据，数据主要来自《新中国六十年统计资料汇编》、《中国统计年鉴》、《中国教育经费统计年鉴》、《中国农村统计年鉴》、各省份统计年鉴以及国家统计局网站、政府公开数据年报。为了消除通货膨胀的影响，本文对相关指标进行 CPI 平减以控制各变量的时间差异。

（二）数据检验

1. 描述性统计

实证研究前，本文首先对变量的基本特征进行描述性统计以观察不同指标的平均数值及波动状况，对变量采取取自然对数的方法可有效防止回归过程中可能出现的异方差问题，以保证回归结果的准确性。22 个省份各变量的描述性统计结果见表 2。

表 2　变量的描述性统计结果

统计量	观测值	平均值	中位数	最大值	最小值	标准差	偏度	峰度
Ln*Rin*	440	8.472	8.450	9.700	6.940	0.700	0.008	2.277
Ln*Hed*	439	9.200	9.560	10.660	8.430	0.100	0.117	3.004
Ln*Ved*	285	9.488	9.530	10.510	8.140	0.026	-0.015	-0.578
Ln*Med*	439	5.109	8.610	11.050	8.264	0.221	-0.189	-1.949
Ln*Pro*	440	7.132	7.300	8.940	4.410	1.141	-1.012	0.228

续表

统计量	观测值	平均值	中位数	最大值	最小值	标准差	偏度	峰度
Ln*Ass*	399	4.979	4.990	6.800	2.040	0.993	−0.455	−0.153
Ln*Eco*	412	11.139	11.420	13.700	4.860	1.389	−1.479	2.993
Ln*Ins*	330	10.233	10.455	15.340	10.233	2.216	−0.107	−1.133

由表 2 可知，经过处理后的数据已经消除波动较大的特点，观察被解释变量农村居民人均纯收入（Ln*Rin*）和三个解释变量（Ln*Hed*、Ln*Ved*、Ln*Med*）的偏度、峰度、标准差等数值可判断均基本服从正态分布。其他四个控制变量相对稳定，无异常结果。

2. 面板模型检验

不同指标数据的可获得年份存在差异，导致研究数据属于非平衡面板数据，因此为避免出现伪回归，需要对非平衡面板数据进行检验，结果显示通过平稳性检验。普通高等教育面板模型有混合模型（POOL）、固定效应模型（FE）和随机效应模型（RE）。由于本文涉及普通高等教育、高等职业教育、中等职业教育三个来源不同的面板数据，研究需要对不同类型教育的面板数据选择最优模型，结果见表 3。

表 3　面板数据模型检验

教育类型	检验类型	检验值	检验结论	模型选择
普通高等教育	F 检验	$F(20,289) = 37.958, p = 0.000$	FE 模型	FE 模型
	BP 检验	$c^2(1) = 697.380, p = 0.000$	RE 模型	
	Hausman 检验	$c^2(5) = 36.601, p = 0.000$	FE 模型	
高等职业教育	F 检验	$F(20,164) = 26.551, p = 0.000$	FE 模型	RE 模型
	BP 检验	$c^2(1) = 210.030, p = 0.000$	RE 模型	
	Hausman 检验	$c^2(5) = 10.374, p = 0.065$	RE 模型	
中等职业教育	F 检验	$F(20,121) = 22.341, p = 0.000$	FE、	RE 模型
	BP 检验	$c^2(1) = 167.692, p = 0.000$	RE 模型	
	Hausman 检验	$c^2(5) = 10.523, p = 0.062$	RE 模型	

结果显示，普通高等教育面板数据 F 检验、BP 检验、Hausman 检验均呈现 5% 水平的显著性，表明 FE 模型优于 RE 模型，RE 模型优于 POOL

模型。因此，普通高等教育面板数据采用固定效应模型（FE）。

高等职业教育和中等职业教育的面板数据 F 检验和 BP 检验均呈现 5% 水平的显著性，表明 FE 模型和 RE 模型均优于 POOL 模型。同时，Hausman 检验并未呈现显著性，表明 RE 模型更优于 FE 模型。因此，高等职业教育和中等职业教育面板数据采用随机效应模型（RE）。

三 实证结果

（一）整体回归分析

将 2000 ~ 2019 年 22 个扶贫省份的普通高等教育、高等职业教育和中等职业教育的面板数据带入相应的模型，运用 Eviews 6.0 软件进行测算，结果如表 4 所示。

表 4 面板数据回归结果

	Hed	Pro	Ass	Eco	Ins	C
普通高等教育	0.326879*** （0.0000）	0.226576** （0.0167）	0.302009** （0.0109）	0.155243** （0.0444）	0.095882** （0.0376）	-1.233454** （0.0534）
	$R^2 = 0.9978, Prob(F) = 0.0000, DW = 2.1240$					
	Ved	Pro	Ass	Eco	Ins	C
高等职业教育	0.620923*** （0.0000）	-0.017395* （0.0534）	0.170812** （0.0430）	0.130678 （0.4984）	0.168678** （0.0262）	0.286354*** （0.0004）
	$R^2 = 0.9698, Prob(F) = 0.0000, DW = 1.9200$					
	Med	Pro	Ass	Eco	Ins	C
中等职业教育	0.607634*** （0.0001）	-0.024012* （0.0958）	0.193897** （0.0387）	0.142375* （0.0159）	0.128895* （0.0380）	-3.934842* （0.0674）
	$R^2 = 0.9873, Prob(F) = 0.0000, DW = 2.0967$					

注：括号内为 t 统计值的显著性检验 p 值，*、**、*** 分别表示通过 10% 、5% 、1% 的显著性水平。

结果显示，普通高等教育、高等职业教育和中等职业教育投入均通过了 1% 的显著性水平（$p < 0.01$），且回归系数值均大于 0，说明三类投入均会对农民收入产生显著的正向影响。其他四项自变量中，只有农业生产

和社会保障两项通过了三个面板数据的显著性水平检验，但在不同面板中所体现的显著性水平也不相同。尽管三种教育类型的回归系数显著性检验水平不一致，但总体拟合程度较高，回归结果可靠，将面板数据的弹性系数分别代入生产模型得到自变量系数和依次为 1.10、1.18 和 1.04，均高于 1，这说明我国脱贫攻坚"五个一批"中所提到的教育投入、发展生产、易地搬迁、生态补偿、社会保障综合措施对增加贫困地区农民收入有正向影响。

（二）区域异质性分析

为了更直观地观测不同省域普通高等教育、高等职业教育与中等职业教育的扶贫成效，在得到各级各类教育类型扶贫面板回归结果的基础上，本文首先根据教育投入变量的原始数据分别计算出 2000~2019 年 22 个省份各级各类教育投入的年均增长率，由此明晰各地区教育投入结构和现状，结果如表 5 所示。

表 5　2000~2019 年 22 个省份各级各类教育投入年均增长率

单位：%

地区	Hed 年均增长率	Ved 年均增长率	Med 年均增长率
西藏	4.04	13.48	22.37
新疆	5.77	10.27	7.33
青海	8.38	12.74	15.45
四川	0.54	8.90	18.85
甘肃	4.40	13.57	13.37
云南	3.44	6.55	9.00
陕西	5.28	8.06	13.11
广西	5.63	10.44	10.55
湖南	3.00	8.71	9.88
贵州	9.32	10.98	10.36
安徽	5.01	9.69	14.70
湖北	4.97	8.40	17.07
山西	4.50	8.28	13.58
黑龙江	3.33	7.95	12.00

地区	Hed 年均增长率	Ved 年均增长率	Med 年均增长率
河南	2.51	10.88	10.97
河北	3.99	9.15	14.61
吉林	3.55	9.26	15.82
宁夏	7.18	17.80	12.97
重庆	4.85	10.92	10.66
海南	3.99	14.85	3.62
江西	4.98	8.68	12.05
内蒙古	6.13	13.50	13.14
平均	4.76	10.59	12.76

为进一步观察 22 个省份由普通高等教育、高等职业教育、中等职业教育投入带来的农民收入的增长，本文将所得到的教育投入的年均增长率和面板数据回归结果中的弹性系数相乘，得到三类教育投入所提升的农民收入比例，结果如表 6 所示。

表 6　2000~2019 年 22 个省份各级各类教育投入所提升的农民收入比例

单位：%

地区	Hed 年均增长率	Ved 年均增长率	Med 年均增长率
西藏	1.32	8.37	13.58
新疆	1.89	6.38	4.45
青海	2.74	7.91	9.38
四川	0.18	5.53	11.44
甘肃	1.44	8.43	8.12
云南	1.12	4.07	5.46
陕西	1.73	5.01	7.96
广西	1.84	6.48	6.40
湖南	0.98	5.41	6.00
贵州	3.05	6.82	6.29
安徽	1.64	6.02	8.92
湖北	1.63	5.22	10.36

地区	Hed 年均增长率	Ved 年均增长率	Med 年均增长率
山西	1.47	5.14	8.24
黑龙江	1.09	4.94	7.28
河南	0.82	6.76	6.66
河北	1.30	5.68	8.87
吉林	1.16	5.75	9.60
宁夏	2.35	11.05	7.87
重庆	1.59	6.78	6.47
海南	1.30	9.22	2.20
江西	1.63	5.39	7.31
内蒙古	2.00	8.38	7.98
平均	1.56	6.58	7.76

（三）研究结论

1. 教育投入的扶贫作用大于脱贫攻坚"五个一批"工程提到的其他措施

通过表4可知，三种教育类型就脱贫攻坚"五个一批"工程措施的面板回归结果中选取的解释变量，即教育投入，均呈现1%水平的显著性。而其余四项控制变量中，发展生产仅在第一个面板回归中结果显著；易地搬迁是唯一一个在三类教育中除教育投入外均显示1%显著性水平的正向影响的变量；生态补偿和社会保障则在不同面板中体现出不同显著性水平的积极作用。

实证结果表明，教育投入的变动对农民收入变动确实存在正向影响，各级各类教育也具有不同程度的扶贫成效。然而，教育所体现的扶贫成效并非教育投入的单一作用，脱贫攻坚所提到的其他措施在这个过程中都实现了自身的实践意义。具体比较五项脱贫措施的回归系数，教育投入无论是在普通高等教育还是在职业教育的面板回归系数上都远远高于其他四个控制变量。由此可知，在各级各类教育分类施策下，教育扶贫对实现精准扶贫、脱贫攻坚均起到了基础性和决定性作用。

2. 职业教育扶贫成效优于普通高等教育

与普通高等教育相比，职业教育投入对贫困地区农民收入的促进作用更为明显。普通高等教育面板数据 FE 模型回归结果显示,普通高等教育投入对贫困地区农民收入有积极意义。普通高等教育投入（Hed）呈现 1% 水平的显著性,回归系数值为 0.327 > 0（见表4）,说明其对农民收入会产生显著的正向影响,具体表现为普通高等教育投入每增加 1%,农民收入可提升 0.327%。高等职业教育与中等职业教育数据 RE 模型回归结果显示,教育投入回归系数均在 0.6 以上,即职业教育投入每增加 1%,农民收入可实现超过 0.6% 的增长。

我国 22 个扶贫省份由普通高等教育、高等职业教育、中等职业教育投入所提升的农民收入比例分别为 1.56%、6.58%、7.76%。其中,青海、陕西、宁夏、内蒙古 4 个省份三种教育类型投入所提升的农民收入比例均高于全国水平。观察表5、表6不难发现,无论是教育投入的年均增长率还是其所对应的农民收入增长比例,职业教育的增幅明显高于普通高等教育。在此期间,地方普通高等教育投入除了四川省外均保持 3.00% ~ 10.00% 的年均增长率,农民收入由于普通高等教育投入的增加平均提升 1.56%,其中比例较高的省份分别是贵州（3.05%）、青海（2.74%）和宁夏（2.35%）。高等职业教育和中等职业教育投入年均增长率都达到 10% 以上,分别保持年均 10.59% 和 12.79% 的增速,其中西藏（高等职业教育 8.37%；中等职业教育 13.58%）、青海（高等职业教育 7.91%；中等职业教育 9.38%）、甘肃（高等职业教育 8.43%；中等职业教育 8.12%）、内蒙古（高等职业教育 8.38%；中等职业教育 7.98%）、宁夏（高等职业教育 11.05%；中等职业教育 7.87%）职业教育类投入扶贫成效远超平均水平。

3. 高等职业教育相较于中等职业教育扶贫成效更为明显

高等职业教育投入（Ved）和中等职业教育投入（Med）回归系数分别为 0.621 和 0.608（见表4）,说明高等职业教育和中等职业教育每增加 1% 的投入经费,农民收入分别能提升 0.621% 和 0.608%。

在教育投入相当时,高等职业教育投入扶贫弹性系数略高于中等职业教育。其中,高等职业教育投入增速较快的是宁夏（17.80%）、海南（14.85%）、甘肃（13.57%）,所对应提升的农民收入比例分别为 11.05%、9.22% 和 8.43%；中等职业教育投入增速较快的是西藏（22.37%）、四川（18.85%）、湖北（17.07%）,所对应提升的农民收入比例分别为 13.58%、

11.44%和10.36%。

4. 教育投入提升贫困地区农民收入受地区异质性的影响

经济发展水平相对落后的地区职业教育扶贫效果更佳，且中等职业教育扶贫成效优于高等职业教育。通过对比表5、表6可发现，尽管高等职业教育扶贫回归系数略高于中等职业教育，但并非所有地区由高等职业教育投入所带来的农民收入比例均较高，西藏、青海、四川等地扶贫成效最好的是中等职业教育，且扶贫成效明显优于全国平均水平（7.76%），分别为13.58%、9.38%、11.44%。青海、内蒙古、贵州的高等职业教育扶贫成效优于全国平均水平。

由此可判断，不同地区的优势教育类型不同，教育投入所带来的扶贫成效也不一致。对于西北、西南等传统贫困省域，中等职业教育仍然是绝大多数农民的选择，中等职业教育投入的增加能直接提升农民的受教育质量和就业质量，从而起到扶贫效果。

四 结论与启示

（一）结果讨论

本文基于柯布－道格拉斯生产函数模型对2000～2019年中国22个省份的中等后教育扶贫成效进行了实证研究，对所得到的结论加以剖析。

中等后教育对增加农民收入具有积极作用，这是由于中等后教育对提高劳动力素质、促进科技创新以及增强就业能力、拓宽就业广度有直接的影响。教育的属性及其培养目标的差异导致不同类型教育扶贫成效的差异。相对来说，普通教育扶贫更适用于解决长期贫困以及贫困代际传递问题，而职业教育扶贫则有利于解决短期贫困，其扶贫覆盖面更大。职业教育与经济社会发展有密切的联系。经济社会不同的发展水平对中等职业教育和高等职业教育有不同的需求。实证结果表明，当前我国高等职业教育的整体扶贫成效要好于中等职业教育。这说明，伴随着我国经济社会的快速发展和产业结构的调整与升级，我国对技术技能人才的需求水平也逐步高移，并对贫困地区的人才需求产生了溢出效应。

实证结果表明，教育投入的扶贫成效在不同区域间存在较大差异。这是由于在任何一个动态的社会中，各社会经济因素之间存在循环累积的因果关系（荆涛等，2011）。经济基础决定上层建筑，地区经济的发展状况则决定了区域内的教育水平，各级各类教育无论是初期的发展筹备还是后期的改革完善都需要区域经济的保驾护航，区域经济的规模直接决定了教育资金的投入规模。此外，区域经济的发展水平还反映了当地居民的收入水平，而当地居民的收入水平又影响个人的教育支出，从侧面影响各级各类教育的发展规模。同样，地区经济特色会影响地区中等后教育的发展与效益产生，不同经济状况地区发展所需要的人才不同，因而需要准确把握不同地区和群体的教育需求，推动教育扶贫政策精准实施。

就中等后教育所展现的扶贫成效，结合现有政策文本和实际，本文进一步考虑影响教育扶贫成效的因素。其一，教育扶贫帮扶对象识别不够精准。这是因为缺乏界定"贫困与否"的明确又稳定的标准，在实际扶贫过程中并未对贫困人口进行再识别，且贫困人口申报个税多使用家庭人均收入，与实际可支配收入存在差异。同时，贫困人口大多生活在较为落后的农村地区，信息相对闭塞，接收外界扶贫信息的渠道不够畅通。因此，教育扶贫难以规避帮扶对象识别不够精准的问题，直接导致其过程的粗放化。其二，制度环境与技术环境对教育扶贫产生了一定程度的规约。制度环境对教育扶贫过程提出"遵循意识形态与法律制度均认可的方式开展"的要求，因此，教育扶贫的效率的价值排序是低于其社会认可度和重要性的，而技术环境则要求教育扶贫以绩效管理的方式进行并实现公共财政、社会资源等效用的最大化。当教育扶贫属于意识形态内容为社会大众广为接受后，它在更大程度上受制度环境而非技术环境的影响，这使扶贫效率让位于进一步追求社会认受性。

（二）政策建议

展望未来，消除绝对贫困后，仍然存在相对贫困。"全面脱贫"有别于"绝对零贫困"，而是实现全面社会保障状态。在巩固已取得扶贫成果、完成脱贫攻坚阶段性任务的基础上，应继续推动乡村振兴，根据教学定位特色进一步探索教育扶贫路径和长效机制，本文针对中等后教育扶贫提出以下政策建议。

1. 深化教育投入机制改革，大力发展中等后教育

坚持教育优先发展，尽快补齐贫困地区教育发展短板，全面提升贫困人口受教育水平，在贫困地区增设高校，增加农村人口接受普通高等教育的机会。为解决当前中等后教育成本高昂、农村基础教育资源欠缺、普通高等教育期望收益值低迷等问题，应提升高校中农村大学生比例，在获得社会价值体系、乡村整体发展、相关法律保障等外部支持以外，进一步在教育投入机制上对贫困地区的教育发展进行深化改革。

深化教育投入机制改革以缩小区域教育资源差距是当务之急。政府应加大对经济发展较为落后地区的教育财政转移支付力度，缩小由经济水平的差距导致的教育水平的差距。与需求相比，我国中等后教育的供给严重不足，因此在贫困地区扩充高校是一条重要的教育投入途径。这一方面可以为当地培养并输送普通高等教育人才，另一方面促进了贫困地区人口的就业和再就业。同时，应积极推进教育参与产业发展、公共服务的深度和广度，拓展和提高教育服务区域脱贫攻坚的空间和能力。除单一的教育拨款外，还应拓宽投资渠道，如财政补贴、以奖代补、以工代赈等方式，建立由政策引导的教育扶贫长效机制，并设置完善的奖惩激励制度，促进教育投资的高效利用。

2. 关注贫困地区的职业教育，推进职业教育高质量发展

提高对职业教育的重视程度。实证结果表明，与普通高等教育相比，中等职业教育和高等职业教育对增加农民收入的效果更好，扶贫成效得到认证。因此，政府应持续加大对职业教育的投入，在教育扶贫资金分配上对职业教育有所倾斜。各级政府应当推动区域内应用技术型高校转型发展，为职业教育正名，建立起高质量、特色化、口碑佳的职业教育体系，形成适应经济社会发展需求的合理人才结构。

优化教育结构，把发展中等职业教育作为普及高中阶段教育和建设中国特色职业教育体系的重要基础，把发展高等职业教育作为优化高等教育结构和培养大国工匠、能工巧匠的重要方式（尹伯成，1987），使贫困地区劳动力更多接受中等后教育。第一，加强区域政府统筹，改善职业院校办学条件，建设符合地方技术技能人才培养需要的职业院校和职教中心；第二，完善职业教育招生机制，提高生源质量，既可以通过搭建中等职业院校和普通高中统一招生平台揽收初高中毕业生、下岗职工、农民工等接

受中等职业教育，也可以通过建立"职教高考"制度为学生提供接受高等职业教育的多种入学途径，提高高职生源质量；第三，响应中国特色高水平高等职业学校和专业建设计划，致力于建设一批引领改革、支撑发展、中国特色、世界水平的高等职业学校和骨干专业（群），推动职业教育的高质量发展。

3. 增强区域教育适配性，分类施策实现精准发力

在落实教育扶贫政策时，应事先分析贫困地区的区域经济特色和致贫原因，根据地区异质性有针对性地选择核心教育类型并制订帮扶方案。从供给侧结构性改革的视角主动关注市场需求及产业结构变动，紧跟国家战略部署，主动适应贫困地区经济社会发展对人才的需求，更新人才培养理念，调整人才培养方案，准确设定人才培养目标，以实现人才的"精准供给"。中等后教育应当立足于区域经济和产业的发展，在"分区规划、分类指导"的原则之上，建设具有区域特色的院校专业及课程体系，以增强地方人才培养与区域经济发展的适配性。

基于对贫困地区和帮扶对象的深入了解和实地调查，为适应实际需求积极开展教学改革，应探索符合贫困地区生源特点的课程体系和授课模式，建立和完善相应的教学模式。区域经济发展和产业转型升级日新月异，中等后教育的扶贫方向和措施也应以区域自身的发展动态为导向不断更新，及时调整发展战略。

4. 合力攻坚组合扶贫，实现从"托底"走向"扶优"的路径转型

从单一式扶贫转向合力式扶贫，大力推进以中等后教育为中坚力量的组合扶贫。作为解决贫困代际传递问题的重要途径，实现高质量的教育扶贫是一项长期性的艰巨任务。因此需坚持以政府主导、高校协同、产业扶持、社会响应的原则，形成多元参与、合力支持的教育扶贫格局。在政府主导下构建社会协同机制，助力高校整体提升教育质量。政府应当与高校、社会等各界联动，充分发挥其在教育扶贫中的主导作用。

基于区域间教育水平的差距以及教育投入对农民收入正向功能的绝对作用，推进经济发展落后地区的中等后教育兼顾公平和质量发展已经成为"扶贫后时代"实现乡村振兴的必然选择。应改变现阶段扶贫的"托底"原则，将其逐步转变至"平等""扶优"。这个转换过程可借助脱贫攻坚"五个一批"工程提到的脱贫措施共同实现，缩小地区差距，进而实现区

域中等后教育的一体化发展。自"托底"向"平等""扶优"的教育扶贫路径转型，同样需要各项教育主体协同发力、教育政策的统筹把控以及社会各界的监督保障。

参考文献

杜育红、赵冉，2018，《教育在经济增长中的作用：要素积累、效率提升抑或资本互补?》，《教育研究》第 5 期，第 27～35 页。

郭庆旺、贾俊雪，2009，《公共教育政策、经济增长与人力资本溢价》，《经济研究》第 10 期，第 22～35 页。

何忠良、李群，2019，《基于 AHP 的生态治理评价指标体系研究——以辽宁省为例》，《数学的实践与认识》第 22 期，第 106～113 页。

黄斌、钟晓琳，2012，《中国农村地区教育与个人收入——基于三省六县入户调查数据的实证研究》，《教育研究》第 3 期，第 18～26 页。

荆涛、王靖韬、李莎，2011，《影响我国长期护理保险需求的实证分析》，《北京工商大学学报》（社会科学版）第 6 期，第 90～96 页。

兰夏晨皓、王佳楠，2020，《海南省农业科技进步贡献率测算研究》，《农业与技术》第 24 期，第 13～16 页。

李兰兰，2011，《中等职业教育与普通高中教育非货币收益对比分析》，《教育科学》第 1 期，第 14～20 页。

李鹏、朱成晨、朱德全，2017，《职业教育精准扶贫：作用机理与实践反思》，《教育与经济》第 6 期，第 76～82 页。

林迪珊、张兴祥、陈毓虹，2016，《公共教育投资是否有助于缓解人口贫困——基于跨国面板数据的实证检验》，《财贸经济》第 8 期，第 34～49 页。

刘人境、李晋玲，2007，《陕西省城市化水平地区差异影响因素灰色关联分析》，《西北工业大学学报》（社会科学版）第 2 期，第 34～37 页。

卢新海、杨喜、陈泽秀，2020，《中国城市土地绿色利用效率测度及其时空演变特征》，《中国人口·资源与环境》第 8 期，第 83～91 页。

栾江、陈建成、李强、何忠伟，2014，《高中教育还是中等职业教育更有利于增加西部地区农村劳动力非农收入?——基于异质性的处理效应估计》，《中国农村经济》第 9 期，第 32～45 页。

彭妮娅，2019，《教育扶贫成效如何?——基于全国省级面板数据的实证研究》，《清华大学教育研究》第 4 期，第 90～97 页。

彭振宇、陶济东、王林，2020，《中国高等职业院校精准扶贫发展报告（2015—2019）（上篇）》，《中国职业技术教育》第 1 期，第 18～25 页。

孙涛，2020，《高等教育扶贫：比较优势、政策支持与扩展路径》，《南京社会科学》第 2 期，第 137～141、156 页。

王春正，1995，《我国居民收入分配问题》，《中国计划出版社》第 12 期，第 18～20 页。

王嘉毅、封清云、张金，2016，《教育与精准扶贫精准脱贫》，《教育研究》第 7 期，第 12～21 页。

王金营、魏慧静，2015，《农村贫困地区家庭成员受教育程度、外出状况与家庭经济发展——基于河北省燕山－太行山、黑龙港流域的调查》，《人口学刊》第 5 期，第 42～51 页。

王圣云、韩亚杰、任慧敏、李晶，2020，《中国省域生态福利绩效评估及其驱动效应分解》，《资源科学》第 5 期，第 840～855 页。

吴晓蓉、范小梅，2018，《教育回报的反贫困作用模型及其实现机制》，《教育研究》第 9 期，第 80～88 页。

许锋华，2016，《精准扶贫：民族地区职业教育发展的新定位》，《高等教育研究》第 11 期，第 64～69、76 页。

尹伯成，1987，《缪尔达尔和他的循环积累因果原理》，《世界经济文汇》第 5 期，第 69～71 页。

袁振国，2005，《缩小差距——中国教育政策的重大命题》，《北京师范大学学报》（社会科学版）第 3 期，第 5～15 页。

曾冰，2020，《环境约束下中国省域旅游经济效率及其影响因素的空间计量分析》，《技术经济》第 6 期，第 141～146、174 页。

朱德全，2004，《西部贫困地区农村“双证式”教育扶贫模式探索》，《教育研究》第 2 期，第 80～84 页。

朱玉碧，2012，《农村建设用地整理运作及制度创新研究——以重庆市为例》，博士学位论文，西南大学。

Fang, Cheng, Xiaobo Zhang, and Shenggen Fan. 2002. "Emergence of Urban Poverty and Inequality in China: Evidence from Household Survey." *China Economic Review* 4: 430 – 443.

Hou, X. 2010. "Wealth: Crucial but Not Sufficient-Evidence from Pakistan on Economic Growth, Child Labour and Schooling." *The Journal of Development Studies* 3: 439 – 465.

Psacharopoulos, G. 2003. "Schooling and the Quality of Human Capital." *Journal of Eco-*

nomics 1: 98 - 100.

Rosen, H. S. 1982. "Taxation and On-The-Job Training Decisions." *Review of Economics & Statistics* 3: 442 - 449.

Tilak, J. B. G. 2007. "Post-elementary Education, Poverty and Development in India." *International Journal of Educational Develpment* 4: 435 - 445.

Villa, J. M. 2018. "The Continuous Treatment Effect of an Anti-poverty Program on Children's Educational Attainment: Colombia's Familias en Accion." *Review of Development Economics* 3.

乡村振兴背景下高校巩固拓展脱贫攻坚成果的作用机制研究

王晓茜*

摘 要：近年来，高校在助力脱贫攻坚实践中积累了成功经验。本文选取四所高校作为典型案例，运用内容分析法对其脱贫攻坚实践经验进行内容挖掘与要素识别，发现高校扶贫已形成集顶层设计、扶贫方式、实施路径、社会支持、保障体系、理念原则与激励考核七大关键要素于一体的经验体系，为构建高校巩固拓展脱贫攻坚成果的作用机制奠定了坚实基础。在乡村振兴背景下，高校巩固拓展脱贫成果还面临着任务目标具有双重属性、脱贫地区发展诉求发生转变以及高等院校与脱贫地区之间缺乏协作共生等现实挑战。各高校立足高校扶贫内在经验传递与乡村振兴外部现实挑战两大支点，从动力、支撑、管理、协调和保障五个维度构建了乡村振兴背景下高校巩固拓展脱贫攻坚成果的作用机制。基于此，本文建议高校在开展巩贫实践的过程中着眼动力机制，激活相关教职员工服务巩固脱贫的内生动力；聚焦支撑机制，适时调整理念原则与方式路径；依托管理机制，加强顶层制度设计与战略规划；重视协调机制，统筹耦合多元社会力量；筑牢保障机制，全方位落实必要基础保障。

关键词：乡村振兴；高校；脱贫攻坚；内容分析法

* 王晓茜，华东师范大学教育学部博士研究生，主要从事高等教育管理研究，E-mail：52204110009@ stu. ecnu. edu. cn。

一 问题提出与文献综述

脱贫攻坚与乡村振兴是中国实现社会主义现代化必须完成的两大重要战略任务，同属于迈向共同富裕的两大关键步骤。作为两个独立的系统，脱贫攻坚与乡村振兴在战略愿景上具有同构性，在制度建设上具有互构性，在行为选择上具有互补性（严瑾、黄绍华，2020），在战略目标上具有递进性。我国当前已处于脱贫攻坚和乡村振兴两大战略的深度交融期（严瑾、黄绍华，2020），因此建立巩固拓展脱贫攻坚成果的作用机制是乡村振兴背景下更好地推进巩贫、防贫工作的必然选择。国内一些学者已经进行了关于建立、健全巩固拓展脱贫攻坚成果同乡村振兴有效衔接的机制与路径的相关研究。例如，有学者提出系统化衔接路径，认为"要坚持全面系统的理念和思维，推进巩固拓展脱贫攻坚成果同乡村振兴的有效衔接"（张琦，2021）；有学者提出机制衔接论，认为有效衔接需要"因地制宜、分类指导、精准施策，建立乡村振兴与脱贫攻坚精准衔接机制，科学、合理且有效地推进乡村振兴"（陆益龙，2021）；还有学者对扶贫攻坚中的一些具体方面提出建议，认为产业扶贫、生态扶贫、文化扶贫、教育智力扶贫、组织扶贫等要与乡村振兴中的产业振兴、生态振兴、文化振兴、人才振兴、组织振兴做好衔接"（宋洪远，2019）。

高等学校作为知识社会的中心机构，汇聚了丰富的人力资本、智力资本与技术资本，承担着人才培养、科学研究及社会服务等多方面的职能。新形势下，为更好地发挥高校在助力国家巩固脱贫工作与实施乡村振兴战略中的重要主体作用，高校亟须探索巩固拓展脱贫攻坚成果、全面推进乡村振兴战略的作用机制。已有研究从不同侧面对乡村振兴与脱贫攻坚的有效衔接进行了有益探索，但目前尚缺乏从高等院校的角度对乡村振兴背景下巩固拓展脱贫攻坚成果的长效机制进行的深入分析。基于此，本文精准问题靶向，首先选取四所教育部直属高校作为扶贫实践典型案例，采用内容分析法对案例高校扶贫实践进行内容挖掘，识别、提炼具有普遍性与规律性的高校助力脱贫攻坚实践的关键要素；根据新形势下乡村振兴发展战略的工作重心与任务目标，总结归纳乡村振兴背景下高校巩固拓展脱贫攻坚成果所面临的现实挑战；进而在综合考量内在经验要素与外部现实挑战的基础上，从动力、支撑、管理、协调和保障五个维度构建了乡村振兴背景下高校巩固拓展脱贫攻坚成果的作用机制。基于机制的解释旨在为高校巩固拓展脱贫攻坚成果提供一种实践规范与模式，也为高校进一步掌握巩固拓展脱贫攻坚成果的内在机理提供一定启示。

二 研究设计

（一）研究思路

一方面，构建乡村振兴背景下高校巩固拓展脱贫攻坚成果的作用机制首先要与高校脱贫攻坚的实践经验一脉相承；另一方面，脱贫攻坚与乡村振兴作为不同时期指引我国乡村地区发展的战略。两者之间势必存在明显的差异，乡村振兴是具有战略指引权威性的长期战略，而脱贫攻坚是必须实现的短期性政治目标（豆书龙、叶敬忠，2019）。差异的存在意味着，当下高校巩固拓展脱贫攻坚成果不能仅依赖于总结脱贫攻坚实践经验，还必然要与乡村振兴这一政策背景紧密结合。因此，构建乡村振兴背景下高校巩固拓展脱贫攻坚成果的作用机制需要立足于两点：一是积极推动高校助力脱贫攻坚的经验传递，系统总结高校助力脱贫攻坚成功实践的经验要素，为作用机制的构建提供必要基础支撑；二是正确认识当下的乡村振兴新形势，总结归纳乡村振兴背景下高校巩固拓展脱贫攻坚成果面临的现实挑战，使作用机制与外部环境紧密结合、有效衔接，突出时代特色。本文的研究思路如图1所示。

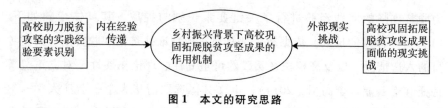

图1　本文的研究思路

（二）研究方法

本文采用内容分析法对高校助力脱贫攻坚实践的经验要素进行识别。内容分析法是从大量的定性数据中提炼出主题的过程（魏江等，2015）。

其目的是弄清或测度文献中本质性的事实或趋势（宋振峰、宋惠兰，2012）。典型的内容分析法研究步骤是：（1）建立假设，确定分析目的；（2）选择分析对象，抽样选择；（3）编码，确定分析类目和条目，以此设计类目表；（4）对抽样对象进行定量处理与分析；（5）对统计结果进行定性解读；（6）对最后得到的结果进行汇总分析（魏江等，2015）。高校在助力脱贫攻坚实践中已形成一套有效模式。本文应用内容分析法能够较好地识别、提炼这一有效模式的关键要素，为高校在后贫困时代深化扶贫工作、建立巩固拓展脱贫攻坚成果的作用机制提供内在经验传递与必要基础支撑。

三　乡村振兴背景下高校巩固拓展脱贫攻坚成果的作用机制构建

（一）内在经验传递：高校助力脱贫攻坚的实践经验要素识别

大量的高校扶贫实践案例证明，高等学校是国家精准扶贫的重要参与者，在助力国家脱贫攻坚实践中积累了丰富的成功经验。朱启臻、吴玉敏（2020）认为，"脱贫攻坚在社会动员、组织建设、体制机制、产业发展、人才培育等方面为乡村振兴积累了大量经验"。因此，高校巩固拓展脱贫攻坚成果要积极利用高校助力脱贫攻坚的经验，以更好地推进高校巩固脱贫工作。为使高校助力脱贫攻坚的各类实践经验进一步系统化、理论化，为后续作用机制的构建奠定基础要素支撑，本文运用内容分析法对高校助力脱贫攻坚的实践经验进行了关键要素识别与提取。其具体步骤如下。（1）研究样本的选取。依据教育部直属高校精准扶贫精准脱贫十大典型项目的入选情况，以及高校扶贫实践的可重复性、理论拓展性及对立重复等特征（毛基业、李高勇，2014），本文具体选取清华大学、浙江大学、复旦大学以及湖南大学四所高校的精准扶贫实践作为研究样本。（2）研究资料的获取。通过案例高校官方网站与教育部官方网站获取案例高校扶贫实践的相关资料。（3）资料编码分析与结果。为保证内容分析的准确性，本文以手工编码代替软件编码，即人工提取文本中能够反映研究目的的词汇和典型内容（刘晓璇、林成华，2019）。经"条目—维度—类目"编码分析后，本文共归纳提炼出高校扶贫实践的七大关键要素，分别是顶层设计、扶贫方式、实施路径、社会支持、保障体系、理念原则和激励考核。具体编码过程如表 1 所示。

表 1　高校扶贫实践关键要素的维度及典型条目

类目	维度	典型条目（举例）
顶层设计	组织设计	建立完善"领导小组—专责部门—前方工作组—派驻人员"四级工作体系；专门成立了教育扶贫工作领导小组，下设教育扶贫办公室；设立教育扶贫委员会
	领导队伍	学校党委总揽扶贫工作全局，切实履行组织领导职责；党委书记、校长担任组长
	机制建设	建立扶贫工作定期会商研究机制；建立"全员参与、考核评价、滞后追责"推进机制
	工作规划	制定××扶贫工作规划；制订年度工作计划和实施方案
扶贫方式	教育扶贫	"三下乡"志愿服务；专项招生计划；援建教学设施，改善办学条件；接收受援高校学生交换交流
	消费扶贫	发挥融媒体的宣传力量为农副产品"带货"；搭建农特产品电商、微商平台；建立农产品产销对接机制；鼓励广大校友企业"以购代捐""以买代帮"参与消费扶贫
	产业扶贫	搭建产业园；构建"政府+大学+产业园（合作社）+贫困户"的产业扶贫模式；建设"全品牌平台"，全方位推动产业升级
	智力扶贫	派出挂职干部；对当地干部、教师开展培训
	医疗扶贫	支援设备；医疗队派驻；专家带教；岗位培训；会诊义诊；远程医疗
实施路径	爱心捐赠	整合多方资源捐赠资金及物资
	产技联结	为当地产业发展提供技术指导和技术支持；科技与产业紧密结合，带动农民增收
	校企合作	联系社会各方力量，充分利用校友和企业对定点扶贫地区开展精准帮扶
	产销对接	对当地的产业支持做到管"产"，还管"销"；深化"资源—科技—市场"一体化产业帮扶模式
	培训讲座	英语培训；专题讲座；基层干部执政能力培训；新农村建设系列培训；中小学师资培训
社会支持	资金支持	设立专项资金
	项目支持	加大对产业扶贫项目科技攻关的支持力度

类目	维度	典型条目（举例）
保障体系	专业能力	参加教育扶贫暑期社会实践的师生将参加5天启程前的培训；由相关学科领域的学术带头人和骨干教师领衔开设；团委和继教学院对支队长开展了形式多样、内容丰富的培训；形成了优势互补、学科互补的优质教育团队
	管理能力	教学站所在地政府成立了"清华大学教育扶贫教学站领导小组"；坚持选派政治强、业务精、作风好、敢担当的精兵强将，尽锐出战、真抓实干；实行联络员制度，定期报送扶贫工作情况
	信息技术	远程教学站；远程教育平台；免费电子邮箱和信息管理系统；大力实施"三通两平台"建设
	宣传推广	利用教育扶贫网站加大宣传力度，定期发布教育扶贫工作相关信息；通过报纸、画册、会议等形式加强教育扶贫的宣传工作；积极挖掘选树脱贫攻坚工作中的先进典型，加大宣传报道力度
	制度规范	压实攻坚责任，明确将激励、考核、巡察、问责等工作写进学校红头文件；与各基层党委签订脱贫攻坚目标责任书
	日常监督	纪委、巡察挂牌督战；每季度分管校领导召开会议检查帮扶计划落实；每个月学校领导班子成员到帮扶地督导推进
理念原则	需求导向	针对当地群众的实际需要，清华大学自行开发系列课程；因地制宜开发课程；主动对接当地产业发展；制订"点对点"直供方案
	优势匹配	院系特点和优势不同，帮扶思路和举措也各具特色；精准匹配学校学科、人才、智库等特色优势
	自我造血	扶贫与扶志相结合；扶贫与扶智相结合
	党建引领	"党建+扶贫"一直是我校开展精准扶贫工作的主旋律；学校始终将加强党的领导作为推进精准扶贫工作的"一大引领"
	联动协作	打造"科教专家—政府推广—校企合作"多元化参与扶贫模式
激励考核	激励举措	学校在待遇、聘岗、晋升、奖励等方面出台专项政策
	考核评价	将定点扶贫工作列入学校目标绩效考核

表1呈现了高校在助力脱贫攻坚实践中的关键性经验要素及具体构成维度。从要素作用机理来看，其具体的作用路径表现为以顶层制度设、激励考核为动力、理念原则为指引、扶贫方式为重点、实施路径为关键、保障体系为基础、社会支持为补充（见图2）。具体而言，高校助力脱贫攻坚实践经验的内在逻辑体现在首先确立顶层制度设计，包括组织设计、领导队伍、机制建设与工作规划等，以充分实现扶贫工作的效能最大化；进而充分运用激励考核等手段为开展扶贫活动的相关主体注入动力源泉。在

进入具体的扶贫实践环节后，各高校以多种扶贫方式为重点，通过搭载具体实施路径，在国家与社会多方力量的支持下，集合由能力、技术、制度规范、行为监督等构成的多类型、全方位的必要保障体系，在切合扶贫地区实际诉求的理念原则指引下持续性开展脱贫攻坚活动。

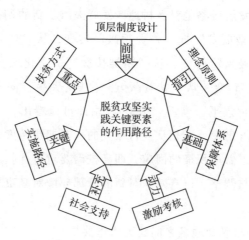

图 2　高校助力脱贫攻坚实践的关键要素作用路径

（二）外部现实挑战：高校巩固拓展脱贫攻坚成果面临的现实挑战

1. 任务目标具有双重属性

从整体社会背景来看，高校巩固拓展脱贫攻坚成果处在脱贫攻坚与乡村振兴两大战略的交替时期。这使高校在开展脱贫攻坚成果巩固拓展的同时，还要对乡村振兴战略予以积极回应。从战略目的来看，脱贫攻坚战是一场必须要完成的以"消除绝对贫困"为主要任务的战役，而乡村振兴则是以解决"三农"问题，实现"农业强、农村美、农民富"这一目标的长远战略。两者在战略目标、作用对象、政策实施以及任务目标层面都存在较大的异质性（张克俊、付宗平、李雪，2020）。这使高校在开展脱贫成果的巩固实践与服务乡村振兴战略时必然遵循不同的逻辑与思路。此外，从实践来看，不少地方政府尚未形成因地制宜、协调推进乡村振兴与脱贫攻坚有效衔接的规划（豆书龙、叶敬忠，2019）。这使高校在开展相关工作时缺乏一定的制度与政策依据，也给高校巩固拓展脱贫攻坚成果增加了难度。

2. 脱贫地区发展诉求发生转变

随着我国进入以解决"相对贫困"为主要特征的后贫困时代，脱贫地区的发展诉求也发生了转变。其具体体现在从解决"经济贫困"转变为解决"精神贫困"，从解决"生存性贫困"转变为解决"发展性贫困"等。此外，乡村振兴发展战略也对乡村地区发展提出了新的期待，如其要求从"产业扶贫""产业脱贫"向"产业振兴"转变、从"生态扶贫"向"生态宜居""生态振兴"转变、从"精神扶贫""文化扶贫"向"乡风文明""文化振兴"转变、从"扶贫队伍""扶贫尖兵"向"振兴队伍"转变等（张克俊、付宗平、李雪，2020）。由此可以看出，无论是从脱贫地区的自身发展诉求出发，还是从乡村振兴的战略期待出发，高校都需要对这些新的外部需求做出积极的回应，即高校需要对过往扶贫实践经验的各类要素做出革新与调整，以有效应对新的外部环境对其巩固拓展脱贫攻坚成果带来的挑战。

3. 高等院校与脱贫地区之间缺乏协作共生

在常态化与长期性的乡村振兴战略背景下，寻求高校服务国家重大发展战略与其自身良性发展的互促共进的需求尤为迫切。但在高校扶贫实践中，一方面，高等教育评价体系的"指挥棒"效应在一定程度上影响了机构和教师投身扶贫实践的积极性、持续度，导致高校自身开展扶贫实践的内生动力不足；另一方面，部分高校由于难以找到自身优势与精准扶贫的结合点，产生了如帮扶思路不清晰、物质资源浪费、特色做法和亮点匮乏等一系列问题，使高校与扶贫地区之间无法形成一股强有力的发展合力。内生动力与发展合力的缺失使高校与脱贫地区之间的协作共生能力较弱，进而阻碍了高校常态化、长期性服务于乡村振兴发展战略。

（三）立足内在经验传递与外部现实挑战构建高校巩固拓展脱贫攻坚成果的作用机制

机制是"指一定的系统结构中各要素之间的结构关系和运行方式"。就机制本身的特点而言，其是在各种有效方式、方法的基础上总结和提炼而成的（曾凡军，2010）。基于此，识别、提炼高校助力脱贫攻坚的成功经验要素为构建高校巩固拓展脱贫攻坚成果的作用机制提供了必要的基础支撑。此外，从脱贫攻坚到乡村振兴战略的转移也要求我们在构建高校巩固脱贫成果的作用机制时，及时做到与外部环境进行互动与衔接，因此将新形势下高校巩固拓展脱贫攻坚成果面临的现实挑战融入作用机制的内在要求，也赋予了作用机制必要的时代性与实效性。

立足内在经验传递与外部现实挑战两大支点，本文本着延续性与创新性相统一、规范性与灵活性相统一、实践性与前瞻性相统一的原则（张奇，2021），进一步构建了乡村振兴背景下高校巩固拓展脱贫攻坚成果的作用机制。其具体表征为动力机制、支撑机制、管理机制、协调机制及保障机制的协同发展，具体如图3所示。

图3　高校巩固拓展脱贫攻坚成果的作用机制

1. 动力机制：为高校巩固拓展脱贫攻坚成果注入动力源泉

动力机制是高校完成巩固拓展脱贫攻坚成果所需要的各种动力源及其相互作用的过程或方式。其中，动力来源是动力机制运行的基础（潘春玲，2021）。高校巩固拓展脱贫攻坚成果的实现需要内外两个维度的动力来源。其中，内在动力来自开展具体服务活动的教学科研人员对高校助力脱贫攻坚的工作认同，即其从内心重视扶贫工作，并在现实行动中予以充分支持。外在动力则来自高校从外部补偿的角度对教学科研人员积极参与脱贫攻坚给予的相应奖励与引导。外在动力是高校助力脱贫攻坚现实实践中的主要动力来源。在案例高校的具体实践中，为实现激活高校扶贫主体的积极性与主动性、提升扶贫主体工作效能的目的，高校往往依赖于采用外部补偿的方式在工资待遇、职称晋升、荣誉授予等方面对参与扶贫的教学科研人员予以充分的政策倾斜，同时还运用考核评价手段为高校扶贫实践注入效率、竞争等因素。不可否认，外在动力在一定程度上能够吸引部分教学科研人员的参与，然而，内在动力才是促使行为产生的最根本动力。这意味着，在巩固拓展脱贫攻坚成果的实践中，高校要进一步认识到自身在动力机制层面的不足，通过积极运用多种方式强化相关扶贫主体对助力脱贫攻坚、服务乡村振兴的内在认同感，为高校巩固拓展脱贫攻坚成果提供强劲的内生动力。

2. 支撑机制：为高校巩固拓展脱贫攻坚成果奠定核心基石

支撑机制为高校巩固拓展脱贫攻坚成果的实现提供基本方向指引与具体方式手段，在整个任务实现过程中处于核心地位。一方面，高校巩固拓展脱贫攻坚成果的具体实施操作需要一个前期的基本方向研判，如指导思想、基本原则、战略规划等；另一方面，高校实现脱贫成果的巩固拓展必然需要科学有效的系列举措。一虚一实的双层支撑在高校巩固拓展脱贫攻坚成果的实践中发挥着基石作用。可以说，没有良好的方向指引与科学的实施手段作为支撑机制，高校实现巩固拓展脱贫攻坚成果的任务目标所需的动力机制、管理机制、保障机制以及协调机制都将失去其发挥作用的土壤与根基，而高校巩固拓展脱贫攻坚成果的作用机制也将无法成形。从案例高校脱贫攻坚的具体实践来看，其已经形成了比较扎实的支撑机制。例如，在理念原则上，高校在扶贫实践中坚持需求导向、优势匹配导向、自我造血、党建引领以及联动协作等原则；在具体扶贫方式中，高校依托自身人才优势、学科特色与科研成果，主要从教育扶贫、消费扶贫、产业扶贫、文化扶贫和医疗扶贫等方面全方位开展扶贫工作。在上述丰富的扶贫方式背后，高校进一步搭载扶贫具体实施路径，全方位统筹扶贫工作的有效进行，如爱心捐赠、产技联结、校企合作、产销对接以及培训讲座等。这些具体路径依托于高校多样化的扶贫方式发挥作用，如产技联结、校企合作主要服务于产业扶贫，产销对接多应用于消费扶贫，培训讲座则普遍在教育扶贫与智力扶贫层面开展。乡村振兴背景下高校巩固拓展脱贫攻坚成果的支撑机制可以此为参照。需要指出的是，新形势下的支撑机制需要结合新的外部环境做出一些内容调整与创新。

3. 管理机制：为高校巩固拓展脱贫攻坚成果提供组织规约

所谓管理，其基本职能包括计划、组织、领导、决策、控制等。管理机制即围绕上述基本职能构成的高校扶贫管理系统结构及其运行机理。从案例高校的扶贫经验来看，科学规范的管理机制在其成功助力乡村脱贫的过程中发挥了重要作用，而高度重视顶层设计和规划是这一管理机制的核心所在。其一，高校建立了明晰的扶贫组织架构，以高校扶贫工作领导小组、扶贫办公室、扶贫工作组以及扶贫派驻人员形成垂直化管理结构，进一步保证扶贫系统内部的有序状态；其二，高校设置以学校党委书记、校长为核心的扶贫领导班子，有力保障扶贫领导队伍的人员素质与工作水平；其三，高校对扶贫工作机制进行常态化设计，如设置扶贫工作定期研商机制、扶贫工作推进机制等，全力支持扶贫工作的有效展开；其四，高校具备科学的规划意识，通过制订扶贫工作周期性规划方案，明确短期、中期以及长期的扶贫工作计划与实施细则，精准把握扶贫工作的总体目标与重点领域，促使扶贫工作更加具有针对性。由此可以看出，高校助力乡村扶贫的管理机制本质上是一种环境适应与发展机制。在洞察、反馈扶贫实践的具体要求后，高校内部相关要素通过创新运作架构对其予以回应，从而实现了组织内部要素与外部环境的有效对接，进一步提升了高校对脱贫攻坚任务的适应度。在新形势下，高校巩固拓展脱贫攻坚成果可在此管理机制的基础上进一步完善各项顶层制度设计，充分糅合乡村振兴新战略的内在发展要求。

4. 协调机制：为高校巩固拓展脱贫攻坚成果凝聚整体合力

协调机制即制度化了的协调方式和方法。其在不同主体彼此互动、相互作用的条件下，致力于多主体协调处理共同事务，从而实现既定目标。高校助力脱贫攻坚的协调机制可以分为外部协调和内部协调。其中外部协调有两层意蕴：一方面旨在凝聚不同类型、不同层级扶贫组织的参与力量，另一方面也指向高校与扶贫地区的协作共生。而内部协调则指高校巩固拓展脱贫成果的实施需要学校多个部门的协调配合，使各个部门在不同的环节发力，助力高校脱贫成果巩固拓展的实现。有效的协调机制能够充分发挥不同主体、部门及组织之间的协同性，有助于最大化实现既定目标。例如，从案例高校的具体实践中我们可以发现，相关社会组织的有效参与弥补了高校在扶贫资金、专业化分工以及参与人员规模等层面的不足，对扶贫效能的整体提升具有重要意义。目前，高校巩固拓展脱贫攻坚成果的协调机制亟待完善：一方面要加快建立高校与扶贫地区之间的协作共生机制；另一方面，高校内部各部门之间的扶贫协作机制也需进一步制度化，从而避免因权责、目标不明晰导致的推诿现象。

5. 保障机制：为高校巩固拓展脱贫攻坚成果提供重要保证

保障机制主要是指为了保障某一活动的顺利开展和规范运行而采取的一系列措施和方法。高校巩固拓展脱贫攻坚成果的实现必须具备相应的保障支持，如组织保障、智力保障、政策保障、制度保障、物资保障和监管保障等。其中，组织保障是确保高校任务完成的基本保证；智力保障影响着高校开展具体实践活动的水平与质量；政策保障主要提供有利于高校任务完成的各种指导政策和鼓励政策，创造良好的环境；制度保障主要是指高校巩固拓展脱贫攻坚成果所依据的各项规章制度，为其实践提供制度化规范；物资保障涉及必要的服装、交通、饮食、保险、医疗等保障，是高校巩固拓展脱贫攻坚成果得以实现的物质基础；监管保障则提供一种必要监督，以防高校在具体实践活动中出现行为偏差。从高校扶贫经验的关键要素及其构成维度来看，案例高校在扶贫组织架构、扶贫队伍专业能力与管理能力、信息技术支持、宣传推广、制度规范、日常监督等方面全力保障了脱贫攻坚实践的有效运转，为高校巩固拓展脱贫攻坚成果提供了良好的基础与经验。但在乡村振兴新形势下，高校巩固拓展脱贫攻坚成果的实现还需要更加完善的保障机制。

四　乡村振兴背景下高校巩固拓展脱贫攻坚成果的策略建议

在新形势下，高校要秉持动力、支撑、管理、协调及保障机制的客观要求，重点从激活相关教职员工服务巩固脱贫的内生动力、适时调整理念原则与方式路径、加强顶层制度设计与战略规划、统筹耦合多元社会力量以及全方位落实必要基础保障等方面来推动高校巩固拓展脱贫攻坚成果的实现。

（一）着眼动力机制，激活相关教职员工服务巩固脱贫的内生动力

基于高校当前对内生动力机制层面的运用不足，高校要着力采用多种途径增强高校内部教职人员的公益意识和理念，提高教职人员服务乡村振兴的积极性与主动性。为此，高校可采取以下措施：一是加大对投身巩固脱贫事业教职员工的关怀和激励，如重视该群体的工作感受和需要，健全其利益和需求表达机制，进一步增强他们在巩固拓展脱贫攻坚过程中的积极性与主动性；二是要对积极服务巩固脱贫工作与乡村振兴的教职员工付出的智力劳动制订更加灵活的考评方案，进一步彰显高校对这部分教职员工的工作认可与重视；三是要积极运用相关媒介，对在服务巩固拓展脱贫攻坚成果与乡村振兴中表现突出的团队与个人进行宣传、推广，进一步提升相关实践主体的荣誉感、存在感与使命感；四是要时刻警惕形式主义，进一步简化巩固脱贫工作中各种繁文缛节式的交报告、填表格等事务，为投身巩固脱贫事业与乡村振兴的教职员工释放充分的工作空间与自由。

（二）聚焦支撑机制，适时调整理念原则与方式路径

在理念原则支撑层面，高校首先要践行全面融合、持续建设理念。融合理念体现在两个维度：一是脱贫攻坚与乡村振兴战略的深度交融，二是高校自身与脱贫地区的融合共生。基于此，高校要仔细考量当前巩固拓展脱贫工作的新环境、新要求，努力寻找脱贫攻坚与乡村振兴在目标、内容与标准等维度的相似与不同之处，进一步针对"从脱贫到防贫"的现实需求实施有效举措。此外，高校要与脱贫地区形成新型发展共同体，因此，高校要善于利用脱贫地区提供的鲜活素材与独特资源来提升、反哺自身主体职能的发挥，努力将帮扶与服务目标由短期精准扶贫转变为长期协作共生，进一步激活脱贫地区的内生发展动力。在扶贫方式支撑层面，基于乡村振兴与脱贫攻坚的内在一致性，高校在乡村振兴战略背景下巩固拓展脱贫攻坚成果仍然可以沿用教育、消费、产业等方式，但应当根据乡村振兴战略的具体要求为其赋予新的内涵，如为教育扶贫赋予"志"和"智"等更先进、更现实的内容，产业扶贫要由"快速脱困"定位为"可持续发展"等。在具体路径支撑方面，高校要秉承"提升内在动能"的原则，从技术努力和人力资本两个角度出发，对具体的扶贫实施路径进行全新调

整。例如，高校在智力扶贫上可以进一步增强面向乡村振兴的高校人力资本流动，即在对脱贫地区相关人员进行培训的基础上，进一步对其进行输入性智力帮扶。教育扶贫需要改变传统的"给予式"实施路径，即高校要在外源性教育输入进行扶贫兜底的前提下，逐步探索面对不同扶贫对象的精细化教育（李炜炜、李励恒、赵纪宁，2020），进一步加强贫困人口的人力资本建设。

（三）依托管理机制，加强顶层制度设计与战略规划

高校要树立全局统筹意识，将眼光聚焦在长远整体的乡村振兴战略上，通过加强顶层制度设计，围绕组织设计、领导队伍、机制建设与工作规划等要素形成专业性、体系化的乡村振兴工作纲领。在这一工作纲领的指导下，进一步将当前的工作重点聚焦于脱贫成果的巩固拓展，不仅需要高校建立责任清晰、各负其责、执行有力的工作组织架构，全面发挥学校党委的坚定领导作用，为巩固拓展脱贫成果工作提供人员保障与领导支持；也需要高校注重进行战略设计与纵深规划，即科学把握脱贫攻坚成果巩固拓展的步骤，精准知悉不同阶段成果巩固与拓展工作的重点、难点，通过分类制定推进机制、储备多元应对方案，有效提高制度执行力。此外，高校巩固拓展脱贫攻坚成果离不开专业的人力支撑。乡村振兴战略的全新要求使一线人员的选派问题更加突出。高校需要依据任务、专业、团队等多方面的实际需求实现人力资源的精准匹配，提升脱贫成果巩固拓展的效能。

（四）重视协调机制，统筹耦合多元社会力量

基于我国已形成的政府主导、多元参与的扶贫开发工作模式，当下高校巩固拓展脱贫攻坚成果、实践乡村振兴战略亦可循此思路全面吸引社会多元主体积极参与，实现社会多元力量的有机耦合。对高校而言，要全面做好乡村振兴背景下脱贫攻坚成果的巩固拓展需遵循多样性原则，进一步凝聚校内校外两方力量。一方面，高校要注重整合利用校友等各方资源，通过搭建校友参与平台，获得校友在产业开发、资金投入等方面的支持；另一方面，高校要进一步与社会多元主体开展合作、协商，积极引导各类公益组织、社会团体、企业、爱心人士等，以设立公益基金、开展投资合

作洽谈、捐资助学等多种形式助力学校开展乡村振兴帮扶工作，以进一步拓宽资金筹措渠道，有效促进各类资金、人才、技术、管理等要素聚集（刘波，2020）。此外，高校对高校之间的协作关系也需加以重视，如成立由不同学科不同院校组成的乡村振兴高校联盟，先行打造首批乡村振兴示范点，进一步形成高校服务乡村振兴的示范效应，以便在全国进行经验推广。

（五）筑牢保障机制，全方位落实必要基础保障

为保证高校巩固拓展脱贫攻坚成果、服务乡村振兴战略的可持续发展，高校需要进一步在原本扶贫实践保障体系的基础上，强化脱贫成果巩固拓展、服务乡村振兴的保障举措。在能力保障层面，高校应建立合理的人员培训机制，提升相关人员在协调关系、组织管理、资源动员等方面的能力；在基础设施保障层面，脱贫地区的发展基础既包括道路、水利、电力、住房、生态环境等硬件基础设施，也包括金融、教育、文化、人才等软性发展条件（左停、李颖、李世雄，2021），因此高校应充分发挥自身科技、人才等资源优势，着力解决制约脱贫地区进一步释放活力的软性发展条件；在制度环境层面，高校需要在日常工作规范与监督、高校公信力建设方面形成更为系统化的规章体系，为巩固拓展脱贫攻坚成果、服务乡村振兴实践提供良好的制度环境；在督导督查层面，高校可继续借鉴高校助力脱贫攻坚的实践经验，建立周期性督查制度，追究落实不力的相关部门与人员的责任。

参考文献

豆书龙、叶敬忠，2019，《乡村振兴与脱贫攻坚的有机衔接及其机制构建》，《改革》第 1 期，第 19 ~ 29 页。

李炜炜、李励恒、赵纪宁，2020，《后扶贫时代教育扶贫的角色转换与行动逻辑》，《中国高等教育》第 23 期，第 46 ~ 48 页。

刘波，2020，《新时代高校全面助力脱贫攻坚的实践与思考——以中国矿业大学为例》，《中国高校科技》第 12 期，第 4 ~ 7 页。

刘晓璇、林成华，2019，《研究型大学研究生跨学科培养模式的要素识别与模式构

建——基于内容分析法的多案例研究》,《中国高教研究》第 1 期,第 66 ~ 71 页。

陆益龙,2021,《精准衔接:乡村振兴的有效实现机制》,《江苏社会科学》第 4 期,第 36 ~ 46、241 ~ 242 页。

毛基业、李高勇,2014,《案例研究的"术"与"道"的反思——中国企业管理案例与质性研究论坛(2013)综述》,《管理世界》第 2 期,第 111 ~ 117 页。

潘春玲,2021,《新形势下高校志愿服务育人功能的作用机理及实现路径》,《思想教育研究》第 3 期,第 126 ~ 130 页。

宋洪远,2019,《脱贫攻坚需构建长效机制》,《中国农村科技》第 10 期,第 7 页。

宋振峰、宋惠兰,2012,《基于内容分析法的特性分析》,《情报科学》第 7 期,第 964 ~ 966、984 页。

魏江、梅景瑶、李晨、何秋琳、朱凌,2015,《工程教育大学联盟的要素识别与模式建构——应用内容分析方法的多案例研究》,《高等工程教育研究》第 4 期,第 21 ~ 26 页。

严瑾、黄绍华,2020,《脱贫攻坚与乡村振兴有机衔接的高校实践理路》,《湖北民族大学学报》(哲学社会科学版)第 5 期,第 34 ~ 41 页。

曾凡军,2013,《基于整体性治理的政府组织协调机制研究》,武汉大学出版社,第 39 页。

张克俊、付宗平、李雪,2020,《全面脱贫与乡村振兴的有效衔接——基于政策关系二重性的分析》,《广西师范大学学报》(哲学社会科学版)第 6 期,第 7 ~ 20 页。

张奇,2021,《构建解决相对贫困长效机制的基本原则与实践路径》,《学校党建与思想教育》第 6 期,第 64 ~ 67 页。

张琦,2021,《巩固拓展脱贫攻坚成果同乡村振兴有效衔接:基于贫困治理绩效评估的视角》,《贵州社会科学》第 1 期,第 144 ~ 151 页。

朱启臻、吴玉敏,2020,《乡村价值:从脱贫攻坚到乡村振兴的行动范式》,《党政研究》第 5 期,第 35 ~ 41 页。

左停、李颖、李世雄,2021,《巩固拓展脱贫攻坚成果的机制与路径分析——基于全国 117 个案例的文本研究》,《华中农业大学学报》(社会科学版)第 2 期,第 4 ~ 12、174 页。

校地托管办学：促进山区教育
质量提升的新模式[*]

胡之骐[**]

摘　要： 在教育精准扶贫的政策背景下，高校与地方合作办学成为促进山区教育质量提升的一条有效途径，但其在实践中面临着新办学模式是否能有效提升地方基础教育质量，以及是否得到了当地社会的认同等问题。通过近三年来的办学考察，本文发现引入新的课程教学模式能够有效提升山区教育质量，新的绩效考核制度能够有效提升学校管理质量。同时，在新教育模式的影响下，学校与当地社会在尊重学校教育的价值、自律基础上的学校自组织管理方面形成了教育意义上的同构。

关键词： 校地托管办学；意义同构；课程教学模式

习近平总书记在党的十九大报告中指出，"建设教育强国是中华民族伟大复兴的基础工程，必须把教育事业放在优先位置，深化教育改革，加快教育现代化，办好人民满意的教育"，"推进教育公平"，"推动城乡义务教育一体化发展"，"努力让每个孩子都能享有公平而有质量的教育"。[①]

---

* 本文为重庆市社会科学规划项目"重庆市贫困山区教育精准脱贫模式研究"（2018YBJY101）、重庆市教育科学"十三五"规划课题"西南贫困山区教育精准脱贫攻坚校地托管办学模式实证研究"（2018 – GX – 014）阶段性研究成果。

** 胡之骐，重庆师范大学副教授，博士，硕士生导师，研究方向为教育哲学、教育社会学、社会学原理等，E-mail：9968566@ qq. com。

① 《习近平：决胜全面建成小康社会 夺取新时代中国特色社会主义伟大胜利——在中国共产党第十九次全国代表大会上的报告》，中华人民共和国中央人民政府，http：//www. gov. cn/zhuanti/2017 – 10/27/content_5234876. htm，最后访问日期：2022 年 8 月 4 日。

这是以习近平同志为核心的党中央对中国教育发展提出的新目标、新任务和新要求。要实现建设教育强国的目标，优质的基础教育是必备的基础，而基础教育的均衡发展则是基础教育全面提升的前提条件。教育均衡发展最基本的要求是在教育资源的分配方面达到教育需求与教育供给的相对均衡，而教育资源中最为关键的要素则是课程资源的供给与分配，即课程发展的均衡。这与我国当下正在进行的高考制度改革相关。

国务院于 2014 年 9 月发布了《关于深化考试招生制度改革的实施意见》，上海和浙江两地率先启动了新高考改革试点。据有关媒体报道①，全国各地将在 2020 年高考全面启用"3 + 3"模式；从 2020 年起，本科院校招生录取实行"3 + 3"模式；同时，从 2020 年起，综合素质评价将纳入高校录取参考。此次新高考改革对于传统基础教育课程体系而言，既是一次整体结构性的调整，也是现代教育理念转变的一个必然结果。考试模式的整体调整会带来基础教育课程模式的相应调整。已有部分中学做出了尝试性的改革。例如，北京市海淀区教师进修学校附属实验中学就将本校的课程体系调整为学术课程（学科基础课程、学科拓展课程、竞赛课程以及学术荣誉课程）、艺术和体育课程（基本的艺术知识和审美能力及体育技能外的拓展类课程、自选课程）、领导力课程（具有特色的实践性课程）、社团及其他课程（北京市海淀区教师进修学校附属实验中学，2018）。相对于经济发达地区，西部地区的改革尝试同样在进行。

本文重点考察了一所高校与某国家级贫困县合作创办的完全中学。这所完全中学采取了政府委托高校管理、校长自治等模式。前期调研结果显示，当地教育和医疗是地方发展的短板。其中，基础教育整体水平与主城区相比存在较大差异，与同等行政级别的相邻区县相比也存在一定差别。因此，该中学在创办之初就对课程教学模式和评价制度进行了改革。其课程选择了"2 + 4 + N"分层模式，教学选择了与之相适应的走班模式，评价制度则选择了有别于既有综合绩效考核的评价制度。

---

① 《新高考启动"3 + 3"模式 京沪考生优势还有多少?》，人民网，http://politics. people. com. cn/n1/2017/1206/c1001 – 29690003. html，最后访问日期：2022 年 7 月 30 日。

一　研究问题：教育精准扶贫中的校地合作办学

依据当地教育的现状，本文从校地托管办学模式对学校自身与对社会的影响两个方面进行论述：第一，校地托管办学模式是否可以以更灵活的办学模式及最新教育理念的引入有效提升地方基础教育质量？第二，校地托管办学模式是否得到了当地社会的认同？

以高校为主导在地方办学，实行校长自治、全员聘用、优劳优酬等管理模式，从理论上讲可以在一定程度上打破当地某些教育制度和体制上的弊端，但在实践层面的探索还较少，同时有不少的现实阻碍。在地方政府的全力支持下，高校与地方教育主管机构可以达成优势教育资源互补，通过增加优质教育供给、有效提高教育质量，来实现优质生源回流和对周边区县优质生源的吸引。进一步而言，教育精准扶贫最重要的目的是提升当地人口的素质，而提升人口素质的起始点在于教育人才素质的提高，因此涉及人才引进模式、对已有人才的激励机制以及后续培养提升机制等一系列政策的制定。目前该地人才引进模式的主要弊端在于用人单位与人社部门之间有效沟通的缺失，延误招录时间并造成教育人才结构性缺编等问题，而且考试的内容和形式也造成招录进来的人员存在"能考不能讲"等问题。校地托管办学模式可以在教育人才引进层面打破这种制度性壁垒，依托高校资源实现高素质人才的引进，同时引入更加有效的人才激励和后续培养制度，使当地能够留住教育人才并不断扩大人才规模，促进当地人口人文素养和价值观念等方面的综合提升。

新高考改革将对我国基础教育产生深远的影响。这需要中小学教育实行及时的教育教学改革。该中学在兴办之初便制定了"2＋4＋N"分层课程模式和走班教学模式以适应新高考制度的需要。本次课程教学模式改革的目标在于提升学校教学质量，缩小当地学校与所在城市重点中学之间的差距，最大限度地激发人力资源潜力，保障人才的更新与流动。本文将依据实践结果进行分析与探讨。

二 研究方法与理论分析路径

本文基于中学办学实践基础进行实证研究，主要采用安东尼·吉登斯的结构化理论作为指导。吉登斯认为，行动是主体的活动，它代表主体对客观世界的介入与干预（Giddens，1979：56），而社会的结构与人的行动是一体两面（the duality of structure）的——结构既会限制行动，也可提供行动动力。此外，结构既是行动的媒介亦是结果（Giddens，1984：29）。吉登斯关于社会结构的论述实质上是在说明行动者主体的社会实践，如Kaspersen（1995：33，2000：33）所指出的，吉登斯的社会实践观有两个层面：一是社会实践构成社会生活，社会实践让行动者成为主体，并且具体呈现了结构；二是社会实践是行动与结构、个人与社会的中介概念。以吉登斯的结构行动理论来考察办学实践很有启发性，比如在课程实施方面，该理论可以用来观察学校与当地教育主管机构、社会教育资源间的相关关系等。本文从以下两个方面进行探讨。

1. 学校中结构与行动的一体两面

这是吉登斯结构行动理论的核心观点，即结构一方面限制行动，另一方面能促成行动。而且行动者对结构的限制与促成作用能够有所感知，比如新的课程教学制度和管理制度的介入必然构成新的制度环境，那么它将限制和促成师生群体的行动。

2. 学校与社会的互动是权变与意义同构的过程

在吉登斯看来，人类的所有互动过程具有三个取向，即对行为的规范、权力因素的互动以及行为主体间意义的沟通。第一个取向是所有的正式社会组织必须具备的前提条件，因此这里主要参考后两个取向。

学校与社会的互动过程除了必要的规范以外，还涉及权力的运作。学校会为了保护或争取自身的利益而采取各种策略，如通过对上级文件、规定进行充分利用以使自身处于最有利的地位。吉登斯认为，学校是权力的容器（Giddens，1984：29），需要对各级主管部门的各项政策做出适当的反应和配合，以达成教育目标。同时，上级各主管部门必须对社会的需求与学校自身条件做出综合考量，以提出适当的发展要求。因此，学校与各级主管部门之间的权力关系是双向的。

对地方社会而言，学校和地方社会间的互动关系是一个意义同构的过程。在传统办学实践中，学校与地方主管部门之间的关系往往体现为"支配－服从"的关系形式。虽然这种形式当前还无法打破，但双方都已意识到共同意义构建的必要性。地方主管部门需要通过学校的发展来提升地方教育质量，学校也需要地方主管部门的资源和政策支持，因此二者具备目标的一致性。学校的发展需要符合地方的实际条件，地方的相关政策也需要服从国家的政策，因此二者具备在发展理念与措施层面的一致性。学校在发展过程中会随时与当地社会环境进行互动，随时调整自己的具体措施，因此二者具备过程的一致性。就结果来看，二者的影响也是相互的，尤其对于亟待实现教育脱贫的地区来说，二者可谓一荣俱荣、一损俱损，因此二者具备结果的一致性。总的来看，学校与地方之间具备意义上的一致性，二者间的互动其实是一个意义同构的过程。

综上所述，本文将吉登斯的结构化理论作为研究路径，在此理论观照下进行实证性分析。

三　新教育模式与地区教育的一体两面

在完全学校兴办之初，该校便依据新高考改革的要求进行了课程教学模式改革，提出了"2＋4＋N"分层课程模式。其中，"2"表示数学、英语两门课程实行分层教学的教学模式；"4"表示以音乐、体育、美术、劳科技课程的社团课程；"N"表示由教师和学生申报的项目课程。鉴于语文课程在基础教育中的特殊地位，此次课程模式的调整并未将其纳入其中。

此次课程教学模式改革同时是以核心素养为中心的。正如钟启泉教授所指出的"借以保障每一个学习者的知识建构与人格建构，才能有助于落实现代社会期许的'核心素养'的养成，这就牵涉到学力与学习的分类及其结构化的问题了"（钟启泉，2016）。其把课程分为两个领域：第一个领域是学科课程的领域（学科框架中的学习）；第二个领域是活动课程的领域（立足于跨学科的综合实践活动与超学科的学校例行活动，由学习者自主决定与重建的学习框架的学习）。该校的课程设置即借鉴了这一观点，对学科课程领域进行了分层教学的实验，对活动课程领域进行了重新规划。

需要说明的是，这种课程教学模式的改革对当地教育领域内原有结构的冲击是比较大的，从办学理念到实际教学运行模式都有全新的改变，在当地政府的大力支持下才得以顺利进行。

（一）课程教学模式改革提升地区教育质量

从 2017～2020 年三年的办学实践结果来看，新的课程教学模式的确在提升当地的基础教育质量方面发挥了积极作用。最初的数学、英语课程分为 A、B 两组，亦即 A 层和 B 层。其中，A 层的课堂教学是在基本课程标准要求之上适当提升教学内容的深度和加快教学进度；B 层则仍然按照传统的课程标准和计划进行教学。需要说明的是，决定学生处于 A 层或 B 层的标准在于每学期的期末考试成绩以及学生个人的意愿。也就是说，A、B 两层的成员并非因一次划分而固定下来的。

通过四个学期的分层教学实践，实验组（A 班）与对照组（B 班）之间的数学与英语成绩出现了明显的变化（均采用标准化试卷）。实验组的英语和数学两门学科两次测试成绩的皮尔逊相关系数分别为 0.924 和 0.853；对照组分别为 0.832 和 0.903，都呈高度正相关关系。由此在进一步的数据分析中发现，八次考试（期中、期末各四次）中两门课程成绩反映出对照组与实验组出现了显著性差异，并且通过比较平均分、优生率和及格率发现差异呈扩大趋势。另经过对实验组内的进一步比较发现，组内班级也可分为两个具有显著性差异的群体。除该组内排名最后一位的班级整体低于实验组平均水平外，其他各班级之间的差异主要源于优生率的差别。经过进一步回归分析发现，在八次测试成绩中，实验组每前一次成绩对后一次成绩的回归系数值都大于对照组。这可以说明，实验组的成绩更具有一致性，或者说实验组的成绩变化更加稳定（在增长的趋势下）。

从外部比较来看，该校从 2017 年至 2018 年的第一学期开始，期末考试成绩排名（该校第一学年只招收了初中生，因此只比较了初中考试成绩）一直在当地保持第一名的地位。其后在与主城区某区进行的校际联考中也取得了很好的成绩。这在当地属于突破性的发展。故可以说明，校地合作办学模式对边远山区而言的确能够起到非常积极的作用，能够在相对较短的时间内大幅提升当地的基础教育质量。除了主要学科课程成绩外，该校其他课程在当地统一非统考测试中也都取得了全县最好的成绩。

该校对当地社会产生的影响力非常大。从反馈的信息来看，外界对该校提升当地教育质量的事实是非常认可的。首先是学生家长群体。有家长认为，学校的教学管理方式让他们感觉很新鲜，一开始不太理解，觉得和重点班、实验班没什么区别，不过是把它们换了个名头，但现在他们已经意识到（二者间的）区别，为孩子和家长自身都带来了很大的动力。现在效果已经出来了，高考后还可以看到最后的效果。同时，有家长表示对当地的教育仍抱着犹豫不决的态度，但信心已经开始增加，对当地教育质量的发展趋势看好。其次是教育主管部门。比如，当地教委主要负责人就表达过积极的态度。他认为，新的教学模式和课程模式对本地教育来说是一个难得的突破契机，对改变本地"教育洼地"的现状具有非常积极的作用，希望该校的改革能带动本地其他学校的改革，使该校成为本地教育改革的领头羊。最后是社会各界。其反应都非常积极，尤其是新闻媒体对该校进行了全方位的宣传，让当地群众对该校的办学成绩和改革意义有了一定的认识，也使该校获取社会教育资源更为方便、快捷。

（二）绩效考核制度改革提升学校管理质量

为了配合教学模式和课程模式的改革，提高学校管理效率，该校制定了相应的绩效考核制度。按照当前当地的绩效考核制度规定，事业单位日常绩效与年终绩效的占比分别为70%和30%，但为了对教师群体起到更好的激励作用，该校基于"优劳优酬"的考核理念，提出日常绩效30%、年终绩效70%的改革意见，最终在各方面综合权衡之下将比例调整为日常绩效与年终绩效各占50%。这一举措得到了全校教师群体的认可。在年终考核比例上，综合述职占比30%，学生、家长评教占比10%，教龄津贴占比15%，个人量化测评占比45%。该校根据个人年终考核结果确定个人年终绩效与其考核的关系为：平均个人年终绩效 = ［学校绩效总额/（A类绩效考核总分×100% + B类绩效考核总分×90%）］×个人年度绩效综合考核得分（A、B类为不同岗位类型，A类按分值的100%计算，B类按分值的90%折合后计算绩效）。

绩效考核制度改革的根本目的是提升学校的运作效率，更好地为教学服务，但其往往因牵涉个人利益关系而遭遇巨大的阻力。在学校与相关职能部门的共同努力下，该项改革措施得到了顺利执行，教师群体也在很短的时间内理解了其重要意义。首先是教师群体工作态度的转变。教师群体体会到了新的绩效考核制度对个人的激励作用。有教师指出，一开始我们都不太明白这样改革的原因，但后来的确感受到了改变，开始在工作态度上有了变化。这是当前教师群体的主流态度。也就是说，教师群体已经开始适应新的绩效考核制度。其次是学校管理效率的提升。教师群体在工作态度上发生转变之后，学校教学管理工作的效率得到了明显的提高。

当地教育职能部门和社会各界也对学校的这项改革给予了很高的评价。比如，当地教委相关负责人表示："（该校）能在绩效考核方面进行这么大的改动，是非常难得的。这也给我们提供了一个参考。（该校）实际运行情况良好，也符合我们（教育主管部门）的改革方向，希望以后能给其他学校作为参考。"此项改革在公布之初的确在当地颇受争议，但从目前的社会舆论反馈情况来看，当地已经认可了这项改革措施。

通过分析上述两个方面的改革我们可以发现，学校的改革措施会使学校与教师群体以及社会各界发生有效互动，在新的制度环境下各方将通过这种互动走向意义同构。

四　新教育模式与地区教育的意义同构

学校的改革离不开当地政府和教育职能部门的支持。事实上，该校本身就属于当地政府的十大民生工程之一。地方政府也为这所学校的创建提供了较为宽松的政策环境。这是该校能进行较为有力的制度改革的政策前提。同时，该校在经过课程教学制度和绩效考核制度的改革以后，取得了公认的教学效果，为当地政府对改革进行推广提供了可资借鉴的范本。这一过程体现了吉登斯所说的"双向权力关系"。学校和地方政府在拥有某一共同目标的前提下达成了相互促进的默契，并且将其融入了意义的共同建构过程中。

经过三学年的办学实践，研究者总结出在办学实践中各方共同的意义内涵。首先，尊重学校教育的价值。满足学校的发展需要是地区教育质量提升的前提，因此我们应在积极促进学校发展的同时保证各方的相互适应性，将学校的充分发展作为判断其发展水平的重要标准。其次，重视办学环境的改善。我们应重新认识办学环境对学校、师生群体的定位与社会功能，充分利用社会办学资源并将其融入办学实践过程中。再次，给予学校充分的发展机会。从教育学原理来讲，教育的重点在于为学生自主学习创造各种学习选择的机会。这同样适用于办学和学校发展。只有在一定自由度之下学校才能抓住每个发展的机遇，而校地托管办学模式则能够最大限度地提供这样的机遇。最后，制定发展性的制度规范。新的学校制度是在新的时代背景下应运而生的，学校在实践过程中会不断为解决新出现的问题而改善自身的制度。只有在良好的外界环境下，学校才能不断实现"制度规范的自觉"。

从实践意义上来看，在校地托管办学模式的实践过程中，学校、当地政府、教育主管部门以及社会各界在两个方面达成了较为一致的意见。

（一）保障学校的实践自主权

在规则范围内的自主权既是学校生存发展的关键因素，也是激发学校办学活力的源泉。其具体体现在四个方面。第一，深刻的实践认识。对办学外部环境的正确认知与理解是首先要强调的办学理念，因为学校的生存与发展需要依靠和利用外部资源。对此，相关职能部门负责人认为，学校一定是和地方社会相关联的，学校的作用是提升地方社会的教学质量以及增强本地人的教育信心。学校要快速发展起来需要体现自身特色，而这与地方特色必须联系起来。学校发展得好不好最后还是要看社会的评价。第二，独特的办学实践逻辑。教育是实现外在知识内化的过程。所谓内化，是指寻求哲学层面的一致性，达到知识融入个人知识结构的过程。学校办学实践的过程是一种实践逻辑不断完善的过程。其中的主要意见来自学校和教育主管部门负责人。学校负责人的意见是，"学校是全新的学校，它的优势是没有'历史包袱'，所以我们在进行制度改革时受到的内部阻碍是其他学校无法比拟的，而且学校的目标首先是成为该县最好的学校，然后争取在5年内成为省级名校。这需要制度层面的全方位改革。我们现在在做的就是这件事情"。教育主管部门负责人的意见则是，"我们会全力支持这所学校，希望（该校）能快速显现成效。政策和资源层面我们几乎是全力向（该校）倾斜的。我们希望学校能（为当地教育现状）带来根本的改变"。第三，明确的自我反思意识。学校需要对自身的实践行为时刻保持反思意识，寻求与外界的最佳契合点。学校是当地高质量发展的智力支撑，因此学校领导层更注重对学校发展的自我反思。学校每月会系统地对出现的问题进行集体讨论，并且强调学校发展的方略。另外，该校还从高校与其他优质中学请来专家进行专门研讨。从学科组师资的校本培训到学校管理层的外派培训等，都是定期进行的。而且该校还有专人负责收集教师和学生家长的意见，并在每学期期末通过各种途径发放家长和学生问卷，然后（学校领导层）再做讨论。学校领导层的及时反思可以打开学校发展的新思路。这也是当地教育主管部门对学校的要求。在笔者实地调研期间，当地教委已将这一措施作为经验向当地所有中学推广。第四，创新的实践思维。思维方式的创新以批判意识为前提。只有在实践层面的批判才能实现学校的创新发展，才能在平常的、秩序化的事物与实践中看到新的意义与价值。

（二）自律基础上的学校自组织管理

学校作为实体单位必然有自身明确的组织建构目标，要科学地处理外在需要与内在需要的关系，使自身组织内部运行能够顺利地达成各种教育目标。但学校的自组织管理过程除了必须遵守外界的相关规则之外，还必须具备自律的规范。如该校负责人所言，教师、校领导、中层管理人员都必须具备严格的自律意识。虽然有法律和校规的规定，但总是要人来执行的。所以我们非常重视学校里的所有人，包括行政管理人员的师德师风教育。从目前的情况来看，大家已经看到了显著的效果，所以开始有了自觉维护学校的意识。当然，这不仅是学校的事情。这与教委和政府的支持也是分不开的。教育行为本身就是一种"规训"。这对师生群体来说如此，对学校自身而言亦是如此。来自外界的规则带有强制性的特征，但学校处于受控制的地位，难免会在办学实践中出现偏差。只有来自内部的"自我规训"才能起到长久而稳定的监督作用。因此，自律基础上的学校自组织管理才能更好地发挥学校自身的作用。

五 余论

综上所述，实践经验表明，校地托管的办学模式能够在亟待提升教育质量的山区发挥较好的作用。该校在建校以来的第一次中考中取得了全县第一的成绩。不过需要继续思考的问题仍然存在。

首先是如何留住优质生源的问题。虽然该校已经取得了比较突出的成绩，但和主城区的优质中学相比还有不少欠缺，第一次中考之后仍然有不少优质生源到其他地区的学校就读。这里面有其他学校到当地"抢生源"的因素的影响，但根本性的原因仍在于学校自身基础还不足以完全留住自己培养的学生，同时地方性奖励政策和同城其他地区相比也稍显"单薄"。这是该校面临的一大挑战。

其次是当地教育资源的协调性问题。该校所在地曾是国家贫困县，地方教育资源投入总量相对较少，因此在全力兴办这所学校的同时必然会在一定程度上削减对其他学校的投入。这对教育均衡发展存在影响。

再次是当地人尤其是学生家长的教育观念问题。学生家长的人口结构中有60%以上属于农业人口，11%属于建档立卡贫困户。他们的教育观念与城市学生家长有很大不同。学校的"巩固率"就能说明这个问题。每年学校的"巩固率"都超出100%，意味着每年学校都有劝返的辍学学生。而学生是否辍学在很大程度上取决于其所在家庭的态度。如何改变学生家长的教育观念，是该校教育发展面临的一个重要问题。

最后是地方政府的支持力度。该校能得到发展契机源于地方政府的民生工程政策。该政策的可持续性对学校的可持续发展来说尤为重要。因此，学校如何增强自身的"造血能力"以获得可持续发展也是至关重要的问题。

参考文献

北京市海淀区教师进修学校附属实验中学，2018，《新高考背景下学校课程变革的策略初探》，《北京教育》（普教版）第3期，第11~13页。

刘坚等，2018，《21世纪核心素养5C模型出炉：为全球核心素养教育提供"中国方案"》，《中国教师报》4月10日。

刘树仁，2002，《试论分层递进教学模式》，《课程·教材·教法》第7期，第4页。

毛景焕，2000，《谈针对学生个体差异的班内分组分层教学的优化策略》，《教育理论与实践》第9期，第40~45页。

石井英真，2015，《何谓新时代的学力与学习》，日本标准股份公司。

田中博之，2013，《课程编制论》，放送大学教育振兴会。

杨志明，2017，《新高考与走班制教学的推进》，《教育测量与评价》第 11 期，第 5 ~ 11、18 页。

臧铁军，2010，《新高考改革的六项原则》，《教育研究》第 2 期，第 52 ~ 56、90 页。

张华，2016，《论核心素养的内涵》，《全球教育展望》第 23 期，第 6 页。

钟启泉，2016，《基于核心素养的课程发展：挑战与课题》，《全球教育展望》第 1 期，第 3 ~ 25 页。

周海涛、景安磊，2015，《新高考改革助推教育升级》，《教育研究》第 8 期，第 91 ~ 97 页。

佐藤正夫，1996，《教学论原理》，钟启泉译，人民教育出版社。

Giddens，A. 1979. *Central Problems in Social Theory*. London：Macmillan.

Giddens，A. 1984. *The Constitution of Society*. Cambridge，MA：Polity press.

Kaspersen，L. 1995. *Anthony Giddens：An Introduction to a Social Theorist*. Oxford，England：Blackwell.

Kaspersen，L. 2000. *Anthony Giddens：An Introduction to a Social Theorist*. Oxford，England：Blackwell.

从文化自救到文化自觉

——基于梁漱溟乡村教育思想的再思考[*]

谢君君[**]

摘　要：百年来，中国乡村教育经历了不平凡的发展历程，从乡村教育救国、"文字下乡"到"文字上移"，乡村问题背后一直隐含着一条文化曲折发展的主线，而乡村教育则是这条主线的重要载体。本文以梁漱溟的乡村教育思想为脉络，试图回到历史的语境下去拾遗补阙。本文发现，梁漱溟的乡村教育思想从邹平实验到新中国成立后的总结反思，再到改革开放后的中西文化比较，一直贯穿着从文化救国到文化自觉的思想逻辑。梁漱溟的乡村教育思想试图找寻中西文化的契合点，通过乡村教育在乡村社会中的实践去塑造一种新的道德伦理文化，最终实现乡村的文化自觉和文化复兴。但他陷入中国的"伦理本位"不能自拔，其开展的乡村教育实验因缺乏对现实社会的细致考察和对乡村主体的在场确认，丧失了乡村主体的群众基础而未能成功。即便如此，他的乡村教育思想也为研究当下乡村问题提供了新的思路借鉴，让我们跳出其研究思路的局限，从"历史文化背景－人的主体在场－社会结构"的互动分析框架中去重新思考乡村教育问题，突出历史文化在乡村教育中的重要地位，框定乡村教育在乡村振兴中的重要地位，从历史、文化、社会和实践维度为乡村文

---

* 基金项目：海南省哲学社会科学规划课题〔编号：HNSK（ZC）19－08〕阶段性成果。
** 谢君君，海南师范大学副研究员，博士，海南省中国特色社会主义理论体系研究中心秘书处专职副处长，主要研究方向为乡村振兴、乡村教育理论与政策，E-mail：64325345@qq.com。

化自觉和文化复兴提供思路参考。

关键词：梁漱溟；乡村教育；文化自救；文化自觉

乡村教育是中国近代以来的经典话题。在一个以农立国的乡土中国，历经百年的风雨沧桑之后，乡村缘何成为问题的乡村，并一再成为影响中国未来发展进程的关键领域，让人深思。回顾历史，从 20 世纪 20 年代开始以梁漱溟、晏阳初、陶行知等为代表的一大批知识分子走向乡村开展乡村建设运动，到新中国成立后的"文化下乡"，再到改革开放后的"文字上移"、教育脱贫攻坚，围绕乡村场域的教育文化运动和政策转变，既改变着乡村，也驱使乡村在不同的治理逻辑下失去了本真的模样。近年来，围绕乡村教育的理论阐释和研究层出不穷，成果颇丰。从城市－乡村二元论到"双轨制"（王本陆，2004）、从国家中心在场的治理逻辑到发展主义逻辑转变，从教育公平与效率争论到"为农"和"抑农"的教育价值争论，从乡村整体面对现代文化的激进与回应说（梁漱溟，2015；潘家恩、温铁军，2016）到现代话语体系下的城乡一体化建设等，乡村问题一直伴随着中国革命、建设和发展的全过程。当我们停下历史的脚步，静思回望今天乡村所发生的林林总总，再回到近代中国乡村建设的历史脉络中去拾遗补阙，我们发现，"乡村成为问题"和"成为问题的乡村"背后一直隐含着一条文化曲折发展的主线，而乡村教育一直是这条主线的重要载体。回溯历史和当下，乡村在不同的发展阶段仍然存在很多共同点和历史节点上的特殊性，本文以梁漱溟的乡村教育思想为脉络，试图回到历史－社会的互动场景中，去梳理和总结乡村建设发展的经验与缺失，为现有的乡村研究提供一种思路和借鉴。

一 乡村缘何成为问题

"乡村成为问题"和"成为问题的乡村"（赵旭东，2008）既是对现有乡村研究范式的一种学术反思，也是试图跳出现有学术框架和历史成败论定式下的学术研究反省，还是回到乡村本体对象研究的一种问题确认。其要求我们既要超越学术的结构性限制，又要超越现代主义的话语体系，回到中国乡村历史发展的脉络中去感悟、体察在不同历史环境下乡村所发生的渐变与突变，并在历史与现实的反衬中去思考乡村应该成为什么样的乡村、缘何乡村会成为中国现代化体系的问题。

乡村问题就是围绕农业、农村和农民的发展问题，这是研究对象的本体确认。在一个以农为本的乡土中国，理解乡村就是理解现代中国的生动样本。乡村不仅是"三农"问题的空间场域，也是孕育现代中国灿烂传统文化的母体；乡村的发展不仅是生产要素、空间场域和主体实践的复杂运动过程，也是乡土文明和中国社会形态自我转化的生动实践。我们只有回到历史的场景中，回溯 20 世纪 20 年代梁漱溟所从事的乡村教育运动，从乡村整体的宏观视野和社会实践的微观角度去观察和理解乡村，才能更好地了解乡村缘何成为中国的关键问题所在。

（一）政治的崩塌

回顾百年乡村发展史，乡村成为问题一直与国家的政治、经济、社会和文化的发展变化息息相关。自鸦片战争开始，近代中国随着外国势力的压迫而陷入了民族自救的境地，沦为半殖民地半封建社会。甲午战争的失败加速了清朝政权的崩塌。从戊戌变法、庚子事变到洋务运动，中国在跌宕起伏的复杂运动中激发起对千年传统乡土文明的反思和批判，引发对"以农立国－以工立国"的争论；从学习西方的"器物说"到"制度说"，西方文明所带来的文化冲击激荡起对传统中国文明的深刻反思，从技不如人到文化优劣的民族自卑，并感叹出中国处在"三千年未有之大变局"的命运拐点。政权的更迭使乡村政治陷入无为而治的尴尬境地，传统的乡绅治理与新兴政治阶层在乡村的博弈日趋紧张。在教育领域，传统私塾与新学相互交织，最终新兴政党权威在乡村的植入导致代表传统乡绅利益的私塾没落。乡村传统教育的崩塌也必然导致国家在场的政治重塑。

（二）经济的抽取

民国建立后，它试图通过"以农助工"来实现工商业的发展，但军阀割据、政治上的无序和消极无力，使中国工商业发展始终缺乏一个稳定的政治环境。一方面，乡村成为各方势力争夺的权力疆域空间，动荡的政局、连年的战乱，让以农业为主的农民被动成为漂泊的"流民"。另一方面，民族工商业发展加速了城市化的进程，出现了民国初期的"黄金十年"。从 1912 年到 1920 年，中国现代工业的增长率达到 13.8%（费正清，1994），近代工业在工农业总产值中的比重从 1920 年的 4.9% 提高到 1936 年的 10.8%（王先明，2011）。1900～1938 年，城市人口增长明显加快，中国 6 个最大的城市——上海、北京、天津、广州、南京、汉口的人口，在 20 世纪 30 年代每年以 2%～7% 的速度增长（费正清，1994）。到 20 世纪 30 年代后期，人口 100 万至 200 万的城市增长率为 30%，人口 10 万至 50 万的城市增长 61%，人口 5 万至 10 万的城市增长率为 35%（王先明，2011）。农村人口向城市的转移加速了中国传统乡村的危机积聚过程。随着西方商品经济的带动，中国逐步卷入世界经济体系之中，以农村为产业供给的城市化建设开始，城市的工商业资本和金融市场化加速了对农村"三要素"（资本、土地和劳动力）的吸纳和剥夺，传统乡村小农经济受到冲击，农村土地改变了租地模式，农村经济货币化程度加深，租赁农场和富农经济开始出现，地主经济开始向工商业方向转变，农业生产结构出现种植专业化和区域化的被动调整，小农抗风险能力减弱，加剧了农村的社会分化（黄宗智，2000：141）。在 1929～1933 年西方经济危机期间，美国出于金融利益自保提高了黄金、白银等贵金属的价格，导致中国以"银本位"为主的国家出现大量白银外流，迫使政府于 1935 年放弃白银币制，改为法币制（城山智子，2010：130）。外部经济的压力进一步转嫁至农村，迫使农村的分散小农破产、土地兼并加速，乡村社会经济结构动荡加剧。

（三）社会的失序

随着军阀混战和吏制恶化，传统士绅和地主阶级逐步向城镇转移并出现了乡村权力失序的真空，村公职不再由德高望重的士绅担任，乡绅中读书人的比例明显下降，乡村"保护性经纪人"职能逐步瓦解，传统的道义伦理约束荡然无存，盗匪横行和土豪劣绅、衙役胥吏逐步成为乡村利益抽取的"赢利性经纪人"，加速了乡村小农共同体的瓦解。随着传统乡村社会治理秩序的解体，乡村民间社会性活动空间不断压缩，如互助、宗教、公益、自卫和娱乐功能大面积萎缩，长期维持乡村稳定以致达到"无为而治"的社会政治文化日益崩塌。与此同时，国家权力的植入因地方财政困境而陷入了恶性循环，现代"法治/警治"等高成本治理不仅难以为继，而且在推进过程中因水土不服而发生变异（杜赞奇，2003：114～115；罗志田，2014：108），助推了乡村社会的"去组织化"进程。

（四）文化的自救

"文化的失调"是乡村问题的一个重要表征，有人甚至把乡村问题的症结归为"文化的失调"（梁漱溟，2015）。因为乡村政治、社会和经济都离不开文化的本位。从传统乡村的发展来看，乡村建构的核心理念在于强化礼教伦理对人的教化，千年封建社会所积淀和传承下来的乡土文化不仅是乡村得以稳定有序发展的基础，而且是乡土文化自我进化和转化的功能体现。从《齐名四术》中提到的"明农以养子，贵礼以教之"（包世臣，2001：20），到梁漱溟的"伦理本位，职业分途"，乡村传统文化俨然是社会秩序的骨干，而法制、礼俗则是文化功能的延伸，它们催生出乡村社会的政治架构和经济架构。而近代乡村问题凸显，政治、经济和社会层面所显现出的乡村"三农"问题困境的根本原因在于文化礼教功能的丧失。当然，以文化视角研究乡村问题在今天也有重要的现实意义。从19世纪20年代开始，以梁漱溟为代表的一大批乡村建设者开始从乡村教育入手开展乡村改良运动，不只是针对乡村的教育、医疗、卫生、农业、社会组织等方面的建设，而是立足于乡村文化的重建，试图通过文化的自救来实现国家自强和民族振兴。今天，有关乡村问题的研究认为，现代文明对传统文明的冲击导致乡村问题的显现恰像历史的重演。可见，以历史文化决定论的视角研究乡村，让"乡村问题"成为"问题乡村"的研究思路转向，是从政治、经济、社会层面分析并引发出从文化入手建设乡村的思路回潮，实则有历史的归因和必然。因此，回到历史场景下去思考和推演近代乡村建设思想的起承转合，在乡村整体视角下去研究乡村，将通过"历史"来解释"当下"与通过"当下"来解释"当下"相结合，对我们现在建设乡村、实现乡村振兴具有重要的现实意义。

二　从文化自救到文化自觉的逻辑推演

梁漱溟的一生充满了曲折和传奇。其从小深受儒家文化思想的熏陶，青年时受梁启超等人思想的影响开始思考人生苦乐和中国政治改造问题，

20 岁左右开始潜心研究佛学，并曾自愿出家为僧，22 岁发表《究元决疑论》一文引起学界关注，并被蔡元培赏识应邀去北京大学任教，开始东西文化比较研究。在这期间，梁漱溟由于目睹南北军阀混战开始转向中国政治改造问题研究。1928 年梁漱溟前往广东开始思考乡村治理，并辗转多地，最后于 1930 年开始在河南开展村治实验。后由于蒋介石与阎锡山、冯玉祥等的中原大战爆发，梁漱溟受韩复榘邀请转到山东邹平继续开展乡村建设，一直持续到 1937 年抗日战争全面爆发结束。而后梁漱溟未再具体开展乡村教育实践，但其乡村教育思想一直在延续。通过梁漱溟的学术年表，我们可根据时间脉络将其乡村教育思想分为三个阶段：第一个阶段为 1928～1937 年，为乡村教育思想的启蒙与实践；第二个阶级为 1938～1959 年，为中国社会的特殊性与普遍性反思；第三个阶段为 1960～1988 年，回归到中西文化的比较思考，重提传统文化的重建。研究梁漱溟乡村教育思想的目的是把主体人放置在一个具体的历史环境去考虑，梳理其乡村教育思想的发展与变化，通过"历史－人－社会"的分析框架来勾勒其学术思想的发展轨迹，动态呈现其乡村教育思想的脉络，并从其失败和反思中找寻对今日乡村建设的启示。首先，我们要跳出历史成败论的思维定式，从一个客观中立的角度去看待梁漱溟的乡村教育思想。其次，我们要摆脱意识形态决定论的政治立场，从学术研究的角度思考其思想启蒙—实践失败—反思提升的学术脉络。梁漱溟既是在特定历史环境下开展乡村建设的一个个案，也是当时一大批乡村建设改良者中的社会实践代表。最后，我们要结合当时具体的历史环境和社会变化进行动态的考量，分析其思想在起承转合过程中的偶然与必然，以点带面呈现中国社会改良过程的复杂面向和共性特征，为今日的乡村建设提供思路参考。

（一）乡村建设的思想启蒙与实践

甲午中日战争后，清政府被迫签订《马关条约》，西方列强加速了对中国的瓜分热潮。1898 年戊戌变法虽然失败，却开启了以提倡科学文化、政治改革、教育制度，发展农、工、商业的资产阶级改良运动。1911 年爆发的辛亥革命，推翻了封建帝制，建立了共和政体，开启了完全意义上的民族民主革命，极大地推动了社会变革和思想解放。与此同时，孙中山已经开始思考和谋划国家建设方案，其《建国方略》已在筹划之中（王先明，2013）。梁漱溟回忆说，当时有人想走近代资本主义道路，有人想学苏俄，有人想学意大利，所见种种不同。乡村教育亦是其中一种，并且亦许是渐渐要占势力的一种（梁漱溟，1935）。1922年，章士钊巡游欧洲考察后提出"中国宜保存农业立国之制，以后提倡农村，使一村自给自治。一村如此，一县一省莫不如此，乃农村制推行各省，国乃可治也"，并开始频繁使用以"农村立国"代替"农业立国"（章士钊，1923：160）。1924年，米迪刚（1969：314）与王鸿一等在北京成立中华报社，讨论中华民国根本改建问题，并将翟城村治实践收入《翟城村志》一书。自19世纪20年代至30年代，以卢作孚、晏阳初、梁漱溟、陶行知、黄炎培、俞庆棠等为代表的一大批乡村建设者开始在全国开展乡村教育实验。据统计，当时全国从事乡村建设的工作团队和机构达600多个，先后设立的实验区达1000多处（郑大华，2000：456）。梁漱溟正是这场乡村建设运动的具体实践者。《回忆我从事的乡村建设运动》记载，梁漱溟最初探讨中国问题是从政治上入手的，他认为中国备受帝国主义欺辱，根本在于政治羸弱，要进行政治改革，学习西方宪政制度，戊戌变法、辛亥革命、中国同盟会改组为中国国民党都是参照英国的宪政制改革，但中国与英国不同的是，英国公民的公民权、参政权和对国事的参与过问权都是英国人民自己争取的，而中国公民则没有这种意识，也不懂。因此，他认为中国政治的改造要从基层做起，搞乡村自治，只要把一乡一村做好，宪政的基础也就有了。其最初的设想是把农民组织起来搞合作社，从低级到高级，通过引进科学技术把农村各项事业建设起来，搞工业化的农村，同时在乡村建立一个自治性的团体，把农民组织起来，并朝着一个方向努力。思路设想有了之后，梁漱溟想找一个地方进行实践。1924年国共合作，广东革命氛围浓厚，中国共产党在农村搞农民运动，组织农民协会，建立农民的革命武装，简称农团①。国民党李济深在广东搞"地方武装团体训练员养成所"，希望梁漱溟去广东训练一批人到各县地方把民团、商团和农团结合起来，从此梁漱溟便开始了其乡村建设思想的讲学和宣传，后因李济深被蒋介石囚禁而终止。1929年，梁漱溟选择北上。由于冯玉祥的

---

① 当时在广东搞农民运动的主要代表人物为中国共产党员澎湃，参见孟延庆，2017：180～214。

赞助，河南村治学院开始筹建，受王鸿一邀请，梁漱溟加入筹建工作，并起草了《河南村治学院旨趣书》。1929 年河南村治学院招收了第一批学生，共 400 多人，但由于战乱开学不足一年就草草结束。1931 年，得到时任山东省主席韩复榘的支持，梁漱溟前往山东继续开展乡村建设，并一直持续到 1937 年（参见梁漱溟，2015）。

梁漱溟在山东的乡村教育实践大致分为三个部分：一是成立乡村建设研究院，它的主要任务是研究乡村建设理论，招收大专院校的毕业生，毕业生学习一年后从事乡村建设研究，每期招收四五十人；二是组建乡村服务训练部，训练部招收的学员是有相当于中学文化程度的年轻人，每期约 300 人，毕业后去乡村进行建设工作；三是建立乡村建设实验区，实验区以邹平县和菏泽乡为主。邹平县的所有事情都归乡村建设研究院管，打破了原先县政府的行政区划，把全县划分为 10 个区，对全县户籍人口进行普查并对他们进行分类（一类是受过文化教育的，另一类是乡村中的坏人和不务正业的人），以便对他们进行管理和使用，同时在县城设立卫生院，配备医生，保障卫生服务。乡村建设实验主要从以下方面入手：一是推广科学技术，发展生产；二是积极倡导和支持发展合作社，建立金融互助机制，培养团体组织；三是侧重乡农教育，以乡村教育为切入口，服务于整个乡村建设。乡村教育涵盖政治、经济和文化三大体系，统称为人生教育，人生教育分为健康教育、生计教育、公民教育、精神教育、休闲教育及语文教育，其最终目的是实现乡村新的社会组织的重造（杨效春，1933）。

从梁漱溟的《乡村建设理论》一书中循经导引大致可以梳理出其乡村教育思想的逻辑曲线。首先，他通过历史学和比较研究的方法深入讨论了中国传统社会的结构和文化特质，认为中国社会的崩溃源于西方文化的入侵，进而导致本土文化的失调，而本土文化的失调则是导致乡村破败的根源。在中西文化的比较分析中，他提出人类社会的存在是由意欲和习惯决定的，大致可归为三大文化系统：一是以意欲反身向后的印度文化，二是以意欲自为调和、持中的中国文化，三是以意欲向前的西方文化。三者勾勒出文化发展的不同阶梯。在梁漱溟的文化模式里，中西文化都是世界意义的文化，不存在"学西方必抛弃中国"的二分模式。由于中国文化的"早熟"，当面对西方的文化入侵时，中国传统生活样态呈现全面崩溃，而在匆忙学习移植西方文化的过程中出现的种种失误导致中西文化的冲突和背离。他认为，西方以基督教为统一信仰打破了社区的家神邦神，建立起超家族的教会组织，强化了团体生活，培养出西方社会的公共观念、纪律习惯和法制精神的社会"公德"，以及基于不同利益集团的阶级对立。其内部社会秩序靠的是法律和外在强制力，宪法和宪政成为西方社会政治的运作规范和生活习惯。而中国社会是以非宗教的周孔教化为中心的，形成了以礼教代替法律、以伦理代替政治、以职业代替阶级、以道德代替宗教，把阶级国家融于伦理社会之中，以天下兼国家（李善峰，2015）的伦理精神，并逐步走向伦理本位、职业分途的社会结构。

其次，在乡村建设的内容上，梁漱溟以乡村教育为切入口，试图把乡村社会组织起来。针对中国社会的散漫性，他提出乡村社会组织的建设要建立在中国传统伦理关系的基础上，强调培植互以对方为重的伦理情谊和激发改过迁善的人生向上，同时学习西方的长处，尊重个人和社会财产，实现财产的社会化，强调社会纪律和约束，调动个人人生向上的积极性。他认为通过行政强制力管理民众既不能唤醒民众的道德意识，也无法调动他们的积极性。他以宋代吕和叔的《吕氏乡约》为蓝本设计乡约制度，试图建立一种伦理情谊化的社会组织以实现地方自治。梁漱溟建立的乡村学校既是行政机关，又是教育机关，还是一个团体组织。它由学董、学长、学生、教员和辅导员组成，主要讲授"精神陶炼"和"实用技术"，一是阐发中国传统文化，二是传授实用技术。乡学的目的是培养新的政治习惯，增强乡下人对团体生活及公共事务的能力，让农民保持伦理情谊和人生向上的理性，组织农民共同生产面对困难，逐步培养一种民主政治习惯，并试图以乡为试点，逐步扩大到县、省，最终实现现代意义上的国家，达到社会改良的目的。

再次，在建立民主政治精神上，他强调要符合中国的伦理精神，要尊师尚贤，互以对方为重，将权利观转化为义务观，人民通过履行自己的义务确保别人权利的落实，反对西方的天赋人权。他所主张的民主精神团体，一是强调公民参与的政治权利，二是强调个人的自由权利。所谓的民主精神，一是要有容忍异己的雅量，二是要有少数服从多数的习惯。但他忽视了民主制度建设的重要性。

最后，他提倡在乡村建设中要致力于在金融流通、引进科学技术和促进合作组织上三管齐下，通过促进小规模技术的推广和经济改善，来提高农业的技术水平和生产效率，同时引进产销制度和市场经济组织以提高农民的收入水平。他还强调要重视知识分子在乡村建设中的作用，鼓励知识分子下乡与村民打成一片，通过提出问题、商讨办法、鼓励实践来不断解决问题，创造各种条件让乡村活起来。

从梁漱溟的乡村教育思想来看，他以乡村为基本单元，通过乡农学校实现生产和分配的社会化，试图通过组织合作社实现不盈利的生产以满足消费，并以农业促进工业，把乡村教育贯彻其中实现改良风俗，引导大家参与社区生活。他把以家庭为本位的儒家伦理主义改造成一种"互以他人为本位"的社会自组织方式，并吸纳西方民主政治的合理因素，创立一种社会主权归人人、人人参与公共事务的权利和义务的社会新组织形式。梁漱溟勾勒的理想新社会，以乡村为本、都市为末，先农后工，农工业均衡发展，城乡协同调和，强调以人为主体，实现人支配物而非物支配人，强调伦理本位而不能落入个人本位或社会本位的极端，让政治、经济和教化（文化）三者合而为一，强调维持社会的秩序应以理性而非武力（李善峰，2015）。

（二）两种乡村建设道路的反思

然而，在1931～1937年，梁漱溟在山东邹平的乡村建设实验并没有取得预期的结果，倒是在他并不在意的经济方面取得了一些进展，即通过推广科学技术提高了农业的生产水平和效率，但在乡村建设的民主政治建设和社会团体合作组织建设上乏善可陈。1934年，梁漱溟在乡村建设研究院演讲时提到"我们的两大难处"：一是高谈社会改造而依附政权，即乡村建设需要借助政府的力量来完成社会改造，本身就是去了革命性，但又不能用行政强制力量来实现乡村建设，需要借助教育的手段，而教育又必须依附于政府的实践矛盾；二是号称乡村运动而乡村不动。乡村建设缺乏一个稳定的核心组织，乡村建设所强加的善意，农民理解不了，也无感，以农民为基础的乡村运动既缺乏农民在场的主体自觉，也缺乏内在动力。梁漱溟提炼的"两大难处"不仅反映了当时乡村建设所处的客观环境与其主观目标之间的内在张力，也反映了其立足于主观设想而脱离群众基础的实践乏力，由此提出的改良方案呈现出革命的软弱妥协性和不彻底性。梁漱溟的乡村教育实践在 1937 年随着抗日战争的全面爆发而宣告结束，但其后他对乡村建设的思考一直在延续。

1938 年，梁漱溟从武汉经西安到延安考察，并与毛泽东等中共领导人进行深入交谈。中国共产党在延安的农村建设实践给梁漱溟留下了深刻的印象，他与毛泽东就乡村建设问题进行了深入讨论。毛泽东认为梁漱溟过于突出中国社会的特殊性而忽略了阶级矛盾的普遍性。毛泽东虽然最后没有说服梁漱溟，但对梁漱溟以宗教家的精神开展乡村教育实践给予了肯定。这次谈话为后来的"两种道路"之争留下了疑问。

中国共产党成立后，以毛泽东为首的中共领导人，以马克思主义理论与中国具体实际相结合，通过对中国社会各阶级的分析，走出一条"农村包围城市"的道路，而这条道路在梁漱溟眼里是一条走不通的死路。其在《中国民族自救运动之最后觉悟》《我们政治上的第一个不通的路——欧洲近代民主政治的路》《我们政治上的第二个不通的路——俄国共产党发明的路》中对中国走西方宪政之路和俄国的党治建国之路都给予了否定。他虽然对中国共产党的奋斗精神予以钦佩，但他认为以阶级斗争的方式来寻求建国，不仅不符合中国的社会阶级条件，而且其所提出的布尔什维克政党要求与中国传统士大夫所转化的知识分子的文化、心理、行为、习惯都不相符。梁漱溟认为，中国现代建国的困境既有外部原因，也有很深的历史、文化和社会内因。其中，内因的破坏性更大。这些内因根植于秦汉以来中国社会所形成的一些结构限制，加上原来整个社会组织所仰仗的皇权崩溃，导致中国社会缺乏一个整体有组织的社会核心。他认为要破解这个困境，最便捷的是有两个对立的阶级产生冲突，在冲突中掌握武力、树立国权、建立秩序的中心力量。但他认为在中国这个"伦理本位、职业分途"的社会里，不存在两个对立的阶级，只能通过乡村建设一条路实现建国。

农民革命、乡村建设是中国共产党革命进程中的重要内容。从《中国社会各阶级的分析》和《湖南农民运动考察报告》可见，毛泽东以马克思主义的阶级分析方法研究中国传统社会结构，并将马克思主义理论与中国传统文化相结合，提出统一战线、武装斗争和党的建设的三大法宝。他立足群众路线，从农民最关心的土地问题入手，通过彻底的土地革命实现了与广大农民的命运共联，创造性地解决了农民的压迫和乡村解体的问题，把党的建设与广大农民的日常生活紧密联系起来，以强大的团体组织力量实现了乡村改造。在延安时期，中共通过大规模整合乡村社会，不仅打破了传统乡村的藩篱，而且创造性地把马克思主义理论与中国传统文化相结合，实现了广大农民与中国共产党建国目标的情境共鸣。同时，中国共产党在长期革命实践中形成的乡村改造经验，使农民变被动为主动，在延安探索出独具特色的乡村建设之路（王先明，2016）。

1949 年底，梁漱溟受邀从重庆来到北京，毛泽东邀请其加入人民政府，梁漱溟仍然对中国能否开创出稳定之新局存有疑虑。其原话为，"我尚信不及中国能以就此统一稳定下来，以为，我如其参加政府，就落到共产党一方面，莫若中立不倚，保持我对各方面说话历来的立场资格"。他说："中国自推翻帝制多少年来，纷争扰攘，外无以应付国际环境，内无以进行一切建设，天天在走下坡路，苦莫苦于此。我一向切盼大局统一稳定，而眼见一时的统一不难，就难在统一而且能长期稳定下来。"（梁漱溟：《追记在延安北京迭次和毛主席的谈话》）（参见贺照田，2011）从梁漱溟当时的心境来看，他不信中国共产党能跳出他所设定的"伦理本位、职业分途"的中国无阶级说，并以阶级斗争的方式实现建国，也并不认为中国共产党能摆脱辛亥革命和国民党革命失败的历史命运。然而，1950年 4 月至 9 月，梁漱溟在山东、河南、东北的农村调研时发现，在新中国成立不到一年的时间里，他一直致力于在中国乡村建立的团体组织和改变农民麻木不仁的心境都已实现。他真正体认到中国不仅统一了，而且已经树立国权。他被现实强烈震动。1951 年，梁漱溟主动要求参加西南土改。基于四川三个多月的土改经验，他清楚地看到中国共产党所做的一切已经远远超出他的预期，他才知道高高在上的北京政府竟是在四远角落的农民身上牢牢建筑起来的（贺照田，2012）。这给苦苦寻求建国之路的他留下了深刻的反思。

在《中国建国之路（论中国共产党并检讨我自己）》（该书最后未完成书稿）、《何以我终于落归改良主义》、《两年来我有哪些改变》中，梁漱溟反思中国共产党何以能成功实现乡村建国之路，其症结在于毛泽东创造性地提出"无产阶级革命"的阶级斗争论，让一个本无阶级的社会实现了民族国家的建立，打破了历史上西方建国的范式。从民族国家与阶级的关系来看，中国共产党首先锻造出一个核心的阶级（无产阶级），并通过农村包围城市的道路实现了人的无产阶级化来代替和补充现实不足的工人阶级。而一个阶级的锻造在于一个坚强的政党，中国共产党以马克思主义理论为指导，通过组织文化、制度文化与人民的日常生活文化相结合，实现了人的思想的革命化。总的来说，中国共产党的成功在于把中国传统历史文化和社会结构的特殊性与中国的具体实际结合起来，打破了传统建国模式的思维定式，依靠广大知识分子和农民的结合拓展了传统的士农关系，创造了新的社会组织形式，并紧紧依靠群众，加强乡村社会团体的建设，通过村学、农学、夜校、社团组织建立起强大的群团组织力量，并以农民最为关心的土地问题作为切入点，最大化地扩大统一战线，做到永不脱离实际、永不脱离群众，并实现了与广大农民的命运共联。

（三）文化重建：中西文化的比较思考

中华人民共和国成立之后，国际局势并不稳定，西方帝国主义对新中国进行围追堵截。1950年的朝鲜战争让中国陷入了更大的经济窘境，国内一穷二白、经济凋敝，百废待兴。为了快速实现工业化目标，毛泽东构思了以农业反哺工业的建国方略，试图在短期内建立完备的工业体系，开启了城乡二元经济结构。为提高生产力，我国学习苏联农业模式，开始大规模实行农业土地合作社运动，同时加强了对农业的社会服务建设，在农村建立乡镇卫生院和学校，提高农村的公共服务水平，通过夜校、扫盲学校提高农村的整体文化水平。但在以城市为中心的政策导向下，工业通过"剪刀差"抽取农业利润，农村在"平均主义"和农民在"搭便车"的利益驱使下，生产效率逐步下降，导致后来的农业生产生活困境。梁漱溟给全国政协去信提出建议。而毛泽东则认为其不合时宜的乡村建设方案不符合中国国情，在全国政协会议上做了题为"批评梁漱溟的反动思想"的讲话（毛泽东，1977：107～115）。从1952年至1960年，中国国民生产总值增长了2.16倍，国家各项事业得到了迅猛发展。1959年，梁漱溟写了《人类创造力的大发挥大表现——试说明建国十年一切建设突飞猛进的由来》一文，感叹中国建设发展之快，试图说明建国十年一切建设突飞猛进的由来，并开始反思乡村建设背后的文化问题。1960年，梁漱溟从乡村教育思想又折返到重新思考中国传统文化，着手撰写《人心与人生》一书。1966年"文革"爆发后，梁漱溟暂住小屋，撰写《儒佛异同论》。

1970 年他完成书稿《中国——理性之国》。同年 12 月，他写出《我的思想改造得力于〈矛盾论〉》。此后若干年，梁漱溟开始专注于中国传统文化的研究。他提出中国传统文化的要义在于道德伦理。这种道德伦理立足于中国传统文化的再生，是支撑社会秩序的基础。它强调要互以对方为重，调和持中，讲天下太平，注重伦理精神和社会规范的约束。这种伦理精神超越了国界和民族的界限，以平等的伦理原则与他者相处，目的是走向世界的大同，实现永久的太平。回顾梁漱溟的乡村教育思想和实践可以发现，他一直试图以一种中西文化的调和来实践他所构思的文化建设路径，通过乡村社会基层的日常生活实践去塑造一种伦理道德的新文化，并把这种伦理道德的实践性转化为包括经济活动在内的社会整体实践，形成整体的文化复兴（参见梁漱溟，2015）。由此可见，梁漱溟所强调的伦理精神的重建实际上是一种从文化自救到文化自觉的社会实践，它既是实现文化的自觉的行动体现，也是民族走向复兴的实践路径。

20 世纪 80 年代，随着我国改革开放进程的不断深入，城乡二元分化的政策效应开始显现，城市中心主义思想盛行，城市开始不断吞噬乡村的经济利益，乡村人口向外流动，资源要素开始向城市集中。虽然中国的经济发展取得了巨大成就，但百年前乡村面临的社会和文化困境在今天开始重现，现代经济技术的发展逻辑支配着乡村卷入全球化的经济浪潮中。传统乡村的"去脉络化"和历史文化村寨的不断消失，使现代乡村建设陷入了一种城市与乡村发展的二元悖论，乡村建设思路面临着新的挑战，这促使人们开始重读梁漱溟的《乡村建设理论》。晚年，梁漱溟回忆说，我的乡村建设理论现在来看并没有错，只不过说出来太早了，是一个"早熟"的试验。1986 年，梁漱溟应邀在中国文化书院做了题为"东西文化比较研究"的讲座，他感慨地说："我六十多年前就曾预测，中国文化必将复兴。"（梁漱溟，2015）这似乎预示着中国乡村的另一种发展路径，让人突然有了一种灵魂的交集和思想的顿悟。

可以说，梁漱溟的乡村教育思想既是一个在以农为本的传统国家中孕育出来的改良主张，也是一个在面对外部环境压力和内在传统社会结构矛盾双重危机下的思想产物。虽然他所开展的乡村建设实践由于国家战局的动荡而被迫停止，但思想中的局限性决定了其乡村建设实践在现实中也不一定能够实现。特别是在当时的历史环境下他所设定的中国问题的解决必定有待于中国农村问题的根治，被中国共产党以一种他极力否定的革命方式予以实现。对此，梁漱溟也承认自己错了。但历史有不同的可能性，条条道路通罗马，这并不表示梁漱溟穷其一生所坚持的以传统文化价值结合现代文化建设乡村的思想和实践就必然错误。其试图通过中国传统文化改良的方式来实现现代中国建设的路径在今天仍然具有重要的现实意义。在西方现代文化的冲击下，中国农村出现了各种社会和文化问题，中国传统的乡土文明如何调整并适应新的现代化进程，创造出一种新的文化内涵，实现传统文化的更新，实现从文化自救到文化自觉的转变，是一个亟待我们思考的现实问题。梁漱溟的乡村教育思想是从一种宏观整体的视域来考量的。他跳出单一的现代经济技术支配的发展逻辑和国家治理主义的逻辑，试图探索出一种区别于西方现代化发展的路径，尝试从中国本土的乡村实践中找寻中国传统思想与西方文明的契合点，建立一种新的乡村社会秩序。同时，针对如何重建乡村的团体组织，梁漱溟所主张和提倡的让知识分子深入乡村寻找问题、找寻方法、鼓励实践，在今天仍具有重要的借鉴意义。他所提倡的乡村教育，依靠知识分子与农民的结合，尝试在外部环境与资源约束的框架下，思考一种非主流西方现代化发展模式和非资本主义道路的建设路径，为我们在新的历史环境下思考乡村建设提供了一种思路借鉴。

三　梁漱溟乡村教育思想的反思与启示

梁漱溟的乡村教育思想从历史文化决定论的思维框架出发，从文化意识（主体实践）的过程为我们思考乡村建设提供了一种思路参考，但他过于宏观的历史脉络忽略了历史过程中短时段的"灵光一瞥"。他把中国历史的社会结构变迁回溯到秦汉以来的历史文化变迁，这种大历史、大结构的勾勒试图说明中国传统社会自古以来的伦理道德变化一直是扎根于乡土的文化产物，但他忽略了由"千年未有之大变局"的命运拐点导致的历史突变，特别是中西文化冲击和现代工业变革所带来的时代突变，中国已然卷入了全球化的革命局势之中。这种外部环境的压力变化以前所未有的现代军事、经济、文化和技术的表现形式打破了原来平缓运行的文化发展趋势。同时，对于中国社会结构的分析，他极力否定社会阶级矛盾的普遍性，先入为主地排斥马克思对西方社会阶级分析的理论方法，陷入中国伦理本位的周孔教化中不能自拔，其内心所皈依的佛学和传统教化已然铸就了其思想理论的根基。毛泽东运用阶级分析方法并通过阶级斗争的方式实现建国目标后，其又因囿于阶级论的思维定式而不能解决乡村教育运动面临的困境。他试图构建的以历史文化为支撑的、通过人的教育改革实现社会组织结构的重构思路，缺乏对现实社会的细致考察和对乡村主体的在场确认，丧失了乡村主体的群众基础。未能建立起强大的乡村社会团体组织是其乡村建设失败的根本原因，他过于宏观地在传统文化与现代文化的对立冲突中找寻文化共契的实现路径，最终陷入了以历史文化为调和方式的自我结构性循环应证。

即使如此，梁漱溟的乡村教育思想给予我们的启示对于我们今天建设中国乡村来说仍然具有重要的启示意义。今日乡村建设研究因囿于乡村场域而缺乏从宏观上把握乡村与城市的结构关系在全国乃至全球经济体系中的基础性地位，更缺乏从历史文化发展和转化的视域中去思考中国传统文化与西方文明之间的冲突与交融，而乡村正是中西文化冲突与交融的重要试验场，乡村传统文化的凋敝正是西方文化与传统文化在不平衡状态下的现实表征。传统文化的凋敝势必影响乡村政治、经济、社会结构和生态的变化，而近年来出现的乡村治理、经济转型、社会结构秩序重塑和生态治理都可以从传统文化的塌陷中找到直接联系。从文化维度来看，文化具有自我调适和自我转换的功能。从百年乡村发展的脉络来看，中国传统文化与现代文明的冲突与交融，不仅没有消泯传统文化的生命力，反而在历史发展过程中时浓时淡地动态呈现，经历了从中国传统文化的崩塌—调适—自我新文化建立的发展过程，实现了文化自救—文化自觉—文化复兴的自我转变。其文化过渡的中介领域通过教育实现对主体人的流动，从传统的乡村场域转移到城市文化的交汇，并上升为国家意志，再通过城市转接到乡村回流。从历史维度来看，近代传统文化在乡村的崩塌随着士绅私塾、乡学、庙学的退场而转向了城市的现代文明，从新中国"文字下乡"的国家治理主义逻辑到改革开放后的"文字上移"的发展主义逻辑转变，文化在乡村的在场转变直接反映了乡村的兴衰变化过程。从社会维度来看，文化是国家意志的直接表现，乡村教育就是乡村的"国家在场"，以权威主义架构为基础的包容性政治体制是影响乡村发展的直接因素。从城乡二元关系到城乡一体化建设，从地域经济发展到全球化生产要素经济格局，从城市化建设到乡村振兴战略，社会结构的变迁和资源要素的分配直接影响到乡村的现代化转型程度，乡村教育的"国家在场"是影响乡村从传统到现代的重要标识。同时，乡村经济资源要素和人力资源的不足以及社会组织化程度的不成熟现状影响着乡村政治社会和文化共同体的实现。从价值维度来看，文化要涵盖国家、社会、个人和人类共同的价值追求。梁漱溟思考的中国伦理本位及构建的中国伦理精神的价值体系，以平等的伦理与他者相处，超越了国界和民族的界限，目的是走向世界的大同，与今天所提倡的人类命运共同体有异曲同工之妙。而今天乡村教育传导的文化和价值体系，能否超越经济功利主义、个人主义、发展主义和城市中心论的狭隘目标，摒弃"为农"和"抑农"的价值争论，回到培养和践行具有中国文化精神的思想承载者，以进一步回答乡村教育的本质和"为了谁"的历史追问，仍然是一个值得探讨的问题。

梁漱溟的乡村教育思想为我们弥补和完善现代乡村教育提供了一个参考思路。我们要超越乡村教育和乡村场域的狭隘视域，从"长""中""短"的历史脉络中去梳理乡村教育的发展变化，跳出现有的研究局限，从百年乡村发展的宏观历史文化脉络和整体视野中对乡村研究进行框架分析和归纳，以历史文化背景－社会结构的研究视角，构建起"历史文化背景－人的主体在场－社会结构"的乡村问题研究分析框架，将乡村教育置于乡村的整体中来考量，将它所承载的历史文化在乡村的实践过程作为研究对象，将由人的主体在场引起的社会结构变化作为分析因素，将由政治权威导致的社会资源要素分配和政策价值取向作为影响因素，深入研究乡村在外部环境压力和自身内部社会结构矛盾的双重压力下的转换路径。特别是在"百年未有之大变局"的历史节点，我们要重新思考乡村在全球化经济格局中的定位和影响变化，研究城市化对乡村人口的迁徙和乡村社会结构的影响，研究信息技术革命对乡村时间、空间和地域的转变，从实践层面思考新技术革命对乡村主体的影响，思考乡村教育如何承载文化发展与转换的历史重任，框定乡村教育在乡村振兴战略中的关键性作用。

总之，历史的车轮不会随着人的意志转移而停止。梁漱溟的乡村建设仅仅是众多乡村建设者的实践缩影，回溯和反思是为了更好地前行。百年乡村建设的历程就是一个时代的倒影回放。在一个以农立国的传统中国，乡村不仅仅是一个地域概念，而是承载着中国的乡土情结和文化底蕴。从历史文化的角度去思考乡村为我们跳出现代话语体系下"落后乡村"的标识限制和二元对立（传统与现代、城市与乡村）的刻板印象，以及在新的历史节点中去思考和探索乡村发展提供了新的借鉴。

参考文献

包世臣，2001，《齐名四术》，潘竟翰点校，中华书局。

城山智子，2010，《大萧条时期的中国：市场、国家与世界经济（1929—1937）》，孟凡礼、尚国敏译，江苏人民出版社。

杜赞奇，2003，《文化、权力与国家：1900—1942 年的华北农村》，人民出版社。

费正清编，1994，《剑桥中华民国史（1912—1949）》，中国社会科学出版社。

贺照田，2011，《从梁漱溟的视角看现代中国革命》，《中国图书评论》第 6 期，第 85～96 页。

贺照田，2012，《当自信的梁漱溟面对革命的胜利……——梁漱溟的问题与现代中国革命的再理解之一》，《开放时代》第 12 期，第 91 页。

黄宗智，2000，《华北的小农经济与社会变迁》，中华书局。

李善峰，2015，《一个现代国家建设的系统方案》，载梁漱溟《乡村建设理论》，商务印书馆。

梁漱溟，1935，《乡村建设理论》，《乡村建设》第 1 期，第 10 页。

梁漱溟，2015，《乡村建设理论》，商务印书馆。

罗志田，2014，《权势转移——近代中国的思想与社会》，北京师范大学出版社。

毛泽东，1977，《毛泽东选集》（第 5 卷），人民出版社。

孟延庆，2017，《"深耕者"与"鼓动家"：论共产党早期乡村革命中的"农运派"》，《社会》第 3 期。

米迪刚，1969，《余之中国社会改良主义》，载尹仲材编述《翟城村志》，台北：成文出版社。

潘家恩、温铁军，2016，《三个"百年"：中国乡村建设的脉络与展开》，《开放时代》第 4 期，第 126～145 页。

王本陆，2004，《消除双轨制：我国农村教育改革的伦理诉求》，《北京师范大学学报》（社会科学版）第 5 期，第 20～25 页。

王先明主编，2011，《中国近代史（1840—1949）》，中国人民大学出版社。

王先明，2013，《建设告竣时 革命成功日——论孙中山建设思想的形成及其时代特征》，《广东社会科学》第 1 期，第 131～142 页。

王先明，2016，《中国乡村建设思想的百年演讲（论纲）》，《南开学报》（哲学社会科学版）第 1 期，第 14 页。

温铁军，2009，《"三农"问题与制度变迁》，中国经济出版社，第 137 页。

杨效春，1933，《乡农学校的活动》，《乡村建设》第 24～25 合期，第 76 页。

章士钊，1923，《在上海暨南大学商科演讲欧游之感想（1923 年 1 月 23 日）》，载《章士钊全集》第 4 卷，文汇出版社。

赵旭东，2008，《乡村成为问题和成为问题的中国乡村研究——围绕"晏阳初模式"的知识社会学反思》，《中国社会科学》第 5 期，第 110～117 页。

郑大华，2000，《民国乡村建设运动》，社会科学文献出版社。

学业提升与贫困改善

集聚效应或因材施教：师资
对小班效应的影响

刘博远*

摘　要： 在我国区域、城乡教育资源分布不均的背景下，不同层次学校的小班化改革是否都能有效促进学生学业和认知发展，是一个值得反思的问题。本文利用中国教育追踪调查（CEPS）数据借助多水平模型发现，师资力量的差异会对不同班级规模的教学效果产生调节效应。对于师资力量较强的城镇地区学校，小班教学有助于提升学生的学业成绩；而对师资力量薄弱的农村学校，大班教学能够对学生的认知能力发展产生正面影响，但大班教学的正面影响会随师资力量的增强而减弱。这背后的逻辑可能在于，农村地区的小班是被动形成的，大班是自发形成的，集聚效应占主导；而城镇地区的小班则是学校为追求因材施教主动设立的。本文据此提出一个学校选择－筛选模型，认为削减班级规模首先需要为师资薄弱地区引入教学人才。

关键词： 班级规模；师资力量；多水平模型；集聚效应；因材施教

一　问题提出

随着我国市场化转型的深入以及城镇化的稳步推进，如何获取更加优

---

* 刘博远，清华大学社会科学学院硕士研究生，主要研究方向为教育经济学、教育社会学，
　E-mail：381747255@qq.com。

质的教育资源成为许多普通民众的一项核心关切。21 世纪以来，加速推进的城镇化使不少农村儿童随父母进城接受教育，这在使农村学校面临学生流失困境的同时，使城镇地区的学校面临着"大班额"问题，县镇优质学校成为我国"大班额"问题较为集中发生的场所（秦玉友，2017）。如何有效破解这一困局，实现我国基础教育均衡发展，事关亿万人民对教育的满意感和获得感。

为此，我国在西方发达国家经验的基础上，开始探索小班化教学改革。近年来，教育部将推动消除"大班额"作为基础教育改革的重要任务，发表了一系列政策文件推动各地深化班额问题改革。2018 年 12 月 13 日，教育部基础教育司司长吕玉刚在教育部新闻发布会上指出，要在当年年底"基本消除超大班额（控制在 2% 以内）"，力争到 2020 年底逐步消除"大班额"。① 2019 年 7 月，我国进一步明确将"加快消除城镇大班额，逐步降低班额标准，促进县域义务教育从基本均衡向优质均衡发展"视为下一步深化关键领域改革的重要内容。②

在学术研究领域，已有不少学者针对班额与学生学业成绩关系开展了一系列实证研究，但这些研究均在一定程度上忽视了我国各地区、不同类型学校班额问题产生的具体情境。例如，在义务教育阶段师资力量配置不均衡的大背景下，不同学校的师资力量从根本上制约了班额大小；师资力量可能是影响"班额效应"的重要因素。在本文中，笔者基于中国教育追踪调查（CEPS）基线及追访数据，使用多层次模型方法，从师资力量的角度出发，分析不同初中学校的师资力量是否会影响小班额教学效果。

二 文献回顾

对"大班好"还是"小班好"的争论可以追溯到 20 世纪美国学者的

---

① 《教育部：今年年底基本消除超大班额目标能如期实现》，中华人民共和国教育部，http://www.moe.gov.cn/jyb_xwfb/xw_fbh/moe_2069/xwfbh_2018n/xwfbh_20181213/mtbd/201812/t20181214_363550.html，最后访问日期：2021 年 6 月 14 日。
② 《中共中央 国务院关于深化教育教学改革全面提高义务教育质量的意见》，中华人民共和国中央人民政府，http://www.gov.cn/zhengce/2019 - 07/08/content_5407361.htm，最后访问日期：2021 年 6 月 14 日。

讨论。格拉斯－史密斯对以往讨论进行了元分析，认为在其余条件相同的情况下，更小的班级规模能够让学生学到更多知识，并提出了著名的"格拉斯－史密斯曲线"（Smith，1979），即班级规模和学生学业成就呈负相关关系，但随后有学者指出了其自选择性导致的偏误（Simpson，1980）。田纳西州小班化教育改革实验STAR计划基于11600个学生样本设计了随机对照实验，证实小班化对学生的学业水平具有短期和长期的促进效应，并且少数族裔和贫民学生受益更多（Finn and Achilles，1999），而教师的帮助和个性则没有显著影响（Krueger，1997）。它还进一步得出班级规模由22人减少到15人的内部回报率约为6%，肯定了小班化的效益（Krueger，2003）。

然而，在政策执行阶段，直接采取小班化改革的措施是否促进了学生的学业发展？美国加利福尼亚州于1996年7月推行了一项政策，每年拨出10亿美元用于缩减公立学校班级规模，但部分地区仍然因空间、师资、财政紧张而难以迅速贯彻，并且低阶层学生面临越发严重的教师资质不足问题（Schrag，2007），且被质疑学生成绩的提升并不是得益于班级规模的缩减（Stecher et al.，2001）。在加州缩减班额政策取得意料之外的结果后，有学者开始对缩减班级规模的收益展开了反思，通过实证研究认为教师能力提升对促进学生成绩发挥的作用比缩减班额更大（Rivkin et al.，2005）。

20世纪下半叶至今在西方开展得如火如荼的小班化改革，也引起了国内一些学者的关注和反思。我国逐渐显现的城镇、县域学校大班额问题，促成了近年我国推进小班化改革政策的出台。我国学者的主流观点与国际经验相符，指出大班额存在教学资源被稀释等问题，学校规模和班级规模要保持适当的数额，不宜过大（和学新，2001）；小规模班级有助于提高教师对学生的关注度、增强学生的课堂参与、降低课堂的管理难度以及提升学生学习成绩（赵忠平、秦玉友，2013），并且能够提升学生的非学业表现，如情绪控制能力（郑力，2020）。部分实证证据也表明，学校规模、平均班级规模的扩大化，对学生语文、数学（赵丹、曾新，2015）、英语（贾勇宏，2014）等科目成绩有负面影响。还有学者进一步指出，大班额带来了损害教育公平、影响学生身心健康、加重教师工作负担、增加学生家庭负担等一系列问题（杨涵深、游振磊，2019）。

整体来看，国内主要以综述、思辨的方式支持小班化改革，而较少通过数据证实小班教学的效果。相反，另一部分实证研究对小班额的作用抱持怀疑态度。国际经验在我国国情下是否仍然适用，引起了不少学者的关注。来自广东省 5 个地区、32 所小学的三年级共 57 个教学班的数据表明，现阶段我国班额与学生学业成绩呈显著正相关关系，即班额越大，学生学业成绩越好，与国际经验相悖（方征，2015）。此外，由于现阶段我国东西部、城乡之间仍然面临发展不平衡、不充分的问题，小班化改革在地区间的效果差异也是学者们关心的问题。实证结果表明，班级规模对学生学业成绩的影响存在异质性。基于 2015 年国际学生评估项目（PISA）数据的一项分析表明，尽管优势地位家庭更倾向于选择小班，但小班的成绩优势仅在初中阶段能够体现，而大班的成绩优势则在高中阶段显示出来，且小班成绩好坏也与学校位于城市还是位于乡镇有关（郑琦、杨钋，2018）。另一项基于 CEPS 数据的研究同样表明，班级规模对初中生学业能力的影响在不同行政区域与学校区位中的效果并不一致，在省会城市子样本中，"大班额"存在显著的负效应；而在地级市、县或县级市子样本中，"大班额"存在显著的正效应（崔盛、吴秋翔，2019）。此外，在学前教育中，我们也发现，并非所有儿童都能在班级规模的缩减中获益，异质性依然是一个值得关注的议题（杨钋等，2020）。

关于我国不同地区班级规模对学生学业成绩影响存在差异的原因，目前国内尚未有更进一步的实证研究，以上文章也仅进行了一些理论或经验推测，如学校层面的学生筛选和策略性分班可能导致高能力学生或者优质教师在"大班"的集聚（郑琦、杨钋，2018），不同区域的教育发展、学校布局和家庭选择也被认为是异质性的来源（崔盛、吴秋翔，2019）。研究者认为，保证师资力量、教育经费、教学设施设备是小班效应的先决条件（方征，2015），否则小班效应将面临失效的风险。由此看来，国际经验在我国落地过程中出现了一些波折，但出现"水土不服"的原因尚未得到充分厘清和证实，小班化改革究竟是否能够在现阶段无条件适用于我国基础教育的所有情形，仍然是一个值得商榷的议题。有学者尖锐地指出，如果只推进班级规模缩减而不进行系统化改革，小班额就不会达到预期效果（吴永军，2016）。

基于我国现阶段基础教育发展的水平，一个可能对小班教学效果产生影响的调节因素是师资力量。有学者研究了教师质量对小班教学效果的调节效应，指出尽管小班教学能够提高学生的数学和阅读水平，但由此引入的缺少经验或资质的教师会削弱其效果，这一情况在经济欠发达地区尤甚（Jepsen and Rivkin，2009）。我国也有研究确认了教师资源投入在学生学业成绩影响因素中的核心地位（范艳玲，2006）。

我国在迈向教育均衡发展的过程中，同样面临资源分配差异的问题。乡村学校在多方面落后于城镇学校，特别是不少地方学校仍面临着较强的师资约束，教师缺编、留不住优秀人才成为乡村小规模学校较为普遍的现状（周静，2020）。根据笔者在西部某省的调研，在谈及农村小规模学校发展的困境时，校长们都不约而同地指出了"师资"这一关键要素，特别是由班级规模过小导致教师课时负荷过重的问题。如果这些学校留不住优秀师资，教师队伍总是处于短缺状态，那学生也只会进一步流失，乡村小规模学校只能等待消亡的结局。在这一背景下，如果在师资力量薄弱的地区继续推动小班化改革，则可能加剧优秀师资短缺的现状，未必有利于学生学业的发展。那么，我国师资力量不同的学校在班级规模自然形成的过程中，究竟是遵循因材施教的小班化逻辑，还是更加偏向于集聚效应的大班教学模式？厘清这一问题，对科学推进教育均衡发展具有重要意义，这也是本文的核心问题所在。

三　研究设计

本文的核心关切在于，对于师资力量不同的学校，班级规模对学生学业成就的影响是否存在异质性。师资一方面包括教师队伍的供给，主要体现为生师比，以往研究也证实了生师比对学生成绩的影响（胡咏梅、杜育红，2008），另一方面是指教师队伍的整体资质。本文主要考察教师队伍整体资质水平的影响，生师比仅作为控制变量。

本文通过教师学历考察一所学校的教师整体资质水平。这一标准的局限性在于，农村地区特别是乡村小规模学校教师年龄结构相较于城镇地区更为老化（赵丹、闫晓静，2015），教师队伍尚未充分享受到我国教育发展的人才红利。也就是说，部分年纪较大但学历较高的教师的教学水平也可能超过年纪较小但学历较高的教师。因此，通过教师学历进行评判可能导致对乡村地区教师水平的低估，必须控制教师的年龄和学校的区位。尽管如此，教师学历仍是衡量一所学校教师队伍整体资质水平的较好指标。

为了衡量一所学校整体师资力量对小班教学效果的影响，我们首先需要回归到一个初始假定，即小班额制度本身能够为学生带来更好的学业发展。根据现有政策导向和主要研究成果，我们很容易得到假设1。

假设1：小班学生、师资力量更强的学校的学生，学业发展情况更好。

假设1a：相比于大班学生，小班学生在考试成绩方面会取得更大进步。

假设1b：相比于师资力量薄弱的学校的学生，师资力量更强的学校的学生在考试成绩方面会取得更大进步。

假设1c：相比于大班学生，小班学生在认知能力方面会取得更大进步。

假设1d：相比于师资力量薄弱的学校，师资力量更强的学校的学生在认知能力方面会取得更大进步。

当我们验证了小班教学对学生学业发展的影响后，我们需要进一步考虑的问题是，师资力量是否会造成小班教学效果的差异？本文的逻辑是，质量较好的学校有能力聘请更好的教师队伍，此时这些学校主动选择了开展小班教学，从而让更多学生享受到因材施教的教学；而没有能力聘请高学历教师队伍的学校——通常是自身条件不好的乡村学校，形成小班教学模式是被动的。当一所学校无法留住优秀的教师时，自然也就对学生失去了吸引力，这样就形成了恶性循环。如果这类学校出现了一些优秀的教师或学校管理者，则更可能吸引更多渴望获得优质教育资源的学生前来就读，通过自然的集聚效应形成大班额。基于这样的逻辑，我们提出假设2。

假设2：一所学校的师资力量越强，小班额就越能促进学生的学业发展。

假设2a：一所学校的师资力量越强，小班学生就越能在考试成绩方面取得更大进步。

假设2b：一所学校的师资力量越强，小班学生就越能在认知能力方面取得更大进步。

根据以上讨论，农村地区更有可能陷入教师流失、学生流失的"被动小班化"情形中，因此更容易出现面向优质师资的集聚现象，甚至可能出现大班胜过小班的情况。基于此，我们提出假设3。

假设3："小班效应"只存在于城镇地区的学校，农村地区的学校学生并不能从缩小班级规模中获益。

假设3a：在城镇地区，班级规模越小，学生就越能在考试成绩方面取得更大进步。

假设3b：在农村地区，班级规模越大，学生就越能在考试成绩方面取得更大进步。

假设3c：在城镇地区，班级规模越小，学生就越能在认知能力方面取得更大进步。

假设3d：在农村地区，班级规模越大，学生就越能在认知能力方面取得更大进步。

确定好具体问题后，我们需要进一步明确研究方法。如何评判不同班级规模下学生学业成绩的发展？这首先面临研究单元选择的问题。我们既可以从学生个体层面观测，也可以从班级层面考查学生平均成绩、成绩标准差等指标的发展情况。但后者的风险在于"生态谬误"，即宏观层面的变量对个体层面的推测可能存在逻辑问题，容易导致因果推断的中断。因此，我们将学生作为基本的研究单元。

由于学生学业成绩的发展受到班级、学校层面变量的影响，本文采用多水平模型（Multilevel Model）来观测不同班级、学校之间不可观测的系统性差异。这些系统性差异可能来自学生入学时存在的自选择性，如农村学生更可能进入乡村小规模学校，而城市学生则更可能进入师资力量较强的精英学校等，不同类型的学校会对学生的发展产生不同影响。这里涉及的一个问题是，究竟是采用学生和班级两层嵌套模型，还是采用学生、班级和学校三层嵌套模型？一般来说，相邻的两个层级之间，需要满足低层级单元在高层级单元内部呈现正态分布。由于在中国教育追踪调查（CEPS）中，每所学校抽取的班级数为4个，且纳入本文的仅为基线调查中七年级的两个班级，笔者认为，学校层面的系统性差异不足以形成方差估计的较大偏误，不需要在班级层级之上进一步加入学校层级。

基于以上原因，本文采用基于学生、班级层次的两层嵌套模型。班级之间不存在已知的随机效应，故使用随机截距模型（Random Intercept Model）。在多水平模型中，首先需要考察组间差异是否显著，因而还需要借助随机效应一元方差（One-way Anova with Random Effect）分析模型，

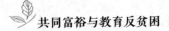

也称零模型（Null Model）。

（1）零模型

水平 1：$Y_{ij} = \beta_{0j} + e_{ij}$

水平 2：$\beta_{0j} = \gamma_{00} + u_{0j}$

合并模型：$Y_{ij} = \gamma_{00} + u_{0j} + e_{ij}$

其中，Y_{ij} 为第一层次中我们关注的核心因变量，β_{0j} 为组内均值，e_{ij} 为组内残差项；γ_{00} 为总体均值，u_{0j} 为第二层次中 j 组均值相对总体均值的残差项。记组间方差为 τ_{00}，组内方差为 σ^2，则可以用下列公式计算组内相关系数（Intraclass Correlation Coefficient，ICC）：

$$ICC = \frac{\tau_{00}}{\tau_{00} + \sigma^2}$$

组内相关系数 ICC 测量了在总变异中由水平 2 解释的方差比例。一般认为，如果 ICC 大于 0.059，则说明组间差异显著，有必要采用多水平回归代替 OLS 回归进行分析。

（2）随机截距模型

水平 1：$Y_{ij} = \beta_{0j} + \beta_{1j} X_{ij} + e_{ij}$

水平 2：$\beta_{0j} = \gamma_{00} + u_{0j} \qquad \beta_{1j} = \gamma_{10}$

合并模型：$Y_{ij} = \gamma_{00} + u_{0j} + \gamma_{10} X_{ij} + e_{ij}$

相比于零模型，随机截距模型在方程中加入了自变量，包括核心自变量与需要控制的背景变量，而不同组的自变量系数 β_{1j} 保持一致，均为 γ_{10}，组间差异仅体现在截距项 u_{0j} 中。在本文中，核心自变量包括师资力量和班级规模，而控制变量则包括学生个体、家庭、班级、学校层级的背景变量，变量处理部分将在后文详述。基于此，我们能够对不同的假设列出回归模型。

模型一：

$$score_{ij2} = \beta_1\, tedu_{0j} + \beta_2\, large_{0j} + \gamma_{10} X_{ij} + class_{0j} + \gamma_{00} + e_{ij}$$

模型二：

$$score_{ij2} = \beta_1\, tedu_{0j} + \beta_2\, large_{0j} + \beta_3\, tedu_{0j} \times large_{0j} + \gamma_{10} X_{ij} + class_{0j} + \gamma_{00} + e_{ij}$$

模型三：

$$score_{ij2} = \beta_1\, tedu_{0j} + \beta_2\, large_{0j} + \beta_3\, urban_{0j} + \beta_4\, urban_{0j} \times large_{0j} + \gamma_{10}\, X_{ij}$$
$$+ class_{0j} + \gamma_{00} + e_{ij}$$

在各个模型中，$tedu_{0j}$ 表示该班级所在学校的师资力量，$large_{0j}$ 表示该班级是否为"大班额"班级，$urban_{0j}$ 表示该班级所在学校所处地区是否为城镇，X_{ij} 表示班级内学生个体层面的控制变量，$class_{0j}$ 表示班级层面的固定截距，γ_{00} 为常数项，e_{ij} 为学生个体层面的残差项。

四　数据处理

本文采用中国教育追踪调查基期数据（2013～2014）和追访数据（2014～2015）。基线调查对象为七年级学生和九年级学生，次年追访对象为由七年级升入八年级的学生，样本来自全国 28 个县级单位（县、区、市），将人口平均受教育程度和流动人口比例作为分层变量进行随机抽样。由于在稳健性检验中需要考查学生第二年的成绩，本文将研究范围限定在次年得到追踪的已经升入八年级的七年级学生。在次年的追踪调查中，追访率为 91.9%，成功追访 9449 人。

本文关注的核心因变量为学生学业能力的变化情况，有学者称之为"增值"（谢桂华、张阳阳，2018）。一般基于中国教育追踪调查的研究会从期中考试成绩和标准化认知能力测试结果两个指标中选择测量学生学业能力的因变量，不过这两个指标各有优劣。尽管期中考试成绩能够衡量学生学业知识积累的水平，但是不同学校考试题目不同，存在校际可比性不佳的情况，而标准化认知能力测试的内容不涉及学校课程所教授的具体识记性知识，主要测量学生的逻辑思维与问题解决能力，这在一定程度上会低估学校对学生成绩发展的影响，特别是采取应试教育模式的学校。本文将班级作为第二层级分析单元，因此，期中考试成绩虽然存在校际可比性不佳的问题，但仍能解释班级规模对学生成绩在校内变化情况的影响，而标准化认知能力测试（3PL 模型）结果则用以解释班级规模对学生认知发展的影响。综合以上讨论，本文将经过标准化（$\mu = 0, \sigma^2 = 1$）的期中考试成绩和标准化认知能力测试结果分别作为因变量，并将结果进行对比。

本文的核心自变量之一为班级规模。什么样的班级能被称为"大班"？这在不同学段和不同文件中的界定都有差异，不同的学者也采用了不同的标准进行研究。教育部、国家发展改革委、财政部于2013年下发的《关于全面改善贫困地区义务教育薄弱学校基本办学条件的意见》指出，要"逐步做到小学班额不超过45人、初中班额不超过50人"。① 考虑到中国教育追踪调查样本分布的情况，本文将"45人以上"作为大班额的衡量标准。

本文关注的另一个核心自变量为学校的师资力量，本文将学历为本科及以上教师占全校教师人数的比例作为衡量标准。需要说明的是，部分学校问卷出现了误填现象，导致出现比例超过100%的现象。本文根据其错误类型分别进行了处理，删去了教师总数有明显错误的学校样本；针对校领导将研究生学历在本科学历处填答重复计算的情况，直接将比例更改为100%。

控制变量方面，我们需要考察可能对学生学业成绩造成影响的主要特征。根据以往研究，学生学业成绩受到来自个人、家庭、班级、学校、地区等一系列控制变量的影响（见表1）。个人层面，我们控制了学生的一系列人口学特征及其他对学生学业成绩有影响的个人特征，包括性别、民族、是否外来、户口性质、是否寄宿、夜晚睡眠时间、班级排名自评等。为了避免极端值对模型的影响，夜晚睡眠时间超过13小时的一律按照13小时计算，不足5小时的一律按照5小时计算。家庭层面，我们控制了学生父母最高受教育年限、学生父母最高职业地位、学生家庭经济状况、学生是不是独生子女、学生是不是留守儿童、学生与父母的关系、父母教育期望、家庭藏书量等。按照惯例，社会经济地位较高的职业包括国家机关事业单位领导与工作人员、企业/公司中高级管理人员、教师、工程师、医生、律师等。班级层面，我们控制了班级在学校中的层次、班主任性别、班主任学历、班主任年龄；学校层面，我们控制了标准化生师比、生均财政拨款、学校区位，以及学校在当地的层次。需要说明的是，这里优先采用基线调查中获取的背景变量，基线调查中的缺失值采用追踪调查的值进行填补。如果追踪调查数据仍无法填补，则记为缺失值。

---

① 《教育部 国家发展改革委 财政部关于全面改善贫困地区义务教育薄弱学校基本办学条件的意见》，中华人民共和国教育部，http://www.moe.gov.cn/srcsite/A06/s3321/201312/t20131231_161635.html，最后访问日期：2021年6月14日。

表1 控制变量说明及描述性统计

	变量名	观测数	均值	变量说明
个人层面	性别	9449	0.478	1＝女生，0＝男生
	民族	9420	0.085	1＝少数民族，0＝汉族
	是否外来	9385	0.183	1＝外来，0＝本地
	户口性质	9449	0.476	1＝非农业户口，0＝农业户口
	是否寄宿	9449	0.303	1＝寄宿
	夜晚睡眠时间	9345	8.349	小时数，两端进行缩尾处理
	班级排名自评	9393	3.110	1＝不好，2＝中下，3＝中等，4＝中上，5＝很好
家庭层面	学生家庭经济状况	9425	1.848	1＝困难，2＝中等，3＝富裕
	学生父母最高职业地位	9449	0.244	父母中有国家机关事业单位领导与工作人员、企业/公司中高级管理人员、教师、工程师、医生、律师的赋值1，否则赋值为0
	学生父母最高受教育年限	9429	10.916	取父母受教育年限较高者
	学生是不是独生子女	9449	0.446	1＝独生子女
	学生是不是留守儿童	9449	0.233	1＝留守儿童
	学生与父母的关系	9397	0.662	1＝很亲近，0＝一般/不亲近
	父母教育期望	9423	17.186	7＝现在就不要念了，9＝初中毕业，11＝中专/技校/职业高中，12＝普通高中，15＝大学专科，16＝大学本科，19＝硕士研究生，22＝博士研究生
	家庭藏书量	9413	3.242	自评五级分类，1＝很少，2＝比较少，3＝一般，4＝比较多，5＝很多
班级层面	班级在学校中的层次	9303	3.326	1＝最好的/中上等，0＝最差的/中下等/中等
	班主任性别	9449	0.662	1＝女性
	班主任学历	9449	0.497	1＝大学本科（正规高等教育）/研究生
	班主任年龄	9409	36.137	连续变量
学校层面	标准化生师比	9152	0.035	初中部学生总数/初中部教师总数，再进行标准化对中处理
	生均财政拨款	9302	6.490	取对数化处理
	学校区位	9449	1.943	1＝市/县城的中心城区，2＝边缘城区及城乡接合部，3＝乡镇农村
	学校在当地的层次	9449	2.035	1＝较低层次学校，2＝中间层次学校，3＝较高层次学校

五 分析结果

1. 零模型

在零模型中，仅考察不同班级之间追踪调查的学生期中考试成绩是否存在系统性差异，从而判断是否需要采用随机截距模型。在这里，层一为学生个人层面，层二为班级层面。此外，本文更加关注学生成绩的发展变化情况，在零模型中加入了基期期中考试成绩作为控制变量，后续还需测量认知能力的发展变化。因此，本文针对标准化认知能力测试结果建立了零模型，其 ICC 结果如表 2 所示。

表 2　零模型 ICC 结果

因变量	基期成绩	ICC	LR test
标准化期中考试成绩	不控制	0.423	4182.85***
	控制	0.685	9138.34***
标准化认知能力测试结果	不控制	0.355	3051.68***
	控制	0.253	1700.79***

注：*** $p < 0.01$。

从表 2 可以看出，不同班级之间学生学业成绩和认知能力有显著差异，且发展情况也有显著差异。这说明，仅凭借多元线性回归模型不能很好地呈现班级之间的系统性差异，因此需要考虑组间差异，采用随机截距模型来进行建模。

2. 随机截距模型

主模型因变量采用的是经过标准化处理的学生在追踪调查中反馈的八年级期中考试成绩，核心自变量采用的是学历为本科及以上的教师在全校教师中所占的比例，以及班级人数是否大于 45 人，回归结果如表 3 所示。其中，模型 1 为仅加入控制变量的基准回归，模型 2 加入了核心自变量"是不是大班""教师高学历占比"，模型 3 进行了两个核心自变量的交互，模型 4 将核心自变量中"教师高学历占比"（连续变量）改为了"高学历教师占比较高的学校"（二分变量，按照中位数划分），模型 5 则对模型 4 中的两个核心自变量进行了交互。

表3　是不是大班、师资力量对学生学业成绩的影响

变量名	模型 1	模型 2	模型 3	模型 4	模型 5
控制变量	√	√	√	√	√
是不是大班		−0.147* (0.082)	0.280 (0.258)	−0.145* (0.084)	−0.0468 (0.110)
教师高学历占比		0.00581*** (0.00175)	0.00797*** (0.00214)		
是不是大班×教师 高学历占比			−0.00530* (0.00305)		
高学历教师占比较高 的学校			0.212** (0.085)	0.316*** (0.114)	
是不是大班×高学历 教师占比较高的学校				−0.192 (0.143)	
常数项	−2.563*** (0.277)	−2.667*** (0.270)	−2.866*** (0.291)	−2.394*** (0.279)	−2.446*** (0.281)
ICC	0.591	0.574	0.579	0.570	0.577
观测数	8238	8238	8238	8238	8238
分组数	204	204	204	204	204

注：* $p<0.1$，** $p<0.05$，*** $p<0.01$。

接下来，为了避免人为设定大班门槛可能带来的影响，模型6到模型10将"是不是大班"（二分变量）改为了"班级人数"（连续变量），回归结果如表4所示。其中，模型6到模型9的设定与模型2到模型5相同。模型10进一步检验师资力量和学校区位对班级规模的影响效应是不是一致，由此尝试推理师资力量影响班额效果的逻辑。

表4　班级人数、师资力量对学生学业成绩的影响

变量名	模型 6	模型 7	模型 8	模型 9	模型 10
控制变量	√	√	√	√	√
城镇 （参照组：乡村）	0.188** (0.0793)	0.189** (0.0793)	0.203** (0.0813)	0.202** (0.0810)	0.907*** (0.306)
班级人数	−0.0123*** (0.00369)	−0.00757 (0.00964)	−0.0118*** (0.00374)	−0.00910** (0.00432)	−0.000326 (0.00611)
教师高学历占比	0.00608*** (0.00172)	0.00884 (0.00550)			0.00618*** (0.00169)

变量名	模型 6	模型 7	模型 8	模型 9	模型 10
班级人数×教师高学历占比	−6.36e−05 (0.000121)				
高学历教师占比较高的学校			0.218*** (0.0830)	0.561* (0.288)	
班级人数×高学历教师占比较高的学校			−0.00723 (0.00581)		
班级人数×城镇 (参照组：乡村)				−0.0162** (0.00665)	
常数项	−2.208*** (0.300)	−2.410*** (0.486)	−1.943*** (0.308)	−2.052*** (0.320)	−2.781*** (0.378)
ICC	0.565	0.564	0.571	0.569	0.558
观测数	8238	8238	8238	8238	8238
分组数	204	204	204	204	204

注：$* p < 0.1$，$** p < 0.05$，$*** p < 0.01$。

从表3、表4可以看到，师资力量对大班额教学效果具有调节效应。个人层面的控制变量中，七年级期中考试成绩、性别、学生家庭经济状况、学生是不是留守儿童、父母教育期望、家庭藏书量、班级排名自评都能对学生八年级期中考试成绩起到部分解释作用；而班级和学校层面的控制变量中，班级在学校中的层次、班主任年龄、学校在当地的层次、学校区位等都对学生八年级期中考试成绩产生了影响。

就我们关注的核心自变量而言，大多模型都能够证实小班效应——无论是大班的虚拟变量还是班级人数的增加，都会对学生八年级期中考试成绩产生负面影响。模型2显示，大班会使学生学业成绩下降0.147个标准差（$p < 0.1$），而一所学校的本科及以上学历教师每增加1个百分点，将使学生学业成绩平均提升约0.006个标准差（$p < 0.01$）。模型4进一步确认了这一趋势。由此可以看到，相比于大班学生，小班学生的学业成绩会得到更好发展，假设1a得证；相比于师资力量薄弱学校的学生，师资力量更强的学校的学生在考试成绩方面会取得更大进步，假设1b得证。

模型3、模型5、模型7和模型9对核心自变量进行了交互，但在这里并没有得到较为稳健的结论。交互效应只在模型3中达到了0.1的显著性水平，表明大班额教学会减少优秀师资力量带来的好处，但这未在其他模型中得到验证。在这里，假设 2a 并没有得到验证。

此外，模型 10 显示了学校区位对小班效应的影响。可以看出，对于农村地区的学校而言，班级人数的变动对学生的学业成绩发展并没有显著影响，这种影响只存在于城镇地区的学校。对于城镇地区的学校而言，班级人数每增加 1 人，将使学生学业成绩平均下降 0.016 个标准差（$p < 0.05$）。由此，假设 3a 得证，假设 3b 未得证。

需要注意的是，标准化期中考试成绩会随着不同学校的命题而不同，这导致估计结果不能一致地衡量学生的期中考试成绩。接下来，我们将因变量替换为学生的标准化认知能力测试结果，用以考察大班对学生认知能力发展的影响是否受到师资力量的调节，回归结果如表 5 所示。

表 5　是不是大班、师资力量对学生认知能力发展的影响

变量名	模型 11	模型 12	模型 13	模型 14
控制变量	√	√	√	√
是不是大班	0.0682 (0.0512)	0.601*** (0.157)	0.137** (0.0693)	
教师高学历占比	0.00339*** (0.00110)	0.00613*** (0.00132)		
大班×教师高学历占比		−0.00661*** (0.00185)		
高学历教师占比较高的学校				0.121* (0.0724)
大班×高学历教师占比较高的学校			−0.148* (0.0894)	
常数项	−1.690*** (0.183)	−1.761*** (0.181)	−2.011*** (0.190)	−1.700*** (0.187)
ICC	0.213	0.205	0.194	0.210
观测数	8416	8416	8416	8416
分组数	204	204	204	204

注：$^* p < 0.1$，$^{**} p < 0.05$，$^{***} p < 0.01$。

另外，为了进一步削弱人为划定大班边界带来的影响，本文用"班级人数"（连续变量）代替"是不是大班"（二分变量），所得结果如表 6

所示。

表6　班级人数、师资力量对学生认知能力发展的影响

变量名	模型 15	模型 16	模型 17	模型 18
控制变量	√	√	√	√
班级人数	0.000775 (0.00235)	0.0126** (0.00612)	0.00324 (0.00276)	0.00773** (0.00391)
教师高学历占比	0.00329*** (0.00110)	0.0103*** (0.00350)		0.00333*** (0.00109)
班级人数 × 教师 高学历占比	− 0.00016** (0.00007)			
高学历教师占比较高的学校			0.331* (0.185)	
班级人数 × 高学历教师占比较高的学校		− 0.00624* (0.00372)		
城镇 (参照级：乡村)			0.578*** (0.197)	
班级人数 × 城镇 (参照组：乡村)			− 0.00944** (0.00428)	
常数项	− 1.789*** (0.203)	− 2.303*** (0.317)	− 1.795*** (0.215)	− 2.115*** (0.250)
ICC	0.206	0.202	0.211	0.202
观测数	8416	8416	8416	8416
分组数	204	204	204	204

注：$^*p < 0.1$，$^{**}p < 0.05$，$^{***}p < 0.01$。

从表5、表6中，我们不难发现，在学生认知能力发展方面，师资力量对小班效果具有重要影响。由模型11我们得出，个人、家庭层面的控制变量中，基期认知能力、性别、是否外来、夜晚睡眠时间、学生父母最高职业地位、学生父母最高受教育年限、父母教育期望、班级排名自评都会对学生认知能力发展产生影响，而在班级、学校层面，班级在学校中的层次、班主任年龄、班主任学历、标准化生师比、学校区位对学生认知能力发展有影响。篇幅所限，这里未做具体展示。

从模型12可以看出，如果不考虑师资力量的差异，大班额教学对学生认知能力发展并无显著影响。不过，教师队伍的学历层次对这一指标有

显著影响，具有本科及以上学历的教师每增加 1%，学生认知能力发展将提升 0.003 个标准差（$p < 0.01$），这一趋势在将班级人数作为因变量的模型 15 中也得到了验证。假设 1c 未得到证实，而假设 1d 得到证实。

接下来是我们非常关注的核心自变量交互模型。模型 13 和模型 14 表明，在师资力量薄弱的地区，大班显示出相对于小班的优势。模型 12 显示出，如果一所学校没有本科及以上学历的教师（尽管很少存在这种情形），则大班学生认知能力发展要高出小班学生 0.601 个标准差（$p < 0.01$）。随着高学历教师占比的提高，大班的优势会越来越不明显。本科及以上学历教师每增加 1 个百分比，学生认知能力发展提升约 0.006 个标准差（$p < 0.01$），同时大班的优势就减少 0.007 个标准差（$p < 0.01$）。当本科及以上学历教师比例超过 90% 时，大班不再具有相对于小班的优势。这一趋势在模型 13 中基本得到了验证。模型 13 显示出，如果按照中位数进行二元划分，则在师资力量薄弱的学校，大班对学生认知能力的发展有 0.137 个标准差的促进作用，但在师资力量较强的学校，这一促进作用消失了。

即使将因变量替换为班级人数，以上结论仍然成立，由此可见该结论的稳健性。模型 16 显示，在不考虑置信区间的情况下，若一所学校本科及以上学历教师占比小于 78%，则班级人数的增加具有正向作用，而如果高学历教师进一步增加，则班级人数的增加不再具有正向作用。此外，我们通过模型 18 发现，在农村学校中，班级学生人数越多，学生的认知能力发展得越好。一个班级中每增加一名学生，班级内学生认知能力发展提升 0.008 个标准差（$p < 0.05$），但城镇学校并不存在这一趋势，反而呈现相反趋势，即学生认知能力的发展会随着班级人数的增加而略微下降，且不显著区别于 0。由此，假设 3c 未得到验证，而假设 3d 得到验证。

六　结论与讨论

综合以上分析结果，我们能够对师资力量如何影响大班/小班教学效果有一个较为完整的认识。首先，一所学校的师资力量越强，就越能让学生学业成绩和认知能力得到更好的发展，这一点是毋庸置疑的。但就班级规模来说，在不考虑其他因素的影响时，小班教学对学生学业成绩的发展仅存在微弱的正面效应，对学生认知能力的发展并没有体现出优势，甚至出现了显著的负面效应。也就是说，在较小规模班级接受教育的初中生，从七年级到八年级的学业成绩可能相比于较大规模班级的学生更好，但就认知能力发展来看，优势并没有得以体现，甚至存在一些显著的劣势。就此而言，本文的结论与国际经验存在些许出入。

接下来，本文进一步探讨了出现这种情况的原因，即师资力量的差异影响了大班/小班教学的效果。从学生学业成绩来看，师资力量的差异对大班/小班教学的效果并不具备显著的调节效应，但从学生的认知能力发展来看，这种调节效应是值得我们关注的。在师资力量较为薄弱的学校，大班教学对学生认知能力的发展有较大优势，这在多个模型中都得到了有力的证实。

那么，在师资力量薄弱的学校，为什么大班比小班更有利于促进学生的认知能力发展？对此，我们需要给出一种基于逻辑的回应。在模型18中我们发现，如果用"城乡"二元变量来代替师资力量，我们依然能够得到较为一致的结论，这其实呈现了城乡教育不平等的部分实质。师资力量薄弱的地区大多地处农村，在社会处于转型期的当下，农村家长决定子女在何处接受教育是具有高度自选择性的。由于农村学校很难留住优秀教师，其教育质量也较难得到家长的信任，面临着"用脚投票"的处境。学生数量越来越少，整个学校的生态也会逐渐凋敝。这种情形下被动形成的小班，与在保证师资力量投入的情况下为了因材施教而人为划分的小班，在形成逻辑上有根本性的差异。在这种"自然选择"的逻辑下，能够留住学生、形成大班的师资力量薄弱学校，必然有自身能够在当地立足的优势，如更好的口碑、管理制度、地理位置等。这使其能够在师资力量薄弱的情况下从周边吸引较多学生就读。这种自然形成的大班，可能是当地民众理性选择的结果，也可能是受到集聚效应的影响。进一步可能的研究方向是，厘清大班教学对学生认知能力的促进作用是源于学生（家庭）自选择背后的不可观测效应，还是大班通过某些机制确实促进了学生认知能力的发展，如更好的社会化、同伴效应等。

在师资力量较强的学校，小班教学并没有带来学生认知能力更好的发展，对学生学业成绩的促进作用也十分有限。但如果用"城乡"替换"师资力量"，我们就能发现城镇地区学校小班教学的优势。我们认为，之所以城乡之间小班教学对学生的影响相反，是因为城乡之间学校小班的形成逻辑不同。上文中我们已经讨论过，农村地区学校学生的多寡是家长理性选择、空间集聚的结果，农村学校的大班/小班均为自发形成。在城镇地区，大班可能同样是自发形成的，且这些大班所吸纳的学生可能正是从农村地区学校转出的学生——在稳步推进城镇化进程的当下，制度性的、基于城乡差异的筛选机制已经式微，学生在城乡之间的流动已经不再受到制度的约束。

采取小班教学的学校对生源可能具有更强的理性筛选机制。可以想见，如果所有义务教育阶段的学校都没有准入门槛，那么在完全竞争的市场环境下，师资力量最强的学校会招收到最多的学生。事实上，这些学校的教学资源并不能承载如此多的学生，因此它们通过对学生的筛选来保证自身的教学质量。在有较强筛选机制的情况下，小班教学才能发挥应有的作用，研究所得结论才能与国际经验一致。在有充分资源保障的基础上，此类学校能够将更多精力放在教学质量的提升上，此时因材施教的逻辑代替了集聚效应的逻辑，使这类学校能够将管理和师资力量聚焦于学生学业成绩的提升。

基于以上讨论，我们能够从学生流动的视角描绘出不同层次学校形成大班/小班的逻辑，大班/小班形成的机制模型如图 1 所示。事实上，从"师资薄弱小班"到"师资薄弱大班"再到"师资充足大班"，主要是由选择学生（家长）来进行自主选择的，这种自主选择产生的集聚效应使班具有更加明显的优势。但从"师资充足大班"到"师资充足小班"，学校拥有筛选的主动权，此类学校能够更好地实现优秀师资和优质生源的配置，能够以非市场的逻辑形成小班，从而实现因材施教。

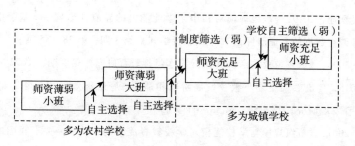

图 1　大班/小班形成机制模型

从以上讨论我们可以看出，制约我国基础教育阶段小班化改革效果的核心要素，可能仍然是优秀师资队伍的供给。如果不能从根本上扭转师资供给不均衡的现状，那么学生（家长）的自主选择必然会造成大量生源涌向城镇中班级规模较大的学校。尽管目前农村地区学校的教师缺编现象已经得到缓解，但农村地区学校通常人数较少，不能简单采用生师比指标判断教师供给是否充足，部分地区仍存在班师比过高、乡村教师课时负担过重的问题。这些问题制约着农村地区特别是师资力量薄弱的农村地区的小班化教学，同时是这些学校教学质量低下、学生不断流失的根本原因。

从这一角度来看，不能仅仅依靠行政手段抑制学生希望获得更高水平教育的需求，特别是不能不加区分地在各个层次的学校中都要求在短时间内消除大班。城镇地区或许存在部分学校学生人数过多致使教学质量下降的问题，但需要注意的是，扩招的生源可能正好来自城镇化进程中对原有教育资源感到不满的新兴城市居民，或是希望子女接受更好教育的进城务工人员。在《乡村振兴促进法》实施的背景下，乡村教育需要的并不是用制度筛选的方式阻碍部分人口获得城镇优质教育资源，迫使他们回到农村学校就读。在化解大班额之前迫切需要解决的问题是，如何让更多优秀毕业生前往农村任教，切实提升乡村学校教育教学质量，使更多家庭选择在农村学校接受教育。在稳步推进城镇地区化解大班额的同时，将更多资源投入在为农村学校引进人才、缓解农村地区学校班级规模被动缩小方面，将有利于我国实现基础教育均衡发展。

参考文献

崔盛、吴秋翔，2019，《班级规模对初中生学业能力的异质性影响——基于中国教育追踪调查数据的实证研究》，《中国教育学刊》第 3 期，第 28~35 页。

范艳玲，2006，《城乡教育均衡发展探析》，《继续教育研究》第 5 期，第 72~74 页。

方征，2015，《班额调整须与教育发展阶段相适应——班额效应"异常"的思考》，《教育发展研究》第 4 期，第 38~41 页。

和学新，2001，《班级规模与学校规模对学校教育成效的影响——关于我国中小学布局调整问题的思考》，《教育发展研究》第 1 期，第 18~22 页。

胡咏梅、杜育红，2008，《中国西部农村初级中学教育生产函数的实证研究》，《教育与经济》第 3 期，第 1 ~ 7 页。

贾勇宏，2014，《农村中小学布局调整对学生学业成绩的影响——基于全国九省（自
　　治区）样本的考察》，《教育与经济》第 2 期，第 52 ~ 59 页。

秦玉友，2017，《中国城镇教育扩容压力传递机制与应对策略研究》，《教育研究》第
　　1 期，第 30 ~ 38 页。

吴永军，2016，《当前深化小班化教学的若干政策问题再思考》，《教育发展研究》第
　　Z2 期，第 69 ~ 75 页。

谢桂华、张阳阳，2018，《点石成金的学校？——对学校"加工能力"的探讨》，《社
　　会学研究》第 3 期，第 141 ~ 165 页。

杨涵深、游振磊，2019，《义务教育"大班额"：现状、问题与消减对策》，《教育学术
　　月刊》第 12 期，第 57 ~ 64 页。

杨钋、刘永烨、梁净，2020，《幼儿园班级规模与儿童发展：来自县域追踪调查的证
　　据》，《北京大学教育评论》第 3 期，第 60 ~ 85 页。

赵丹、闫晓静，2015，《农村小规模学校教师资源的现实困境与均衡配置策略——基
　　于河南西部山区两所小学的个案研究》，《教育学术月刊》第 3 期，第 61 ~ 66 页。

赵丹、曾新，2015，《义务教育均衡发展背景下农村学校规模对教育质量的影响》，
　　《现代教育管理》第 3 期，第 26 ~ 30 页。

赵忠平、秦玉友，2013，《从"小而不精"到"小而精"——我国小规模班级教学的
　　现实差距及改进策略》，《教育理论与实践》第 31 期，第 53 ~ 56 页。

周静，2020，《农村小规模学校师资问题研究》，《教育与管理》第 22 期，第 1 ~ 4 页。

郑力，2020，《班级规模会影响学生的非认知能力吗？——一个基于 CEPS 的实证研
　　究》，《教育与经济》第 1 期，第 87 ~ 96 页。

郑琦、杨钋，2018，《班级规模与学生学业成绩——基于 2015 年 PISA 数据的研究》，
　　《北京大学教育评论》第 4 期，第 105 ~ 127 页。

Finn, J. D. and Achilles, C. M. 1999. "Tennessee's Class Size Study：Findings, Implica-
　　tions, Misconceptions." *Educational Evaluation and Policy Analysis* 2：97 – 109.

Jepsen, Christopher and Steven Rivkin. 2009. "Class Size Reduction and Student Achieve-
　　ment：The Potential Tradeoff between Teacher Quality and Class Size" *Journal of Hu-
　　man Resources* 1：223 – 250.

Krueger, A. B. 1997. "Experimental Estimates of Education Production Functions." *NBER
　　Working Papers*.

Krueger, A. B. 2003. "Economic Considerations and Class Size." *The Economic Journal*.

Rivkin, S. G., Hanushek, E. A., and Kain, J. F. 2005. "Teachers, Schools, and Academic Achievement. " *Econometrica* 73.

Schrag, P. 2007. "Policy from the Hip: Class-Size Reduction in California. " *Brookings Papers on Education Policy*.

Simpson, S. N. 1980. "Comment on Meta – Analysis of Research on Class Size and Achievement. " *Educational Evaluation & Policy Analysis* 3: 81 – 83.

Smith, G. 1979. "Meta-Analysis of Research on Class Size and Achievement. " *Educational Evaluation & Policy Analysis* 1: 2 – 16.

Stecher, Brian, Bohrnstedt George, Kirst Michael, McRobbie Joan, and Wiuiams Trish. 2001. "Class-Size Reduction in California. " *Phi Delta Kappan* 9: 670.

学生家庭背景与家校合作
育人中的教师行为*

钱　佳　郝以谱　崔晓楠**

摘　要： 教师与家长的有效沟通是家校合作成功开展的前提，但家庭背景较差的学生家长常被排除出教师的沟通网络。基于中国教育追踪调查（CEPS）数据，本文发现，（1）在控制家长主动沟通和学校固定效应等因素后，教师与家庭背景较好的学生家长的沟通频率显著高于家庭背景较差的学生家长，存在"差别化沟通"行为；（2）家庭背景对教师的关注、表扬、沟通等合作育人行为存在影响，并会强化弱势学生对不平等的感知；（3）通过KHB方法分析表明，家庭背景对教师行为的影响中的25%~44%通过家长教育参与这一中介变量产生。据此，应引导教师平等地进行家校合作育人，加强对弱势家长教育参与的指导，减少家庭背景对学生产生不利的影响，促进微观教育公平。

关键词： 家庭背景；家校合作；教师行为；微观教育公平

一　问题提出

长期以来，人们希望教育在促进社会流动方面发挥重要作用，学校教

* 原文刊于《教育研究与实验》2021年第4期，被《教育文摘周报》2021年第42期转载。

** 钱佳，华中师范大学教育学院副教授、华中师范大学家庭教育学院副院长，研究方向为教育经济学、教育社会学等，E-mail：qianjia@ccnu.edu.cn；郝以谱，华中师范大学教育学院博士研究生，研究方向为教育管理学，E-mail：haoyipu@mails.ccnu.edu.cn；崔晓楠，华中师范大学教育学院硕士研究生，研究方向为教育经济学，E-mail：cuixiaonanaha@163.com。

育因而被寄予了社会流动的"助推器"、社会平等的"均衡器"等期望，而教师平等地对待每一位学生正是这种期望的表达之一。从社会学视角看，教育作为社会个体的"后致性因素"，在社会地位获得、社会流动中的作用越大，意味着社会的开放程度、现代化程度越高（池丽萍、俞国良，2011）。而家庭背景的影响作用越大，则越可能带来社会固化和不平等问题。但在现实中，教育在社会流动中往往扮演了双重角色。除了推动社会流动、帮助较低社会阶层向上流动外，它正日益成为社会优势群体实现地位继承的手段（张翼，2004）。教育系统既是一种为能力优先服务的、平等主义的力量，也是一种现存社会结构可以"借以自我永存"的工具（莱文、莱文，2010：188~189）。

家庭背景对子女学校教育的影响一直以来都是教育社会学研究的核心议题之一。20 世纪 60 年代以来，沿着科尔曼等（Coleman et al.，1966）、布劳和邓肯（Blau and Duncan，1967：33）、西维尔和豪泽（Sewell and Hauser，1975：5）等人的研究路径，学界确立了家庭微观视角的解释逻辑，以揭开教育获得的"黑箱"。研究表明，家庭资本存在显著的代际传递，可以通过经济、社会、文化资本等机制解释子女的教育获得。但上述解释过于强调家庭背景的"微观再生产过程"，在一定程度上忽视了对教育系统本身机制的讨论，对家庭和学校的交互作用的关注也存在不足（Werfhorst and Mijs，2010），因此受到了部分研究的质疑，进而转向学校微观层面考察教育不平等的生产机制。事实上，在个人教育获得的过程中，家庭、学校、社区和政府都会参与其中，这些组织的制度安排、激励设置以及组织内的个体行为最终形成了个人在学业成就和教育获得中的地位（Kerckhoff，2001），因此有必要对家校的互动行为予以关注。

从现实角度看，教育系统的微观运作机制仍然对优势家庭更为有利。弱势家庭的子女教育不仅需要摆脱家庭资源等限制因素，还要面对教育系统内部结构和制度的约束（侯利明，2020）。学校微观机制研究更多地强调学校课程设置、教师与学生在课堂上的互动、低教育期望、刻板印象、同伴效应等微观过程（高明华，2013）。此外，韦斯（Weis）在《社会阶层与学校教育过程》一文中还提出了"官方知识及其分配""价值的父辈资本及其与学校的关联""学生主动的认同"三种思路，解释了家庭资本如何在家庭与学校日常实践中发挥作用（参见沈洪成，2020）。还有研究认为，从沟通视角看，各种资本对教育成就的影响离不开亲子沟通和家校沟通等具体过程（池丽萍、俞国良，2011）。从总体上看，无论是哪一类研究路径，都应置于教育实践的场域中展开，不能只对教师群体的行为进行讨论。

在学校教育教学活动中，教师是学生成长的"重要他人"和家校沟通的"主导者"，他们在家校沟通、合作育人中会有怎样的行为选择，能否做到平等地对待不同背景的家长和学生？如果存在"差别化沟通"，那么会带来哪些后果？围绕这些问题的讨论大多以理论探讨或质性研究的方式展开，量化研究相对较少。鉴于此，本文运用中国教育追踪调查（China Education Panel Survey，CEPS）数据，围绕家庭背景对教师沟通行为的影响展开实证研究，以期为探索教育不平等产生的微观机制做出贡献。

二 文献回顾

良好的家校合作会对青少年的发展产生非常重要的影响（马虹等，2015；Epstein and Salinas，2004）。自1980年约翰·霍普金斯大学开展系统化的关于家长参与学校教育的研究以来，学界一直致力于探索如何提高家长参与合作的有效路径。研究表明，教师与家长的有效沟通是家校合作成功开展的前提，不仅可以促进家长在家为子女提供良好的学习环境，强化学校教育的规则和期望，使教师的工作更有效率，还可以提升学生的学业表现（Hill and Taylor，2004）。家校沟通是家长参与学校教育的重要形式，主要包括参加学校活动和家长会，定期与教师和其他家长交流孩子的情况等。家校沟通不仅可以促进家长在认知、情感和行为上全面参与学校教育，还是家庭文化资本在教育成就代际传递中发挥作用的具体机制（池丽萍、俞国良，2011）。

在家校合作中，学生家庭背景的影响十分明显，弱势家庭的家校合作参与程度较低。不同社会文化背景下的研究表明，较差社会经济背景的家长一般较少参与子女的学习进程，他们对学校教育的参与程度也较低（谢爱磊，2020；Sui-Chu and Willms，1996；Paulson，1994）。现有研究主要从"家庭资本"和"学校过程"两条基本路径对该现象进行分析。基于"家庭资本"的解释路径，研究者（Weston and Lareau，1991；Lareau，

1987）在分析美国工人阶层的学校参与行为时指出，由于缺乏足够的文化资本，他们往往无法参加类似亲子阅读等类型的教育活动，常常被排除出学校教育。针对我国的研究表明，在席卷全球的家长主义浪潮中，农村家长的参与程度较低，强烈的焦虑情绪尚未蔓延至此，但也就此与主流社会拉大了差距。优势阶层家长通过社会关系网络为子女创造成功的机会，而一般农民家庭则往往欠缺社会资本（谢爱磊，2020）。

基于"学校过程"的解释路径，已有研究给出的主要解释有以下两个方面。一是教师的"专业主义"倾向。家长常被看作教师的追随者，而不是平等的合作伙伴，教师则视自己为专业的工作者，其专业判断不容置疑（谢爱磊，2020）。例如，来自美国全国教师样本的调查表明，大多数教师都认为家长对学校教育的配合与支持对子女取得更好的学业成绩十分关键，超过半数的教师认为"绝大多数"或者"许多"家长不能妥善地管教他们的子女，促进子女学习的动力不够（Jennings，1990）。二是教师的社会阶层身份。教师一般会被认为属于中产阶级，他们更加接受他们认可的沟通合作方式。该研究路径关注的是教师与来自弱势群体的家长在社交网络结构上的差异。由于分属于不同的社会阶层，来自弱势群体的家长常被排除出教师的社交网络，这抑制了他们尝试与教师建立社交网络的行为，也导致他们较少参与学校教育。总体来看，教师的阶层身份会抑制来自弱势群体的家长的教育参与（吴重涵等，2017）。因此，了解教师对家长参与的作用、理解他们的行动，对解释弱势家长的学校参与非常重要。

许多研究也意识到，由于家庭资本对家校合作的"侵蚀"，家长参与和子女教育获得之间的关系，仍可能是由家庭背景因素单独导致的，家校合作可能在该作用里面只有很小或不具备独立性的影响作用（Peterson，1989）。研究认为，家长与教师的互动程度及家长之间的互动程度对学业表现的影响随家庭阶层地位的下降而下降，对中产阶层家庭的促进作用最强，对农民阶层家庭的作用则不显著（田丰、静永超，2018）。此外，学者们更多地集中于讨论"不利于弱势家庭子女的课程与教学、家长和同龄人强化学校规范和学习经验的缺乏、教师缺乏解决低阶层学生学习和行为问题的准备"等因素（莱文、莱文，2010：258）。此外，谢爱磊（2020）研究发现，家长会通过与教师的密切联系，主动维系与教师的"关系"，以获取教师对学生的"注意"和"关照"等。杨（Young，2020）研究发现，与教师联系越频繁的家长，其子女在课堂中受到的表扬越多。这类研究对学校机制进行了一定探索，但是中介机制的研究仍有待进一步深入挖掘。

对于影响机制的分析，心理学研究更强调家庭资本通过个体行动、人际交往、亲子沟通等具体过程发挥的中介作用。研究表明，亲子沟通是父母向子女传递知识、技能和教育成就的主要方式，而亲子学业沟通和父母通过家校沟通参与子女教育则是父母向子女传递人力资本的直接途径（池丽萍、俞国良，2011）。优势型学生家长对学校学习的介入程度广泛而深入，处理方式也更为灵活多样；弱势型学生家长往往因为忙于生计、社会网络封闭、自身受教育程度较低等原因，对家校沟通采取被动应付、简单化处理方式。还有研究揭示了父母陪伴主要通过提高与学校的交互程度等来促进子女人力资本积累（王春超、林俊杰，2021），这类研究为我们寻找中间机制提供了借鉴思路。

通过文献回顾我们发现，以往研究大多使用小样本或非随机样本，这一方面会带来样本代表性不足、降低分析结果的可信度等问题，另一方面仍缺乏家长社会经济背景对教师沟通行为影响机制的分析。此外，以家长和教师之间沟通为基础的家校合作是双方交互作用的产物（马忠虎，1999），因此沟通本身可能会存在内生性问题，需要在研究中予以关注。最后，现有研究主要沿着"家长－教师"的路径探索了家校沟通对学生的影响，而对"教师－家长"路径的研究则关注不足。

三　数据、变量与模型

（一）数据来源

本文所用数据为中国教育追踪调查数据。中国教育追踪调查是由中国人民大学中国调查与数据中心设计执行与实施的大型追踪调查项目。中国教育追踪调查 2013～2014 学年基线调查采用多阶段的概率比例规模抽样（PPS 抽样）方法[①]，在全国范围内抽取了 28 个县级单位、112 所学校、438

---

① 具体抽样方案和实施详见《中国教育追踪调查（CEPS）抽样设计》和《第 1 轮（基线调查）调查手册》。

个班级的 19478 名初中生作为调查样本。中国教育追踪调查以问卷调查为主要手段，对全体被调查学生（仅包括七年级和九年级）及其家长或监护人、班主任教师以及学校负责人进行问卷调查。随后 2014～2015 学年追踪调查对七年级学生进行追访，成功追访学生人数 9449 人，追访率为 91.9%。

本文使用中国教育追踪调查 2013～2014 学年基期和 2014～2015 学年追踪数据。使用该调查数据有以下优势：第一，调查数据详细询问了各任课教师对学生的关注、提问、表扬情况，为分析家庭背景对教师行为的影响提供了数据基础；第二，利用追踪数据对基期变量进行控制，有助于在回归分析中减少因遗漏变量、双向因果而产生的偏误；第三，如果不随时间变化的变量存在缺失，则可以采用基期调查数据进行替补，从而减少由数据缺失导致的样本缺失。

（二）变量界定

1. 被解释变量

教师家校沟通行为和教师支持。被解释变量教师家校沟通行为主要通过问卷中询问教师主动联系家长频率这一问题进行测量。对于选项"从来没有、一次、二到四次、五次及以上"依次编码为 1～4 的连续值。此外，本文把"从来没有"编码为 0，"一次""二到四次""五次及以上"编码为 1。模型 2 参照扬（Young，2020）的编码式，将因变量"教育主动联系家长频率"中"从来没有""一次""二到四次"编码为 0，"五次及以上"编码为 1。）参照扬（Young，2020）的编码方式，本文进一步将教师主动联系家长频率中"从来没有""一次""二到四次"编码为 0，"五次及以上"编码为 1。

在测量语数外任课教师的支持方面，本文主要从任课教师在课堂上对学生的注意、教师对学生提问以及表扬情况进行衡量；班主任支持主要从班主任的表扬、学生遇到不良情绪时想办法帮助、联系家长共同解决学生情绪的情况进行衡量。对应选项为"完全不同意、比较不同意、比较同意、完全同意"，本文依次编码为 1～4 的连续值，并进行加总得出任课教师支持得分和班主任支持得分。

2. 解释变量

家庭社会经济背景（以下简称"家庭背景"）。本文主要从家长最高受教育水平、家长最高职业、家庭经济水平以及家庭具有的物品（藏书、独立书桌、电脑）四个方面进行衡量。家长最高受教育水平为家长教育水平较高一方的受教育年限①。本文根据陆学艺（2010）对职业阶层的划分，结合问卷题目，将职业由低到高赋值为 0 ~ 12 分，最终取家长职业地位较高一方的得分。家庭经济水平根据家长对家庭当前经济条件的主观评价。为了弥补主观评价家庭经济水平的不足，本文借鉴任春荣（2010）的研究，根据家庭具有的物品（藏书、独立书桌、电脑）补充测量家庭经济水平。本文根据家庭背景四方面的指标，采用因子分析提取主成分，以特征值大于 1 的原则提取一个因子，并将其命名为"家庭背景"。

3. 中介变量

家长教育参与。参照已有研究，本文主要从家长教育期望、家长与子女沟通、家长监管以及家长主动进行家校沟通四个角度进行衡量。家长教育期望是指家长期望子女获得的受教育程度，并转化为受教育年限。家长与子女沟通由家长与子女讨论"学校发生的事情""你与朋友的关系""你与老师的关系""你的心事或烦恼"问题测量，采用 3 分制，从 1 到 3 依次表示从不、偶尔和经常。分析时，本文将该变量作为连续变量处理，并将这 4 个题目相加的总分作为家长与子女沟通变量的得分。家长监管主要通过家长在作业、考试、在校表现、和谁交朋友、穿着打扮、上网时间、看电视的时间等衡量，同样采用 3 分制，从 1 到 3 依次表示不管、管但不严和管得很严，并将这 8 个题目相加的总分作为家长监管变量的得分。此外，家长主动进行家校沟通主要根据家长主动联系学校老师的频率进行测量。其中，1 为"从来没有"，2 为"一次"，3 为"二到四次"，4 为"五次及以上"。为了处理方便，该变量在文中作为连续变量处理。

4. 控制变量

本文主要的控制变量包括性别、户口、学业成绩、是否寄宿、学生健康状况，班级规模，教师性别、年龄、教龄、学历、职称、工作满意度，以及学校固定效应。其中，学生健康状况为学生报告的对自身健康状况的

---

① 按照我国实际教育制度和已有惯例，本文在分析过程中对父母受教育程度进行了转换，换算方式为：没有受过教育 =0 年；小学 =6 年；初中 =9 年；中专、技校 =11 年；职业高中 =11 年；高中 =12 年；大学专科 =15 年；大学本科 =16 年；研究生 =20 年。

主观评估，本文将选项"很好"至"很不好"依次赋值为 5 至 1 的连续值。教师性别方面，男教师 = 1，女教师 = 0；教师学历方面，大学本科及以上 = 1，其他 = 0；教师职称方面，高级职称 = 1，其他 = 0。教师工作满意度为教师对工作的满意度评价，本文将选项"很满意"至"很不满意"依次赋值为 5 至 1 的连续值。

（三）模型

本文根据因变量特征分别采用 logit 模型、ologit 模型以及多元线性回归模型进行计量分析。基本回归模型的形式为：

$$y_{ij}^s = \alpha_0 + \beta_1 ses_{ij} + x_{ij}'\gamma + sch_j'\delta + \varepsilon_{ij} \qquad （公式 1）$$

$$y_{ij}^s = \alpha_0 + \beta_1 ses_{ij} + inv_{ij}'\mu + x_{ij}'\gamma + sch_j'\delta + \varepsilon_{ij} \qquad （公式 2）$$

其中，i 表示学生个体，j 表示学生所在的学校，y_{ij}^s 分别表示教师沟通行为、教师支持，ses_{ij} 代表学生家庭背景，inv_{ij} 代表家长教育参与变量，x_{ij} 代表学生性别、年级、民族、户口等一系列控制变量，sch_j 代表学生所在学校的虚拟变量，a_0 表示回归系数的截距项，γ 表示控制变量回归系数向量，ε_{ij} 是随机扰动项，β_1 为本文的主要关注值，代表家庭背景对因变量的影响。

（四）描述性统计

表 1 中报告了本文所涉及主要变量的描述性统计。从表 1 可以看出，教师家校沟通行为的均值为 2.10，班主任和各科教师支持行为均值在 7.60 左右。

表 1　主要变量的描述性统计

变量	均值	标准差	最小值	最大值
教师家校沟通行为	2.10	0.98	1	4
数学教师支持	7.55	2.29	3	12
语文教师支持	7.75	2.26	3	12
英语教师支持	7.75	2.31	3	12
班主任支持	7.79	2.35	3	12

变量	均值	标准差	最小值	最大值
家庭背景	0.03	1.00	-3.14	2.34
家长教育期望	16.78	3.21	8.00	22.00
家长与子女沟通	8.91	2.15	4.00	12.00
家长监管	13.86	2.38	6.00	18.00
家长主动联系教师频率	2.34	1.01	1.00	4.00

四 实证结果

(一) 基本计量结果

1. 家庭背景与教师家校沟通行为

本文首先将家庭背景的取值由低到高划分为十组，通过累计百分比条形图直观展示教师在主动联系不同家庭背景家长频率上的差异。图1呈现的趋势是随着家庭背景的提升，教师主动联系家长频率高的比例不断提高（从来没有联系的比例从44.64%下降至29.56%，联系二到四次的比例由28.03%提高至36.47%）。初步判断，教师可能更加倾向于主动联系家庭背景较好的家长。

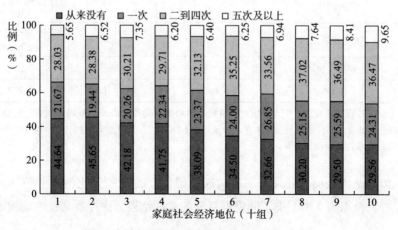

图1　不同组别教师主动联系家长频率分布

表 2 中，模型 1 将因变量教师主动联系家长频率①中"从来没有"编码为 0，"一次""二到四次""五次及以上"编码为 1。模型 2 参照杨（Young，2020）的编码方式，将因变量"教师主动联系家长频率"中"从来没有""一次""二到四次"编码为 0，"五次及以上"编码为 1。此外，本文在模型 3 中将因变量作为定序变量。由于因变量编码方式不同，模型 1、模型 2 采用 logit 模型，模型 3 采用 ologit 模型。从表 2 可以看出，尽管模型 1 至模型 3 采用不同的因变量编码方式，但家庭背景对教师主动联系家长频率都具有显著正向影响，且这种作用不受家长主动联系教师频率所产生的影响。该结论支持了何瑞珠（1999）提出的"教育机构歧视论"，即教师对背景较差的家庭存在偏见，缺少主动联系家长的积极性。

表 2　家庭背景对教师沟通行为的影响

	模型 1	模型 2	模型 3
家庭背景	0.106*** (0.041)	0.164** (0.079)	0.098*** (0.037)
家长主动联系教师频率	0.837*** (0.059)	1.277*** (0.111)	
家长主动联系教师频率 (以"从来没有"为参照组)			
一次			0.505*** (0.064)
二到四次			0.774*** (0.059)
五次及以上			1.394*** (0.087)
控制变量	是	是	是
伪 R^2	0.108	0.108	0.072

注：（1）模型均控制了个人、家庭、班级、教师层面的变量以及学校固定效应，受篇幅所限，部分不做重点解释的控制变量未在表中呈现；（2）**、*** 分别表示在 1%、0.1% 的水平上显著；（3）括号内为稳健标准误。

以上结果表明，教师在家校沟通中确实存在"差别化沟通"行为。具体来看，根据表 2 中三类不同模型呈现的实证结果，在控制家长主动沟通和

① 为了避免家长主动联系教师频率和教师主动联系家长频率两个变量之间的双向影响，本文在表 2 中针对家长主动联系教师频率变量采用 2013~2014 年数据。

学校固定效应等因素后，教师与背景较好的家长的沟通频率显著高于背景较差的家长。该结论与以往研究存在一致性，即家庭背景会对家校合作关系产生"侵蚀效应"，较好社会经济背景的家庭往往能够凭借自身的权力和资源优势，优先获得与使用某些有限资源，并且凭借阶层内强大关联的制约来保证资源在群体内的优先流通，而较差社会经济背景的家庭则因无法通过有效的关系网络获取机会与资源而总是处于不利境地（王敏婕，2005）。

2. 家庭背景与教师支持

家庭背景对教师支持是否存在影响也是本文重点关注的议题。这种影响具有显著性，是考察家长教育参与在家庭背景与教师支持之间的中介作用的前提。表3是家庭背景对教师支持影响的多元线性回归分析结果。从模型1、模型3、模型5、模型7的回归结果可以看出，两者存在显著性关系，而且这种关系在不同任课教师之间并无明显差异。相比于模型1、模型3、模型5、模型7，模型2、模型4、模型6、模型8在原有模型基础上增加了家长教育参与变量。表3表明即使控制了家长教育参与变量，家庭背景对教师支持的影响依然具有显著性，说明两者之间的关系具有稳健性。

表3　家庭背景对教师支持影响的多元线性回归分析结果

	模型1	模型2	模型3	模型4	模型5	模型6	模型7	模型8
	英语教师	英语教师	数学教师	数学教师	语文教师	语文教师	班主任	班主任
家庭背景	0.291***	0.216***	0.281***	0.210***	0.310***	0.223***	0.255***	0.143***
	(0.042)	(0.042)	(0.040)	(0.040)	(0.041)	(0.041)	(0.042)	(0.041)
家长教育期望	0.026***		0.022**		0.023***		0.027***	
	(0.009)		(0.009)		(0.009)		(0.009)	
家长与子女沟通	0.079***		0.082***		0.101***		0.162***	
	(0.014)		(0.014)		(0.014)		(0.014)	
家长监管		0.087***		0.085***		0.087***		0.068***
		(0.012)		(0.012)		(0.012)		(0.012)
家长主动联系教师频率		0.136***		0.127***		0.118***		0.170***
		(0.027)		(0.027)		(0.026)		(0.027)
控制变量		是		是		是		是
R^2	0.184	0.208	0.176	0.199	0.157	0.186	0.126	0.167

注：（1）模型均控制了个人、家庭、班级、教师层面的变量以及学校固定效应，受篇幅所限，部分不做重点解释的控制变量未在表中呈现；（2）**、***分别表示在1%、0.1%的水平上显著；（3）括号内为稳健标准误。

表3表明，家长教育参与变量对教师支持同样具有显著性的正向影响，而且在增加家长教育参与变量之后模型的解释力有明显提高，这说明家长教育参与也是影响教师支持的重要解释变量。对于模型1、模型3、模型5、模型7中家庭背景的回归系数，在增加家长教育参与变量之后模型2、模型4、模型6、模型8中的家庭背景的回归系数都出现下降。这说明，家长教育参与可能是家庭背景与教师支持之间的中介变量。

（二）中介效应分析

中介效应分析是探索初步机制的方法之一。基于现有研究和前文回归结果，本文考察家长教育参与在家庭背景和教师行为之间的中介效应。教师行为其实是对家长教育行为的回应。因此，本文进一步采用 KHB 方法进行中介分析，探讨家长教育参与作为中介变量所起到的中介效应的大小。从表4可以看出，家庭背景对教师支持影响机制中，25%～44%是通过家长教育参与中介作用间接产生的。这与陈淑梅等（2020）的研究结论一致，即家长教育参与会影响教师对学生的认识和态度，进而影响教师支持行为。

表4 采用 KHB 方法进行中介分析的结果

	英语教师	数学教师	语文教师	班主任
家庭背景总效应	0.291*** (0.041)	0.282*** (0.039)	0.311*** (0.040)	0.255*** (0.041)
家庭背景直接效应	0.216*** (0.042)	0.204*** (0.040)	0.224*** (0.041)	0.143*** (0.041)
家长教育参与产生的间接效应	0.075*** (0.010)	0.078*** (0.010)	0.087*** (0.010)	0.112*** (0.011)
中介效应（%）	25.74	27.83	27.96	43.88

注：（1）模型均控制了个人、家庭、班级、教师层面的变量以及学校固定效应，受篇幅所限，部分不做重点解释的控制变量未在表中呈现；（2）**、***分别表示在1%、0.1%的水平上显著；（3）括号内为稳健标准误。

（三）异质性分析

上文分析的结论只是平均意义上的估计结果，并未考虑家庭背景对教师支持影响的异质性。下文将尝试探讨家庭背景对家校合作育人中教师支持在不同户籍、不同学生性别间是否存在异质性影响。从表5可以看出，家庭背景对教师支持存在比较稳定的影响，并不会因户籍差异而产生异质性影响。此外，与女生相比，男生的家庭背景对英语、数学教师支持的影响更加显著。

表5　户口与性别异质性分析

	英语教师		数学教师		语文教师		班主任	
	农村户口	男生	农村户口	男生	农村户口	男生	农村户口	男生
家庭背景	0.253***	0.155***	0.225***	0.156***	0.242***	0.184***	0.105**	0.113**
	(0.053)	(0.049)	(0.051)	(0.047)	(0.053)	(0.049)	(0.052)	(0.049)
农村户口 /男生	−0.007	−0.066	0.084	0.044	0.033	0.036	0.092	−0.023
	(0.061)	(0.053)	(0.060)	(0.050)	(0.061)	(0.053)	(0.061)	(0.052)
交互项	−0.071	0.115**	−0.043	0.090*	−0.038	0.074	0.073	0.058
	(0.063)	(0.053)	(0.060)	(0.051)	(0.062)	(0.052)	(0.062)	(0.052)
其他变量	控制	控制	控制	控制	控制	控制	控制	控制
R^2	0.208	0.209	0.199	0.200	0.186	0.186	0.167	0.167

注：（1）模型均控制了个人、家庭、班级、教师层面的变量以及学校固定效应，受篇幅所限，部分不做重点解释的控制变量未在表中呈现；（2）*、**、*** 分别表示在 5%、1%、0.1% 的水平上显著；（3）括号内为稳健标准误。

（四）稳健性检验

考虑到不可观测因素（如学生能力等）同时对教师支持产生影响，本文采用似不相关回归模型进行稳健性检验（见表6）。在使用似不相关回归模型时，首先需要检验四个方程的扰动项是否存在同期相关性。Breusch-Pagan（BP）检验是检验方程之间是否存在同期相关性的常用方法，其原假设为"无同期相关"。BP检验结果显示，p 值小于1%，拒绝四个方程的扰动项"无同期相关"的原假设，适于使用似不相关回归模型进行估计。稳健性检验表明，在运用似不相关回归模型的情况下，前文主要结论没有发生变化。

表6　似不相关回归模型的稳健性检验

	英语教师支持得分	数学教师支持得分	语文教师支持得分	班主任支持得分
家庭背景	0.233*** (0.042)	0.230*** (0.042)	0.253*** (0.042)	0.169*** (0.044)
BP 检验	chi 2（6）= 11700.449（Pr = 0.000）			
R^2	0.205			

注：（1）模型均控制了个人、家庭、班级、教师层面的变量以及学校固定效应，受篇幅所限，部分不做重点解释的控制变量未在表中呈现；（2）**、***分别表示在1%、0.1%的水平上显著；（3）括号内为稳健标准误。

五　结论与启示

教师平等地对待每一个学生是我国教育者的理想之一，它不仅体现了人们对教育公平的美好追求，还体现了社会对教师的"角色期待"。研究发现，在家校合作育人的过程中，教师有他们自己的行为选择，家庭背景较差的学生家长常常被排除出教师的沟通网络，处于不利地位。在控制家长主动沟通和学校固定效应等因素后，教师与家庭背景较好的学生家长的沟通频率显著高于家庭背景较差的学生家长，存在"差别化沟通"行为。学生家庭背景还对教师的关注、表扬等合作育人行为存在影响，强化弱势学生对不平等的感知。中介效应分析结果表明，家庭背景对教师行为的影响中的25%～44%通过家长教育参与这一中介变量产生。

我们认为，教师在家校合作育人过程中的行为倾向不能简单地归咎于教师职业道德，应从制度激励层面予以反思。教师的这种行为取向更多是制度环境的产物，是现行评价制度下的激励强化导致的结果。作为"理性人"的教师，可能会为得到体制的认可而迎合体制的需要，在知识生产领域如果没有相应的监督和保障机制，那么对过程的忽视会导致教师面向不同阶层群体的差异化取向问题（蒋友梅，2015）。从评价制度看，应进一步完善教师评价激励制度，更加注重过程性评价，从而促进教师在家校沟通中更多地考虑弱势家长的现实困境，减少有损教育微观公平的行为倾向。

从学校角度看，学校自身有一套"组织惯习"，这使较差社会经济背景的家长难以有效地与学校互动和参与子女的学校教育，一旦学校跳出其"组织惯习"，便可通过制度建设保障弱势家长更好地与学校互动、更多地参与子女教育（张雯闻、方征，2019）。同时，弱势家长的学校教育参与较少不仅是因为他们"缺乏参与意识"，而且是因为他们"不知道怎么做"。因此，需要进一步加强学校对家庭教育的指导，建立更有利于弱势家长参与的家校合作育人体系，引导更多弱势家长积极参与子女的学校教育。值得注意的是，对家长参与的架构加以结构化，或许有助于更多的家长参与，但有可能带来新的问题（如为来自弱势家长设置新的物质与文化障碍等）（边玉芳、周欣然，2019）。

从教师的角度看，我国的教师教育在处理与不同背景的学生互动关系及满足家长的不同教育需要方面缺乏知识传授和技巧训练，因此应在教师职业发展的各个阶段对这类教师教育知识予以强化，以帮助教师更好地"读懂学生""读懂家长"，使教师在面对不同背景的学生、家长时都能有效、平等地开展家校互动。前文分析表明，家庭背景对教师行为的影响在一定程度上通过家长教育参与这一中介变量产生，因此，在家校合作育人过程中不断提高家长对子女教育的参与度也是十分值得关注的议题。

参考文献

边玉芳、周欣然，2019，《家校互动不良的原因分析与对策研究》，《中国教育学刊》第 11 期，第 39~44 页。

陈淑梅、张琬、李燕，2020，《父母参与对儿童学校适应的影响研究：教师支持和儿童自我效能感的多重中介效应》，《中国特殊教育》第 12 期。

池丽萍、俞国良，2011，《教育成就代际传递的机制：资本和沟通的视角》，《教育研究》第 9 期，第 22~28 页。

高明华，2013，《教育不平等的身心机制及干预策略——以农民工子女为例》，《中国社会科学》第 4 期，第 60~80 页。

何瑞珠，1999，《家长参与子女的教育：文化资本与社会资本的阐释》，《教育学报（香港）》第 1 期，第 25~38 页。

侯利明，2020，《教育系统的分流模式与教育不平等——基于 PISA 2015 数据的国际比较》，《社会学研究》第 6 期，第 186~211 页。

蒋友梅，2015，《中国大学教师行为功利取向的发生机制——组织制度的视角》，《中国高教研究》第 5 期，第 76 ~ 82 页。

莱文，丹尼尔、瑞依娜·莱文，2010，《教育社会学》（第九版），郭锋、黄雯、郭菲译，中国人民大学出版社。

陆学艺，2010，《中国社会阶级阶层结构变迁 60 年》，《中国人口·资源与环境》第 7 期，第 1 ~ 11 页。

马虹、姚梅林、吉雪岩，2015，《家长投入对中小学生学业投入的影响：有中介的调节模型》，《心理发展与教育》第 6 期，第 710 ~ 718 页。

马忠虎，1999，《对家校合作中几个问题的认识》，《教育理论与实践》第 3 期，第 27 ~ 33 页。

任春荣，2010，《学生家庭社会经济地位（SES）的测量技术》，《教育学报》第 5 期，第 77 ~ 82 页。

沈洪成，2020，《如何打开黑箱？——关于教育不平等的西方民族志研究及其启示》，《社会学研究》第 1 期，第 218 ~ 241 页。

田丰、静永超，2018，《家庭阶层地位、社会资本与青少年学业表现》，《复旦学报》（社会科学版）第 6 期，第 190 ~ 200 页。

王春超、林俊杰，2021，《父母陪伴与儿童的人力资本发展》，《教育研究》第 1 期，第 104 ~ 128 页。

王敏健，2005，《社会分层在家校合作中的表现及其影响——美国家校合作的最新研究》，《外国中小学教育》第 1 期，第 20 ~ 23 页。

吴重涵、张俊、王梅雾，2017，《是什么阻碍了家长对子女教育的参与——阶层差异、学校选择性抑制与家长参与》，《教育研究》第 1 期，第 85 ~ 94 页。

谢爱磊，2020，《农村学校家长参与的低迷现象研究——专业主义、不平等关系与家校区隔》，《全球教育展望》第 3 期，第 42 ~ 56 页。

张雯闻、方征，2019，《学校主导型家校合作与社会资本生产——基于 CEPS 的实证研究》，《教育学术月刊》第 2 期，第 36 ~ 43 页。

张翼，2004，《中国人社会地位的获得——阶级继承和代内流动》，《社会学研究》第 4 期，第 76 ~ 90 页。

Blau, P. M. and Duncan O. D. 1967. *The American Occupational Structure*. New York: John Wiley and Sons Press.

Coleman, J. S., Campbell, E. Q., Hobson, C. J., McPartland, F., Mood, A. M., and Weinfeld, F. 1966. *Equality of Educational Opportunity*. Washington DC: U. S. Government Printing Office.

Epstein, J. and Salinas K. 2004. "Partnering with Families and Communities." *Educational*

Leadership 61：12 – 18.

Hill，N. E. and Taylor L. C. 2004. "Parental School Involvement and Children's Academic Achieve-ment：Pragmatics and Issues." *Current Directions in Psychological Science* 13：161 – 164.

Jennings，L. 1990. "Studies Link Parental Involvement，Higher Student Achievement." *Edu-cation Week* 28：25 – 46.

Kerckhoff，A. C. 2001. "Education and Social Stratification Processes in Comparative Perspec-tive." *Sociology of Education* 74：3 – 18.

Lareau，A. 1987. "Social Class Differences in Family-School Relationships：The Importance of Cultural Capital." *Sociology of Education* 60：73 – 85.

Paulson，S. E. 1994. "Relations of Parenting Style and Parental Involvement with Ninth-Grade Students' Achievement." *The Journal of Early Adolescence* 8：250 – 267.

Peterson，D. 1989. "Parent Involvement in the Educational Process. ERIC Digest Series Num-ber EA 43." *ERIC Clearinghouse on Educational Management* Eugene OR.

Sewell，W. H. and Hauser R. M. 1975. *Education Occupation and Earnings：Achievement in the Early Career.* New York：Academic Press.

Sui-Chu，E. H. and Willms J. D. 1996. "Effects of Parental Involvement on Eighth-Grade A-chievement." *Sociology of Education* 69：126 – 144.

Werfhorst，H. and Mijs J. 2010. "Achievement Inequality and the Institutional Structure of Ed-ucational Systems：A Comparative Perspective." *Annual Review of Sociology* 36：407 – 428.

Weston，W. and Lareau A. 1991. "Home Advantage：Social Class and Parental Intervention in Elementary Education." *Contemporary Sociology* 20：45 – 67.

Young，N. 2020. "Getting the Teacher's Attention：Parent-Teacher Contact and Teachers' Be-havior in the Classroom." *Social Forces* 99：560 – 589.

非认知能力对初升高的影响

——基于资源替代效应的视角[*]

赵　迪[**]

摘　要：非认知能力对教育获得具有重要影响。然而，非认知能力包含多个维度和多重内涵，何为非认知能力的核心内涵仍然不确定。此外，已有研究多关注非认知能力对教育获得的影响，忽视了非认知能力影响不同群体学生的教育获得的差异性。通过对中国家庭追踪调查（CFPS）2010~2016年的调查数据进行分析，考察教育期望、自尊和自控点三个维度的非认知能力对初升高的影响，本文发现，这三个维度对初升高均有显著的正向预测效应。进一步的分析表明，自控点对初升高的影响受到户籍的负向调节，即农村户籍学生的自控点相比于城镇户籍学生对教育获得的影响更大。教育期望和自尊对教育获得的影响没有显著的城乡差异。这意味着自控点是预测教育获得的最为核心的非认知能力，同时其对农村户籍学生的教育获得具有资源替代效应。因而，通过政策干预加强城乡学生非认知能力的发展对促进教育平等具有重要价值。

关键词：非认知能力；初升高；自控点；资源替代效应

---

* 本文是教育部人文社会科学一般项目青年基金项目"循证社会工作介入中学生心理健康促进的机制与模式研究：以苏南地区为例"（项目批准号：22YJCZH255）成果之一。

** 赵迪，南京工程学院社会工作系讲师、南京工程学院社会治理研究所助理研究员，研究方向为教育社会学、社会工作理论与政策研究，E-mail: sociology2017@163.com。

一 引言

近年来，越来越多的研究注意到非认知能力对教育获得的影响，也有较多研究关注非认知能力受到家庭教养方式和学前教育等因素的影响（王慧敏等，2017；张鼎权等，2018；黄超，2018；龚欣、李贞义，2018）。然而，非认知能力的具体内容在国内外不同的研究中均有差异。非认知能力作为认知能力的对立概念，包括个人的人格心理特征等社会心理品质和技能，如社会交往能力、自尊自信、自控点、自我效能感、成就动机等（Heckman，2011）。这些非认知能力的不同维度之间虽然在一定程度上具有独立的内涵，但是也相互联系。对于哪一种非认知能力是影响个人教育获得乃至职业地位获得的重要因素，仍然不清楚。有关非认知能力对教育获得影响的研究多关注其一致性，而较少关注其对不同社会群体尤其是城镇户籍和农村户籍学生的差异性影响。

在我国，城乡社会文化环境和教育质量的差异仍然存在，尤其是伴随着农村年轻父母外出务工产生的留守儿童和流动儿童的身心健康和教育问题备受关注。农村户籍的留守儿童和流动儿童因在就学和父母的互动交流上受到家庭资源和学校环境以及市场化的教育资源供给的影响（庞圣民，2016，2017），而在客观的资源获得上处于劣势（吴愈晓等，2018）。非认知能力是否能对这些学生发挥更大的启发性作用，从而使其迥异于受到城镇户籍制度庇护，自然地获益于家庭的亲子互动交流、较好的学校环境和充足优质的市场化教育资源的城镇学生有待验证。非认知能力对城镇户籍和农村户籍学生获得升学机会的意义和影响是否有差异也值得探究。因而，本文研究的问题是影响教育获得的非认知能力的核心因素是什么，以及这一因素是否对不同户籍的学生产生了差异性影响？

二 文献回顾

（一）多维度的非认知能力

非认知能力是与认知能力相对而言的。理解非认知能力首先要明确认知能力的范围。认知能力（cognitive ability），也称作认知技能（cognitive skill），一般被认为是代表智力的一个综合性的单一因素，包括晶体智力（crystalised intelligence）和流体智力（fluid intelligence）。晶体智力是指获得的知识和技能，它在一定程度上受到教育和动机的影响，而流体智力则是指个体学习的速度（Almlund et al.，2011；Heckman，2011），也就是解决已有文化知识不能解决的全新问题的能力（Rindermann，2007）。

非认知能力（non-cognitive skills）被认为是学校教育提供的正式知识以外的使个体社会化的各种能力（García，2013：24）。非认知能力的形式是多样化的，没有一个统一的测量指标。Cunha 等（2010）认为非认知能力是指嵌入个体中的人格和社会情绪特征。Borghans 等（2008）把人格特征界定为"思考、感觉和行为的模式"。Levin（2013：67–86）则认为非认知能力是指促进成年人胜任能力的态度、行为和价值观念。而对人格特征最为系统的阐述，也是最常用的大五人格特征，主要包括外向性、开放性、情绪稳定性、宜人性、尽责性。自尊、自控能力、成就动机、乐观主义、未来导向等个性特质也被作为非认知能力的主要内容（黄国英、谢宇，2017）。

总之，对非认知能力并没有完全统一的界定。非认知能力的不同维度对劳动力市场的经济结果的影响是有差异的，甚至是相反方向。非认知能力的内涵是多维度的，何为其核心维度仍然不清楚。本文希望通过以往研究中关注较多的三个维度即教育期望、自尊和自控点①来确定非认知能力的核心内涵及其影响。

（二）非认知能力对教育获得影响的研究

有关非认知能力对教育获得影响的研究可以追溯至布尔迪厄的文化资本理论。布尔迪厄（1997：192~193）认为不同社会阶层家庭中文化资本的代际传递使优势阶层的子女在学校教育中具有更多文化资本，从而使其更易于获得老师的奖励，进而拥有更好的学业表现和教育机会。他的文化资本概念既包括物质性的维度（如书籍），也包括制度化的维度（如学

---

① 自控点是指个体认为生活和世界中的活动和事件由个人掌控的程度，自我掌控程度高即内源控制，相反，由外界条件或事物等控制则是外源控制，也可表述为自控能力。

历、资格证书等），同时包含身体化的性情倾向（如个人品位、态度、行为习惯等内在于个人身心中的文化因素）（Bourdieu，1986：243）。然而，已有文化资本相关的研究多关注物质和制度形式的文化资本，受限于测量的难度对身体化的惯习等文化因素关注较少。

拉鲁等人对身体化形式的文化资本，如家庭教养方式的差异，以及家庭内与教育有关的文化知识的传递的研究等，揭示了其对教育获得的重要影响（拉鲁，2010：243~246；Lareau，2015；Lareau et al.，2016）。然而，这些研究多采用质性研究方法，总体情况是否如此仍然需要验证。

威斯康星学派的研究在布劳－邓肯地位获得模型中加入父母和子代的教育期望，揭示了教育获得的家庭社会化过程中社会心理因素的作用，在一定程度上延续了文化资本的身体化形式的研究（Sewell and Shah，1968a，1968b；Hauser and Sewell，1983）。此后，理性选择的教育获得理论在教育分流的解释中进一步突出了教育偏好对教育选择的影响。然而，他们过于关注教育期望，对其他的非认知能力维度关注较少（Breen and Goldthorpe，1997）。

教育心理学中对教育获得的社会心理因素研究注意到人格特征（如自尊、自律和成就动机等）对教育获得的影响（Stankov and Lee，2014；Martins，2010）。经济学家 Francescoin 和 Heckman（2016）的研究也表明非认知能力对学生获得高中和大学教育机会有显著的正向预测效应。然而，非认知能力的劳动经济学、教育经济学研究和教育心理学一样，更多关注个体人格心理因素的一般性作用和模式。社会学则更多关注研究对象的异质性（谢宇等，2012）。Portes 和 Wilson（1976）发现，社会地位和学习成绩对白人的教育获得具有更大的积极影响，而自尊和教育期望则对黑人具有更大的积极影响。他们将这种差异归结于白人和黑人相对于制度安排的局内人和局外人的位置。

然而，不同的社会文化语境和制度安排可能使这些非认知能力对教育获得的影响在国内产生不同的作用机制。因而，我们更加关注社会心理和人格特征对不同群体的学生是否会产生差异性影响。

三 理论与研究假设

自尊和自控点（内源自控）作为非认知能力的主要内容，内化于个体的价值观念、信念和行为中。其相对于主体之外的社会结构（如社会阶层和社会制度）具有自主性和能动性的意涵。已有关于自尊和自控点的心理学研究表明，自尊和自控点对学习成绩（Simon and Simon，1975；Gordon，1977；Rubin，1978；董艳梅、朱传耿，2020）具有显著的正向预测效应。有研究发现，自尊对教育获得尤其是对男性的教育获得具有显著的正向预测效应（Araujo and Lagos，2013）。对非认知能力的经济学研究也发现，包括自尊、自控点等在内的非认知能力对教育获得等相关的社会经济、健康以及社会整合适应等结果具有正向的影响（Wang et al.，1999；Flouri，2006；Heckman，2011）。

在20世纪60年代威斯康星模型就发现家庭教育背景通过子女感知到的父母对其上大学的鼓励进而影响其上大学的计划和上大学的概率、结果（Sewell et al.，2003）。此后，也有一些研究关注教育期望的产生机制，关注家庭背景怎样通过教育干预和教育参与影响子女的教育期望的（刘保中等，2015）。王甫勤、时怡雯（2014）也认为家庭社会经济地位通过影响父母对子女的教育参与和投入从而影响子女的教育期望的维持，最终影响其大学教育机会的获得。因而，教育期望对城乡学生升入高中的教育机会具有积极的影响。本文将非认知能力视为文化资本的重要内容。根据布尔迪厄的文化资本理论，文化资本拥有量较为丰富的学生，更容易获得学业成功。因而，综上，本文有以下假设。

假设1：非认知能力越强的学生升入高中的概率越大。

假设1a：教育期望越高的学生升入高中的概率越大。

假设1b：自尊水平越高的学生升入高中的概率越大。

假设1c：自控点得分越高（越倾向于内源控制）的学生升入高中的概率越大。

近年来，随着城镇化水平的提高和户籍政策的松动，城乡融合的趋势初露端倪，但几十年的户籍制度壁垒造成的影响仍然难以在短时期内消除。城乡户籍制度及由此伴生的社会经济文化教育环境的差异可能制约着非认知能力的作用空间。改革开放40多年来农村大量青壮年劳动力向城市流动，产生了大规模的留守儿童和流动儿童。留守儿童和流动儿童问题已经成为已有研究关注的热点问题。近年来，农村学生的身心健康尤其是心理健康受到越来越多的关注（吴愈晓等，2018；黄超，2018）。不少农村留守儿童由于缺乏父母的管教，易于沉迷网络游戏，丧失学习兴趣，从而影响学业以致退学或过早中断学业。在城镇就读的流动儿童的教育获得也不是很理想。受限于在城镇地区就读公办学校的政策门槛、父母较低的收入和社会经济地位、父母较少的教育参与行为，他们的学习动力不足（王进、汪宁宁，2013；周潇，2011）。父母忙于工作，无暇管理他们的课余生活。这使农村户籍的学生无论是留守家乡还是随父母流动到城镇地区，在获得家庭教育、学校教育和市场化的辅导班教育资源上均处于不利地位。

与此相反，城镇户籍的学生则在家庭教育、学校教育和市场化的辅导班教育资源的获取上具有更大的优势，拥有更多的文化教育资源。与城镇学生相比，农村学生能够利用的教育资源相对较少。然而，非认知能力作为一种主观的社会心理和人格特征的因素，具有文化图式的行为导向功能（王进、汪宁宁，2013），对农村户籍的学生可能发挥更大的作用。相反，城镇户籍学生被外在的优越环境和资源包围。外在的巨大资源优势为他们提供了安全网，从而使其个人主观的内在心理和人格特征因素发挥作用的空间相对变小。也就是说，非认知能力对弱势群体的结构性资源缺陷具有一种弥补性的作用，从而产生一种资源替代或资源补偿效应。柳皑然（Liu，2017）使用美国的数据也发现，非认知能力能够弱化家庭背景对学习成绩的影响。她认为这是一种资源替代效应。同理，在教育分流和教育获得的解释机制中，非认知能力也可能起到同样的作用。因此，我们预测农村户籍学生的非认知能力对其升学的预测效应更大。所以，本文有以下假设。

假设2：非认知能力对初升高的影响受到城乡户籍的负向调节作用。

假设2a：教育期望对农村户籍的学生升入高中的影响更大。

假设2b：自尊水平对农村户籍的学生升入高中的影响更大。

假设2c：自控点对农村户籍的学生升入高中的影响更大。

四　数据、变量与方法

（一）数据来源

本文使用中国家庭追踪调查（China Family Panel Studies，CFPS）2010～2016 年数据。该调查以 2010 年为基线调查，对学生的学习成绩、认知能力、学生报告的最低教育期望以及学生所处的教育阶段均有较为全面的调查。该调查不是针对教育升学的专项调查，所以在被调查学生的非认知能力（如自尊感和自我控制能力等）维度只对部分学生做了调查，包括父母的教育期望和学生的教育期望也不是完全对应地做了调查。本文主要考察 2010～2016 年可能发生初升高行为的个体，包括在初中期间辍学的学生。在控制主要变量、剔除部分缺失值后，被调查的家庭在 2010～2016 年可能升入高中的样本量为 2035 个左右。

（二）变量

1. 因变量（教育分流变量）

初中升入高中的教育结果，以未升入高中为参照项，编码为 0，升入高中编码为 1，生成初中升入高中的二分类别变量。

2. 核心自变量

（1）认知能力

中国家庭追踪调查对被调查者的认知能力测量以 2010 年的初始测量为依据。

（2）数学成绩

在 CFPS 2010 问卷中根据家长对子女上学期数学成绩的评价"F502 就您所知，孩子上学期平时的数学成绩如何？"，将答案选项"优"、"良"、"中"、"差"中的"中"和"差"合并为数学成绩较差的一类，作为参照项，编码为 0；将"优"和"良"合并为数学成绩较好的一类，编码为 1，生成数学成绩的虚拟变量。

（3）非认知能力变量

CFPS 2010～2016 调查数据中以子女自我报告的最低教育期望为非认

知能力的一条测量标准，代表学生的教育抱负和成就动机，区别于学生和家长的最高教育期望，即子女期望最低读到什么程度。以大专和大专以上为大学教育期望，以高中和高中以下（包括不必读书）为参照项，生成教育期望的虚拟变量。CFPS 2010~2016 中对 10~15 岁的学生有自尊量表和控制点量表的自我报告测评。根据自尊量表和控制点量表的正向和负向陈述的归类，分别将其选项"非常同意"、"同意"、"既不同意也不反对"、"不同意"和"非常不同意"正向赋值为 5、4、3、2、1 分，逆向赋值为 1、2、3、4、5 分。然后加和求平均，分别计算出自尊和自控点的得分。则自尊得分越高，自尊水平越高；自控点得分越高，则越倾向于内源控制，即越倾向于相信事件和活动的结果是由自己的行动而不是外界因素掌控的。

3. 控制变量

（1）家庭经济背景

家庭经济背景以父亲的职业地位为测量指标。已有部分研究（吴晓刚，2009；吴愈晓，2013）采用 14 岁时父亲职业的社会声望，即 ISEI，取值范围为 19~88。但是这种操作方法假定社会经济地位对教育机会获得的影响是线性的，并不符合事实。所以为了区分不同层次的职业地位对教育分流的不同影响，本文把父亲的职业类型根据 EGP 的分类框架分成三类。以农民为参照项，构造包括工人、自雇者和例行非体力劳动等在内的中间阶层和包括较低层和较高层管理人员的服务阶层上层，以明确职业地位高低对教育分流的差异性影响。这一操作方法和李煜（2006）、郝大海（2007）以及李春玲（2014）等的操作方法较为一致，便于相互比较。

（2）家庭教育背景

家庭教育背景以母亲的受教育程度为准进行测量，以小学以下为参照项，生成小学、初中、高中及以上三个虚拟变量，这也是大部分研究所采用的分类方法。本文不赞同使用受教育年限的测量方法，因为受教育年限不便于解读，而且影响教育机会获得的逻辑不在于增加一两年受教育年限。教育背景对教育机会的获得也不可能是完全的线性关系，而是不同层次的教育背景会有不同的结果。

（3）家庭年经济收入

家庭年经济收入将 CFPS 2010 问卷中的家庭年收入取对数作为社会经

济地位的收入维度。

（4）其他人口特征变量

性别以男性为参照项（男性＝0），同时户籍（农业户籍＝0）、兄弟姐妹数量、民族（汉族＝0）均为控制变量。

以上所有变量的描述性统计参见表1。

表1　变量的描述性统计

变量名	样本量	均值	标准差	最小值	最大值
性别	2409	0.501	0.500	0	1
民族	2404	0.096	0.295	0	1
户籍	2396	0.192	0.394	0	1
兄弟姐妹数量	2409	1.876	0.948	1	7
小学	2409	0.273	0.445	0	1
初中	2409	0.273	0.445	0	1
高中及以上	2409	0.122	0.327	0	1
家庭年收入对数	2049	9.566	1.132	0	13.122
职业地位中层	2409	0.354	0.478	0	1
职业地位高层	2409	0.057	0.233	0	1
认知能力	2408	34.728	9.846	0	58
上学期数学成绩	2359	0.542	0.498	0	1
学习习惯	2223	3.48	0.602	1	5
辅导班	2409	0.132	0.339	0	1
教育期望	2374	0.634	0.481	0	1
教育经济投入对数	2282	6.295	1.387	0.693	10.696
自尊	839	3.851	0.389	2.286	5
自控点	2068	3.139	0.497	1.692	4.385
升高中与否	2409	0.811	0.391	0	1

（三）分析策略

本文聚焦于非认知能力与初升高教育机会的关系研究，采用 Mare（1981）的升学模型，即升高中与否的二元 logistic 回归模型（升高中＝1，

未能升入高中 = 0）。为了考察城乡户籍身份对非认知能力的教育获得效应的调节作用，本文将户籍作为调节变量分析非认知能力的城乡差异影响。

五　研究发现

表 2 是以非认知能力的三个维度即教育期望、自尊和自控点为自变量、以初升高为因变量的二元 logistic 回归模型。

表 2 中的模型 1、模型 2 和模型 3 分别对应教育期望、自尊和自控点三个维度的非认知能力。可见，三个维度均对初升高表现出较为显著的正向预测效应。在控制认知能力和上学期数学成绩的条件下，依然看到三个维度的非认知能力均对初升高具有正向的预测效应。最低教育期望为大学及以上的学生升入高中的概率是最低教育期望为高中及以下的 2.901 倍，多出了 1.901 倍（$e^{1.065} - 1$）。自尊水平每提高一个单位，其升入高中的概率增加 2.675 倍（$e^{1.301} - 1$）。越是倾向于内源控制的学生升入高中的概率越大，自控能力每提高一个单位，其升入高中的概率增加 0.561 倍（$e^{0.445} - 1$）。

综上，假设 1、假设 1a、假设 1b、假设 1c 均被证实，即三个维度的非认知能力均对初升高有正向预测效应。

表 2　非认知能力对初升高的影响（2010～2016 年）

自变量	模型 1（教育期望）		模型 2（自尊）		模型 3（自控点）	
	β	exp（β）	β	exp（β）	β	exp（β）
性别	0.272 (0.175)	1.312	0.029 (0.355)	1.030	0.456* (0.184)	1.578
户籍	0.842* (0.386)	2.323	0.339 (0.568)	1.404	1.222 (0.403)	3.393
兄弟姐妹数量	-0.034 (0.089)	0.966	0.018 (0.165)	1.018	-0.080 (0.097)	0.923
小学	0.681*** (0.025)	1.977	0.858 (0.490)	2.358	0.567** (0.216)	1.764
初中	0.885*** (0.228)	2.423	1.211* (0.537)	3.360	0.820** (0.243)	2.272
高中及以上	0.790* (0.394)	2.205	1.141 (0.796)	3.129	0.670 (0.440)	1.955

自变量	模型 1（教育期望）		模型 2（自尊）		模型 3（自控点）	
	β	exp（β）	β	exp（β）	β	exp（β）
家庭年收入对数	0.163* (0.067)	1.178	0.090 (0.117)	1.094	0.175* (0.073)	1.192
职业地位中层	0.384* (0.190)	1.469	0.575 (0.389)	1.778	0.419* (0.200)	1.52
职业地位高层	1.321* (0.663)	3.751	2.869** (1.088)	17.626	1.637 (0.948)	5.144
上学期数学成绩	0.853*** (0.175)	2.348	0.909* (0.389)	2.483	0.947*** (0.188)	2.579
认知能力	0.009 (0.008)	1.009	0.009 (0.025)	1.009	0.018 (0.010)	1.019
教育期望	1.065*** (0.178)	2.901				
自尊			1.301** (0.422)	3.675		
自控点					0.445* (0.188)	1.561
常数项	−1.856 (0.677)	0.156	−5.019** (1.878)	0.007	−3.121** (1.005)	0.044
N	1999		714		1711	
伪 R^2	0.179		0.178		0.166	

注：$^+ p < 0.1$，$^* p < 0.05$，$^{**} p < 0.01$，$^{***} p < 0.001$；括号内为标准误。

表 3 是在表 2 的基础上进一步考察户籍对非认知能力三个维度的调节作用。模型 4、模型 5、模型 6 分别是教育期望与户籍的交互项模型、自尊与户籍的交互项模型和自控点与户籍的交互项模型。可见，模型 5、模型 6 的交互项均不显著。城乡户籍身份对教育期望和自尊并没有调节作用，即教育期望和自尊对初升高的预测效应没有城乡户籍差异。模型 6 中自控点和户籍的交互项显著为负，系数为 −1.012，优势比为 0.364（$p < 0.05$）。这意味着自控点受到城乡户籍身份的负向调节作用。也就是说，城镇户籍的学生的自控点对初升高的预测效应比农村户籍学生的自控点的预测效应降低了 63.6%（$e^{-1.012} - 1$）。由此，假设 2c 得到了验证。也就是说，农村户籍学生的自控点对其升入高中的影响更大。相反，假设 2a、

假设 2b 没有被证实，教育期望和自尊对城乡户籍的学生升入高中的影响没有显著差异。假设 2 部分被证实。

表 3　非认知能力对初升高影响的城乡差异（2010～2016 年）

自变量	模型 4（教育期望）		模型 5（自尊）		模型 6（自控点）	
	β	exp（β）	β	exp（β）	β	exp（β）
性别	0.290 (0.178)	1.337	0.084 (0.351)	1.088	0.451* (0.184)	1.571
户籍	0.777 (0.449)	2.176	1.617 (1.202)	5.040	1.102** (0.402)	3.010
兄弟姐妹数量	-0.040 (0.091)	0.960	-0.004 (0.165)	0.996	-0.081 (0.097)	0.923
小学	0.691*** (0.207)	1.997	0.788 (0.486)	2.200	0.564 (0.216)	1.757
初中	0.908*** (0.230)	2.479	1.027* (0.513)	2.794	0.805** (0.244)	2.237
高中及以上	0.770* (0.413)	2.161	0.795 (0.767)	2.214	0.653** (0.441)	1.922
家庭年收入对数	0.185** (0.071)	1.204	0.091 (0.116)	1.096	0.178* (0.073)	1.196
职业地位中层	0.389* (0.194)	1.476	0.646 (0.409)	1.908	0.421* (0.200)	1.525
职业地位高层	1.324* (0.663)	3.762	2.954** (1.123)	19.185	1.694+ (0.949)	5.443
上学期数学成绩	0.865*** (0.178)	2.376	0.878* (0.394)	2.408	0.957*** (0.189)	2.604
认知能力	0.009 (0.008)	1.010	0.010 (0.024)	1.010	0.017+ (0.010)	1.018
教育期望	1.043 (0.181)	2.837				
教育期望×户籍	0.105 (0.709)	1.111				
自尊			0.946* (0.422)	2.577		
自尊×户籍			3.156 (1.770)	23.466		

自变量	模型 4（教育期望）		模型 5（自尊）		模型 6（自控点）	
	β	exp（β）	β	exp（β）	β	exp（β）
自控点					0.522** （0.195）	1.686
自控点 × 户籍					− 1.012* （0.488）	0.364
常数项	− 2.100** （0.724）	0.122	− 0.052 （1.049）	0.949	− 1.699* （0.731）	0.183
N	1970		714		1711	
伪 R^2	0.184		0.193		0.168	

注：+ $p < 0.1$，* $p < 0.05$，** $p < 0.01$，*** $p < 0.001$，括号内为标准误。

表 4 是家庭教育背景对初升高的预测效应受到户籍身份调节的分析。由模型 7 可见，以母亲小学以下的学历为参照，由母亲小学、初中和高中及以上学历的教育背景和户籍的交互项来看，只有高中及以上学历与户籍的交互项显著为正。也就是说，家庭教育背景对初升高教育获得的影响受到户籍身份的正向调节。这意味着城镇学生的家庭相比于农村学生的家庭能够提供更多的资源性支持，从而发挥更大的作用。相反，农村学生的家庭能够提供的结构性资源相对较为匮乏，家庭教育背景对升学的影响较小。因此，农村学生家庭结构性资源的匮乏及较小的影响也能够从反面说明非认知能力对农村学生的意义和作用空间可能更大，由此强化了假设 2c 的预测。

假设 2a、假设 2b 没有得到验证，并不能说明教育期望和自尊是对预测初升高没有价值的非认知能力。相反，可能因为学生本身的教育期望、自尊（自我评价和认知）与自身的学习成绩、学习能力等密切相关，从而使其对初升高教育机会具有更加精准的预测效应。也就是说，这两种非认知能力是距离升学结果更近的变量。而自控点作为自我对周围世界、学习和生活的掌控感和掌控能力的表达与认知，表达出的更多是一种启发性的信念和文化图式的内容。作为信念和文化图式，自控点能够更好地激发成就动机和自律自控的行为，从而促进自尊自信和学业表现，乃至影响最终的教育获得。也就是说，自控点是更为核心的非认知能力。

表4 家庭教育背景对初升高影响的城乡差异（2010~2016年）

自变量	模型7	
	β	exp（β）
性别	0.349* （0.167）	1.418
户籍	-0.079 （0.086）	0.924
兄弟姐妹数量	0.645 （0.198）	1.907
小学（母亲）	0.885** （0.230）	2.425
初中（母亲）	0.324*** （0.393）	1.383
高中及以上（母亲）	0.158 （0.067）	1.171
家庭年收入对数	0.397* （0.182）	1.489
职业地位中层	1.271* （0.683）	3.564
职业地位高层	0.961 + （0.170）	2.616
上学期数学成绩	0.012*** （0.008）	1.012
认知能力	0.107 （0.683）	1.113
小学（母亲）×户籍	0.454 （0.838）	1.575
初中（母亲）×户籍	0.788 （0.917）	2.199
高中及以上（母亲）×户籍	2.679* （1.162）	14.577
常数项	-1.352* （0.664）	0.259
N	1999	
伪 R^2	0.150	

注: $^+ p < 0.1$, $^* p < 0.05$, $^{**} p < 0.01$, $^{***} p < 0.001$，括号内为标准误。

六　结论与讨论

基于 CFPS 2010～2016 的调查数据，本文使用 logistic 回归的方法探讨了非认知能力的三个维度即教育期望、自尊和自控点对初升高教育获得的影响并探究了城乡户籍身份对其的调节作用。本文发现，三个维度的非认知能力均对初升高教育获得具有显著的积极预测效应。非认知能力越强的学生升入高中的概率越大。然而，只有自控点对初升高的预测效应受到城乡户籍身份的负向调节，教育期望和自尊对城乡户籍不同的学生升入高中的预测效应没有显著差异。由此，本文的结论是，非认知能力中的自控点相对而言是更为核心和关键的内容。自控点受到户籍的负向调节作用，在一定程度上支持了资源替代效应理论。

本文的一个贡献在于尝试厘清众多非认知能力维度中何为影响教育获得的最关键、最核心的因素，并尝试提出自控点是最为核心的因素的论断。另一个贡献在于，本文对非认知能力影响教育获得的户籍调节作用的部分验证，在一定程度上支持了资源替代效应理论。也就是说，非认知能力对教育获得的影响并不是没有区别的。非认知能力对不同群体的学生可能具有不同的价值和意义。这给我们的启示是，缩小城乡教育差距，既需要注重弱势阶层和农村学生的资源支持，也需要注意加强其社会心理建设。非认知能力既能促进弱势阶层获得更多教育机会，也能在一定程度上帮助他们弥补资源上的先天弱势。尽管这种弥补作用是有限的，但是仍然值得重视。这一结论和文化资本的文化流动假设在一定程度上具有相通之处，但是其背后的逻辑有差异。文化流动假设重在突出弱势阶层的文化资本使其在同辈学生中易于脱颖而出，而资源替代效应理论则突出了资源的互补性效应。

不可否认，本文仍有不足之处。受到中国家庭追踪调查样本结构的限制，不同维度的非认知能力的样本量有一些差异，这在一定程度上会对研究的效度和信度造成影响。此外，非认知能力对教育获得的预测效应是否为一种自选择误差，仍然需要更进一步的研究来验证。本文使用中国家庭追踪调查数据，以早期的非认知能力预测后期的初升高结果，在一定程度上能够减少内生性。非认知能力对更多不同群体学生的教育结果影响的差异性及机制有待进一步验证和探究。

参考文献

布尔迪厄，1997，《文化资本与社会炼金术——布尔迪厄访谈录》，包亚明译，上海人民出版社。

董艳梅、朱传耿，2020，《青少年课外体育运动对学业成绩的影响研究——兼论非认知能力的中介效应》，《体育学研究》第 6 期，第 52 ~ 62 页。

龚欣、李贞义，2018，《学前教育经历对初中生非认知能力的影响：基于 CEPS 的实证研究》，《教育与经济》第 4 期，第 37 ~ 45 页。

郝大海，2007，《中国城市教育分层研究（1949—2003）》，《中国社会科学》第 6 期，第 95 ~ 108、207 页。

黄超，2018，《家长教养方式的阶层差异及其对子女非认知能力的影响》，《社会》第 6 期，第 216 ~ 240 页。

黄国英、谢宇，2017，《认知能力与非认知能力对青年劳动收入回报的影响》，《中国青年研究》第 2 期，第 56 ~ 64、97 页。

拉鲁，安妮特，2010，《不平等的童年》，张旭译，北京大学出版社。

李春玲，2014，《教育不平等的年代变化趋势（1940 ~ 2010）——对城乡教育机会不平等的再考察》，《社会学研究》第 2 期，第 65 ~ 89 页。

李煜，2006，《制度变迁与教育不平等的产生机制——中国城市子女的教育获得（1966—2003）》，《中国社会科学》第 4 期，第 97 ~ 109 页。

刘保中、张月云、李建新，2015，《家庭社会经济地位与青少年教育期望：父母参与的中介作用》，《北京大学教育评论》第 3 期，第 158 ~ 176、192 页。

庞圣民，2016，《市场转型、教育分流与中国城乡高等教育机会不平等（1977—2008）兼论重点中学制度是否应该为城乡高等教育机会不平等买单》，《社会》第 5 期，第 155 ~ 174 页。

庞圣民，2017，《家庭背景、影子教育与"初升高"：理解当代中国社会教育分层的新视角》，《社会发展研究》第 4 期，第 105 ~ 123 页。

王甫勤、时怡雯，2014，《家庭背景、教育期望与大学教育获得基于上海市调查数据的实证研究》，《社会》第 1 期，第 175 ~ 195 页。

王慧敏、吴愈晓、黄超，2017，《家庭社会经济地位、学前教育与青少年的认知 - 非认知能力》，《青年研究》第 6 期，第 46 ~ 57 页。

王进、汪宁宁，2013，《教育选择：理性还是文化——基于广州市的实证调查》，《社会学研究》第 3 期，第 76～100、243 页。

吴晓刚，2009，《1990—2000 年中国的经济转型、学校扩招和教育不平等》，《社会》
第 5 期，第 88～113、225～226 页。

吴愈晓，2013，《教育分流体制与中国的教育分层（1978—2008）》，《社会学研究》第
4 期，第 179～202、245～246。

吴愈晓、王鹏、杜思佳，2018，《变迁中的中国家庭结构与青少年发展》，《中国社会
科学》第 2 期，第 98～120、206～207 页。

谢宇、范钟秀、鲁子奇、刘真珍，2012，《社会科学的求实之道——谢宇教授访谈
录》，《云梦学刊》第 3 期，第 5～10 页。

张鼎权、郑磊、祁翔，2018，《学前教育对学生非认知能力影响的研究》，《教育科学
研究》第 5 期，第 37～43 页。

周潇，2011，《反学校文化与阶级再生产第"小子"与"子弟"之比较》，《社会》第
5 期，第 70～92 页。

Almlund, Mathilde, Angela Lee Duckworth, James Heckman, and Tim Kautz 2011. "Person-ality Psychology and Economics." *Handbook of the Economics of Education* 3：1–181.

Araujo, P. De and S. Lagos. 2013. "Self-esteem, Education, and Wages Revisited." *Jour-nal of Economic Psychology* 34：120–132.

Borghans, Lex, Angela Lee Duckworth, James J. Heckman, and BasVter Well. 2008. "The Economics and Psychology of Personality Traits." *Journal of Human Resources* 4：972–1059.

Bourdieu, P. 1986. "The Forms of Capital." in Richardson, J., Eds., *Handbook of Theory and Research for the Sociology of Education*. New York：Greenwood.

Breen, R. and J. H. Goldthorpe. 1997. "Explaining Educational Differentials." *Rationality & Society* 9：275–305.

Cunha, F., J. J. Heckman, and S. M. Schennach. 2010. "Estimating the Technology of Cog-nitive and Noncognitive Skill Formation." *Econometrica* 3：883–931.

Flouri, Eirini. 2006. "Parental Interest in Children's Education, Children's Self-esteem and Locus of Control, and Later Educational Attainment：Twenty-six Year Follow-up of the 1970 British Birth Cohort." *British Journal of Educational Psychology* 1：41–55.

Francesconi, M. and J. J. Heckman. 2016. "Child Development and Parental Investment：In-troduction." *Economic Journal* 596：F1–F27.

García, Emma. 2013. *What We Learn in School：Cognitive and Non-cognitive Skills in the Ed-ucational Production Function*. Columbia University.

Gordon, Donald. A. 1977. "Children's Beliefs in Internal-external Control and Self-esteem as Related to Academic Achievement. " *Journal of Personality Assessment* 4: 383 – 386.

Hauser, R. M. and T. Sewell. 1983. "A Model of Stratification with Response Error in Social and Psychological Variables. " *Sociology of Education* 1: 20 – 46.

Heckman, J. J. 2011. "Integrating Personality Psychology into Economics. " *Nber Working Papers* 3: 1 – 31.

Lareau, A. 2015. "Cultural Knowledge and Social Inequality. " *American Sociological Review* 1: 1 – 27.

Lareau, Annette, S. A. Evans, and A. Yee. 2016. "The Rules of the Game and the Uncertain Transmission of Advantage: Middle-class Parents' Search for an Urban Kindergarten. " *Sociology of Education* 4: 279 – 299.

Levin, H. M. 2013. "The utility and Need for Incorporating Non-Cognitive Skills into Large-scale Educational Assessments. " in von Davier M. , Gonzalez E. , Kirsch I. , Yamamoto K. Eds. *The Role of International Large-Scale Assessments: Perspectives from Technology, Economy, and Educational Research.* Dordrecht: Springer.

Liu, Airan. 2017. Family SES, Non-Cognitive Skills and Achievement Inequality in Children's Early Life Course. University of Michigan doctoral dissertation.

Mare, Robert D. 1981. "Change and Stability in Educational Stratification. " *American Sociological Review* 1: 72 – 87.

Martins, P. S. 2010. "Can Targeted, Non-Cognitive Skills Programs Improve Achievement? Evidence from EPIS. " *IZA Discussion Papers.*

Portes, A. and Kenneth L. Wilson. 1976. "Black-White Differences in Educational Attainment. " *American Sociological Review* 3: 414 – 431.

Rindermann, H. 2007. "The G-Factor of International Cognitive Ability Comparisons: The Homogeneity of Results in PISA, TIMSS, PIRLS and IQ-Tests Across Nations. " *European Journal of Personality* 5: 667 – 706.

Rubin, R. A. 1978. " Stability of Self-esteem Ratings and their Relation to Academic Achievement: A Longitudinal Study. " *Psychology in the Schools* 3: 430 – 433.

Sewell, W. H. and V. P. Shah. 1968a. "Parents' Education and Children's Educational Aspirations and Achievements. " *American Sociological Review* 2: 191 – 209.

Sewell, W. H. and V. P. Shah. 1968b. "Social Class, Parental Encouragement, and Educational Aspirations. " *American Journal of Sociology* 5: 559 – 572.

Sewell, W. H. , Robert M. Hauser, Kristen W. Springel, and Taissa S. Hausel. 2003. "As We

Age: A Review of the Wisconsin Longitudinal Study, 1957 – 2001. " *Research in Social Stratification and Mobility* 4: 3 – 111.

Simon, William E. and Marilyn G. Simon. 1975. "Self-esteem, Intelligence and Standardized Academic Achievement. " *Psychology in the Schools*1: 97 – 100.

Stankov, L. and Lee J. 2014. "Quest for the Best Non-cognitive Predictor of Academic A-chievement. " *Educational Psychology* 1: 9 – 28.

Wang, Li Ya, E. Kick, and J. Fras. 1999. "Status Attainment in America: The Roles of Lo-cus of Control and Self-esteem in Educational and Occupational Outcomes. " *Sociological Spectrum* 3: 281 – 298.

进城务工家庭选择对儿童非认知能力的影响

——倾向值匹配的比较分析[*]

赵　平　侯龙龙[**]

摘　要：如何安置子女是进城务工家庭面临的重大选择，由此分化出的流动儿童、留守儿童的成长发展已引发广泛关注。本文旨在探讨不同安置决定对儿童非认知能力的影响及作用机制。本文使用中国教育追踪调查（CEPS）基线调查数据，运用倾向值匹配法估计流动效用，结果表明，在控制了其他因素后，流动儿童的非认知能力显著高于留守儿童。这主要来源于两种安置决策下家庭教养方式与儿童学校境遇的差异。这一核心结论在分样本估计时也基本稳健。

关键词：流动；留守；非认知能力；倾向值匹配

一　引言

改革开放后，在"以经济建设为中心"的基本路线的指导下，中国城乡生产力的快速发展使城市对劳动力的需求与乡村富余劳动力供给呈现一致的增长态势，从而进一步带来了人口大规模的乡城迁移。受目前的户籍

---

* 本文系国家社会科学基金重大项目"教育阻断贫困代际传递的政策设计与评估研究"（项目编号：18ZDA338）的研究成果。

** 赵平，北京师范大学教育学部博士研究生，研究方向为教育公平、教育扶贫、高等教育等，E-mail：start0405@126.com；侯龙龙，北京师范大学教育学部副教授，研究方向为积极领导力、教师激励等，E-mail：houll@bnu.edu.cn。

制度影响，不同于其他国家城市化进程所具有的永久性、家庭迁移的特征，中国的乡城人口流动多为以人口临时性、单身、钟摆式为主要特点的迁移模式（陶然等，2011）。在这种模式下，内嵌于家庭的进城务工人员将面临一个重要选择，即子女是否随其流动？面对来自子女个体、家庭以及流入流出地政策等方面的种种原因或限制（梁宏、任焰，2010；杨舸等，2011；陶然等，2011），处境不同的进城务工人员往往会给出不同答案。农村儿童亦因此逐渐分化出三个群体，分别为流动儿童、留守儿童以及普通儿童。联合国儿童基金会发布的《2015年中国儿童人口状况——事实与数据》显示，2015年，中国约有四成儿童受到人口流动的影响。其中，流动儿童约3426万人，留守儿童约6877万人。这些儿童的成长和发展境况，共同构成蕴含在个体身上的人力资本，它既关系到个体的权利与福利，也将通过进入劳动力市场来影响中国未来的经济和社会格局。因此，流动或是留守对儿童的影响引发了社会的广泛关注与讨论。

现有研究主要着眼于家庭教育功能实现、收入效应等微观层面以及符号互动、农村价值失范等宏观层面的理论视角，就流动或留守对儿童教育机会、学业成绩、身体健康、问题行为等方面的影响展开了一系列探索（黄祖辉、许昆鹏，2006；杨菊华、段成荣，2008；陈欣欣等，2009；吴帆、杨伟伟，2011；郑磊、吴映雄，2014；潘璐、叶敬忠，2014；耿德伟，2015）。这些研究遵循不同的研究范式，涵盖了对人力资本具有影响的不同教育形式以及行将形成的人力资本等研究内容，推动了相关研究的进一步开展，并为该领域的政策制定提供了理论或现实依据。

但是，以往研究较少探讨流动或留守对儿童非认知能力（non-cognitive skills）的影响。非认知能力作为人力资本的重要组成部分，是心理学中诸如"人格特质"（personality traits）一类的表达在经济学中的迁移。尽管非认知能力的核心内涵源于心理学，但必须厘清其与既往研究所关注的儿童心理特质的区别。一般认为，非认知能力是相对于认知能力而言的，对人在学业、劳动力市场、健康以及犯罪行为具有重要影响的一些人格特质（Almlund et al.，2011）。因此，它应是具有积极意义的重要"能力"（skills），而非仅具中性意义的"特质"（traits），这使其与现有研究常关注的问题心理、问题行为等区分开来（师保国等，2014）。近年来，经济学家们越来越关注非认知能力的经济价值，认为对某些行为和劳动力市场产出来说，非认知能力的影响效应堪比甚至要大于认知能力（周金燕，2015）。在理论层面，Cunha 和 Heckman（2008）形成了在认知能力和非认知能力方面的"最优投资理论"（a theory of optimal investment），他们发现对儿童认知能力投资的最佳时期是在 6～9 岁，而对非认知能力的投资则需要长期进行。而且，非认知能力在一定程度上会影响认知能力的发展，但认知能力并不会对非认知能力产生反作用。在经验层面，Shury（2010）发现，比起雇员们在校期间的学业表现，雇主们更关注雇员们解决问题、团队合作等方面的能力。许多实证研究表明非认知能力能够显著解释劳动者的收入差异（Seibert and Kraimer, 2001; Mueller and Plug, 2006）。一些针对中国劳动力展开的研究，同样得到相一致的结论（黄国英、谢宇，2017；何珺子、王小军，2017）。由此可见，在人力资本理论中，非认知能力正以其重要价值及可投资性逐渐引起研究者重视。而流动儿童、留守儿童的人力资本积累不仅与其自身社会经济地位获得紧密相关，还因资本所具有的可传递的特性而与一国的经济、社会结构关系密切。因此，在中国的流动儿童、留守儿童规模如此庞大的背景下，研究不同安置决定对儿童非认知能力的影响具有较强的理论与现实意义。

在现实情境中，如何安置子女，亦即子女是跟随父母流动还是留守，是农村劳动力做出乡城迁移决策时必须面对的两种选择。无论何种选择，都会改变儿童成长的家庭环境。发展心理学的生态系统理论表明，家庭是对儿童发展影响最大且最为直接的微系统，如果家庭与同样作为微系统的学校间存在非积极的联系，则会对儿童发展产生消极影响（刘杰、孟会敏，2009）。因此，家庭环境的改变及其改变后与学校间的联系，都会影响儿童的非认知能力发展。不过，在已有研究中，关于流动或是留守对儿童非认知能力影响的结论并不一致。部分研究发现，在一些积极心理品质上，如乐群性、稳定性、乐观性、自我概念等，留守儿童的表现明显低于流动儿童或普通儿童（范方、桑标，2005；池瑾等，2008；侯玉娜，2015）。有研究指出，儿童的非认知能力在一定程度上取决于父母陪伴的时长，父母工作时间增加，将导致儿童的非认知能力降低（吴贾等，2019）。从这一角度来看，相比于留守儿童，流动儿童的父母陪伴时间较长，这可能对后者的非认知能力产生积极影响。而且，同群效应对儿童的非认知能力发展也具有重要意义（王春超、钟锦鹏，2018），流动儿童同伴的非认知能力高于留守儿童的同伴，较好的同群效应也会促进流动儿童非认知能力的发展。但也有部分研究表明，父母外出对留守儿童的性格影响不大（杜鹏等，2007），而流动儿童则表现出更差的人际关系以及更多的问题行为（金灿灿等，2012；申继亮等，2015）。这可能与流动儿童在城市中感知到的被歧视、被排斥的体验有一定关系（范兴华等，2016）。

已有研究得出的结论存在明显差异，以至于难以回答流动或留守的选择对儿童非认知能力的影响方向及程度如何。产生这一争议的主要原因可能来自流动或留守儿童样本的一些特点。第一，家庭社会经济状况对流动或留守状态的影响。换言之，儿童流动或留守的属性是以父母是否进行乡城迁移为前提的，而做出不同安置决定的农村家庭的社会经济状况应当存在较大的异质性。第二，儿童个体情况对流动或留守状态的影响。儿童的身体健康状况、是否临近中考等因素，都会影响父母对儿童的安置决定。第三，社会支持对流动或留守状态的影响。是否有其他亲属与儿童同住以及同住亲属的身体健康状况等也会影响父母对儿童的安置决定。由此可见，已决定乡城迁移的父母进一步选择如何安置子女的影响因素众多，而上述因素也会在一定程度上导致儿童在非认知能力上的差异（李丽、赵文龙，2017；王慧敏等，2017）。所以，当现有研究多采用描述性统计、方差分析、相关分析、回归分析等较为简单的统计方法时，其往往只能描述事实，难以排除混淆变量对结果变量的影响，忽略了社会领域研究进行因果推断时必须解决的"样本非随机选择问题"，进而不能深入地探讨流动或是留守与儿童非认知能力之间的因果关系。有鉴于此，本文试图使用倾向值匹配法（Propensity Score Matching Method，PSM），得出具有因果关系的结论，进而检验流动儿童和留守儿童的非认知能力之间是否"真正"存在差异，以及这些差异是由儿童成长环境中哪些方面的改变导致的。

本文接下来的内容安排如下：第二部分介绍倾向值匹配法，第三部分是数据来源与数据描述，第四部分是实证估计结果，最后一部分是结论与讨论。

二　倾向值匹配法

倾向值匹配法是近年来得到广泛运用、可以有效处理特征变量，从而进行因果推断的一种反事实统计方法。该方法根据个体是否接受处理变量的干预而将样本分为处理组（treated group）和控制组（control group），并将各个受测个体多维度的信息，使用回归模型简化成样本接受处理的一维概率值（倾向值），相同或相似的倾向值意味着两个个体在可观察到的共变量上的差异是平衡的，因此可通过寻找处理组和控制组中拥有相同或者相似倾向值的个体进行匹配，从而减少甚至消除选择偏差，最后计算匹配样本在结果变量上的平均差异，而这一差异则被视为因果效用。

利用倾向值匹配法估计处理效用需满足两个重要前提。一为可忽略的处理分配假定（ignorable treatment assignment assumption），它要求结果变量与处理分配必须是独立的。换言之，个体是否接受处理变量的干预是随机的，与其他变量无关，因此处理分配是可以忽略的。这一假定是观测性研究在借鉴实验性研究中随机分配处理机制的基础上形成的。二为共同支撑假定（common support assumption），它要求共变量在处理组和控制组上的分布必须是平衡的，彼此的分布是重合的。具体地，前者是指共变量组间的均值与标准差不存在显著差异，否则将难以满足可忽略的处理分配假定；后者是指一维的倾向值存在一定的共同区域，实际上是以此来表示多维共变量的分布存在重合，否则将会导致估计处理效用的偏差。

基于倾向值匹配法的基本思想，本文将父母外出务工时对子女的安置决定视为实验处理变量 F_i，流动儿童为处理组（$F_i = 1$），留守儿童为控制组（$F_i = 0$）。同时，本文将样本儿童自报的神经质、宜人性、毅力、自我效能感进行线性加权求和，其结果作为实验处理的结果变量 Y_i，即非认知能力。当儿童跟随父母流入城市，即 $F_i = 1$ 时，将其非认知能力记作 $Y_i = Y^1$；当儿童留守在农村，即 $F_i = 0$ 时，将其非认知能力记作 $Y_i = Y^0$。就个体而言，流动对儿童非认知能力的影响可根据（$Y^1 - Y^0 \mid F = 1$）计算得出。但由于无法观测到流动儿童或者留守儿童如果身处另一安置决定下的非认知能力，本文通过为处理组个体寻找反事实的控制组个体进行比较。具体步骤为：首先，从家庭、儿童个体、学校特征等方面估计出儿童流动或留守的概率，以控制影响处理分配（安置决定）和结果变量（非认知能力）的混淆共变量（confounding covariates），从而满足可忽略的处理分配假定；其次，根据预测概率将处理组与控制组的个体匹配；最后，在集体层面计算平均处理效用（Average Treatment Effect，ATE），其由处理组平均处理效用（Average Treatment Effect On The Treated，ATT）和控制组平均处理效用（Average Treatment Effect On The Control，ATC）组成。其中，前者是指处理组样本接触到处理后对处理产生的反应，后者则是指控制组样本接触到处理后对处理所产生的反应。本文主要关注处理组平均处理效用（ATT），即流动对儿童的非认知能力的影响，它可以表示为下式：

$$ATT = E(Y^1 - Y^0 \mid F = 1)$$
$$= E(Y^1 \mid F = 1) - E(Y^0 \mid F = 1)$$
$$= E(Y^1 \mid F = 1, e(X)) - E(Y^0 \mid F = 0, e(X))$$

上式意味着，处理组平均处理效用（ATT）是流动儿童非认知能力的实际平均水平 Y^1 与假设其为留守儿童时非认知能力平均水平 Y^0 的线性差值，但在现实中并不存在观测个体既为流动儿童又为留守儿童的情况，因此可在平衡两类儿童多方面差异的前提下，以留守儿童非认知能力的均值作为 $E(Y^0 \mid F = 1)$ 的替代值。类似地，控制组平均处理效用（ATC）的计算是 ATT 计算的镜像过程。

三　数据来源与数据描述

（一）数据来源

本文数据来源于中国人民大学中国调查与数据中心（National Survey Research Center at Renmin University of China，NSRC）于 2013～2014 学年采集的中国教育追踪调查（China Education Panel Survey，CEPS）基线数据库。中国教育追踪调查以人口平均受教育水平和流动人口比例为分层变量，从全国随机抽取了 28 个县级单位（县、区、市）作为调查点，在入选的县级单位随机抽取了约 2 万名七年级、九年级学生及其所在家庭、学校开展问卷调查。问卷内容不仅包含儿童基本信息、户籍与流动、基本人格等个人层面特征，还包含父母基本信息、家庭成员基本信息、家庭环境等家庭层面特征，学校基本信息、教学设施等学校层面特征。

（二）样本筛选与数据描述

本文旨在探究进城务工家庭对子女的何种安置决定更佳，故首先需界定流动儿童、留守儿童样本。根据 CEPS 数据库中户口类型、流动经历、是否与父母同住等变量，可将农村户籍的样本儿童分为流动儿童（有流动经历且与父母同住）、留守儿童（无流动经历且父母至少有一方外出）以及普通儿童（无流动经历且与父母同住）。基于本文的研究内容，此处只关注流动儿童、留守儿童两个子样本。经筛选，流动儿童样本容量为1834，占样本儿童总数的 19.3%；留守儿童样本容量为 2499，占样本儿童总数的 23.8%。

其次，需在已有研究的基础上界定本文所关注的核心因变量，即儿童的非认知能力。由于非认知能力的多样性和复杂性，不同学者对非认知能力的测量方法很不统一，许多不同的人格特质常被一起放入非认知能力组中，或许这是我国相关研究较为缺乏的原因之一。随着研究的不断推进，通过整合人格心理学的既有发现，研究者通常认为"大五人格"（Big Five Factors）模型是构成所有人格特质的基础结构（Levin，2012）。这一模型主要包括思维开通性（openness）、尽责性（conscientiousness）、外向性（extraversion）、宜人性（agreeableness）和神经质（neuroticism）。在此基础上，研究者往往会结合调查数据对非认知能力的内涵进行适当的调整。

根据既有研究，结合 CEPS 数据库对儿童基本人格的调查，本文选取以下 4 个维度来测度儿童的非认知能力。（1）神经质[1]，也称情绪稳定性，它是指一种与具有安全感、自信心相对，时常感到敏感并紧张的人格特质。该测度越低，表示被试者对压力的耐受性越低，越容易感到压力、沮丧和抑郁，也越容易产生敌对意识。（2）宜人性[2]，它是指一种与冷

---

① 神经质的 5 个测量题目包括：在过去的七天内，你是否有以下感觉——"沮丧""抑郁""不快乐""生活没有意思""悲伤"（1 = 从不，2 = 很少，3 = 有时，4 = 经常，5 = 总是）。本文对该维度所有题目反向计分，得分越高，表示非认知能力越强。
② 宜人性的 3 个测量题目包括"班里大多数同学对我很友好""我认为自己很容易与人相处""我对这个学校的人感到亲近"（1 = 从不，2 = 很少，3 = 有时，4 = 经常，5 = 总是）。该维度得分越高，表示非认知能力越强。

漠、刻薄相对，友好而富有同情心的人格特质。（3）毅力[①]，它是指一种与轻易放弃相对，能够坚强而持久地做事的人格特质。（4）自我效能感[②]，它是指人们对自己达成一定目标的能力的判断。上述4个维度共包括14个测量题目，形成本文对非认知能力的测量工具。经检验，所有测量题目的内部一致性信度Cronbach's α系数均为0.811，4个维度的Cronbach's α系数在0.729~0.857，验证性因子分析的各项指标在0.986~0.992，说明该量表具有较高的信度和结构效度。在此基础上，为了便于对流动儿童、留守儿童的非认知能力进行比较，本文通过探索性因子分析将以上4个维度拟合成一个综合得分。这种方法的核心是对若干个指标进行因子分析提取公共因子，再以每个因子的旋转方差贡献率为权数，对各个因子进行线性加权求和，从而构造综合得分。

最后，需甄别同时影响安置决定和儿童非认知能力的混淆共变量。本文的共变量主要包括儿童个体层面、家庭层面、学校层面。其中，儿童个体层面变量包括儿童年龄、儿童身体健康状况。在现实情境中，儿童年龄[③]至少具有两层含义：一是随着年龄的增长，儿童的自理能力逐渐增强，这将降低父母携带子女流入城市的意愿；二是在入学条件与儿童年龄挂钩的规定下，年龄较大的儿童，就读年级高，他们即将升入高中并面临高考，因此父母务工所在地的升学考试政策将影响对他们的安置决定。另外，儿童的身体健康状况也会影响父母决定是否携带其外出务工，因此，本文将受访家长对儿童身体健康状况的主观评价[④]作为测量指标。

家庭层面变量包括父母受教育程度、工作类型、经济状况以及社会支持。以上特征是影响进城务工父母对子女安置决定的重要因素（佟雅囡，

[①] 毅力的3个测量题目包括"就算身体有点不舒服，或者有其他理由可以留在家里，我仍然会尽量去上学""就算不喜欢的功课也会尽全力去做""就算花好长时间做功课也会尽力去做""能坚持自己的兴趣爱好"（1＝完全不同意，2＝不太同意，3＝比较同意，4＝完全同意）。该维度得分越高，表示非认知能力越强。

[②] 自我效能感的3个测量题目包括"我能够很清楚地表述自己的意见""我的反应能力很迅速""我能够很快学会新知识"（1＝完全不同意，2＝不太同意，3＝比较同意，4＝完全同意）。该维度得分越高，表示非认知能力越强。

[③] 儿童年龄由受访年份2014年减出生年份计算得出。其中，13岁及以下记作13岁，16岁及以上记作16岁。

[④] 受访家长对儿童身体健康状况主观评价的具体赋值规则为：很不好＝1，不太好＝2，一般＝3，较好＝4，很好＝5。

2015；宁光杰、马俊龙，2019）。具体而言，在本文中，父母的受教育程度以最高是否在大专以上来衡量；父母工作类型设为 3 个哑变量，分别为父母是不是专业人员、一般职工、个体户，以农民、失业等为参照组；家庭经济状况以家庭是否领取低保、儿童是否拥有独立的书桌作为代理变量；家庭所能得到的社会支持以受访家长自评身体健康状况①为测量指标。

  学校层面变量包括入学难度、学校硬件设施。入学难度是指为了让孩子就读当前的学校，家庭是否做出过诸如送礼、交费、迁户口等努力，如果入学难度较大，则流动能力较弱的家庭可能会选择令子女留守；学校硬件设施包括图书馆、心理咨询室的配备与运转情况，以因子分析的因子得分为衡量指标；学校排名②是将本县区学校的办学情况分为五等，由校长自评得出。儿童就读学校的特征，既代表当前的安置决定在学校方面的潜在收益，又代表选择另一种安置决定的机会成本，因此会影响父母的决策。同时，一些学校特征蕴含了学生所处的同伴关系、学习环境、校园文化，进而影响学生的非认知能力。

  综上所述，本文使用的主要变量的描述性统计如表 1 所示。

表 1 主要变量的描述性统计

变量	全部样本	流动儿童	留守儿童
儿童年龄	14.479 (1.125)	14.394 (1.121)	14.645 (1.134)
儿童身体健康状况	4.120 (0.864)	4.255 (0.835)	3.895 (0.910)
父母受教育程度	0.186 (0.389)	0.051 (0.221)	0.019 (0.137)
父母是不是专业人员	0.360 (0.480)	0.286 (0.452)	0.249 (0.432)
父母是不是一般职工	0.160 (0.367)	0.184 (0.388)	0.231 (0.421)
父母是不是个体户	0.180 (0.385)	0.356 (0.479)	0.091 (0.288)

---

① 受访家长自评身体健康状况的具体赋值规则为：很不健康 = 1，比较不健康 = 2，一般 = 3，比较健康 = 4，很健康 = 5。

② 学校排名的具体赋值规则为：最差 = 1，中下 = 2，中间 = 3，中上 = 4，最好 = 5。

变量	全部样本	流动儿童	留守儿童
家庭是否领取低保	0.110 (0.313)	0.049 (0.216)	0.242 (0.428)
儿童是否拥有独立的书桌	0.793 (0.405)	0.815 (0.389)	0.577 (0.494)
受访家长自评身体健康状况	3.820 (0.930)	3.976 (0.872)	3.547 (1.017)
入学难度	0.268 (0.443)	0.374 (0.484)	0.239 (0.426)
学校硬件设施	0.000 (1.000)	0.211 (1.021)	-0.377 (0.999)
学校排名	3.947 (0.831)	3.601 (0.939)	3.853 (0.819)
非认知能力综合得分	0.000 (0.340)	0.003 (0.334)	-0.060 (0.324)
观测值	17532	1661	2203

注：括号内为变量的标准差。

根据表 1 主要变量的描述性统计，流动儿童的非认知能力综合得分不仅高于留守儿童，也高于全体样本均值。同时，流动儿童、留守儿童在共变量上存在一定差异。在儿童个体特征上，流动儿童的平均年龄更小。这初步证明年龄可能在自理能力以及升学考试政策两个方面影响父母对子女的安置决定，年龄更大的儿童，自理能力增强，且更容易受到升学考试政策的影响，因此可能降低了父母在子女临近中考时携带他们流动的积极性。相对于留守儿童，流动儿童的父母通常认为其子女身体健康状况更好。原因可能在于如果身体不健康的儿童随父母流入城市，则将给父母带来诸多不便。对比两类儿童父母的特征可以发现，流动儿童父母学历在大专以上的比例显著高于留守儿童父母，而且个体户比例更高。这与人力资本理论关于受教育水平能提高人的迁移能力的论断相一致。在家庭经济水平方面，流动儿童和留守儿童之间的差异巨大，留守儿童中来自低保家庭的比例远远超过前者，而拥有独立的书桌的比例则远不如前者。原因可能在于，经济水平较差的家庭难以承担子女在城市的生存成本。而且，如果与儿童同住的家长身体健康状况较好，则父母更倾向于让子女随其流入城市而非将子女留在农村。在学校特征上，相比于留守儿童，流动儿童在入学上面临更多限制，这可能与流入地流动儿童入学政策有关；流动儿童就读学校的排名相对靠后，但学校硬件设施较好，这在一定程度上说明，由于城乡教育资源配置上的差异，流动儿童就读学校的排名虽然靠后，但相比于留守儿童，前者得到的教育资源仍然有所改善。综上所述，流动儿童与留守儿童在很多方面都存在较大差异，若忽略这些差异直接对两类儿童的非认知能力进行比较，则难以得到稳健可靠的因果推论。

四　实证估计结果

（一）流动、留守对儿童非认知能力的影响

根据倾向值匹配法，本文首先使用 Logit 模型进行回归分析，估计子女安置决定如何受到儿童个人、家庭、学校等特征的影响，并将相应的预测值作为进城务工父母带子女流入城市的倾向分数。处理组和控制组的倾向值密度分布如图 1 所示。

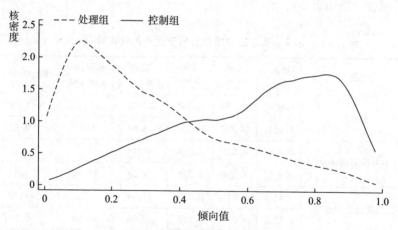

图 1　倾向值密度分布曲线

从图 1 可见，流动儿童与留守儿童的倾向值分布存在较大差异。处理组的倾向值多集中于 80% 以上，控制组的倾向值多在 20% 以下。处理组和控制组父母倾向值的差异表明，若使用非匹配方法可能会得到误导性的因果推论。同时，图 1 中处理组和控制组的倾向值有重叠的部分，这表明本文满足共变量分布重合的前提条件，可以应用匹配方法估计流动或留守

对儿童非认知能力的影响。

接下来，本文依据所估计出的每个个体的倾向值，对处理组和控制组个体进行匹配。为验证结果的稳健性，本文分别使用不同的匹配方法进行估计，包括最近邻匹配（Nearest-Neighbor Matching）、马氏距离匹配（Mahalanobis Distance）、核匹配（Kernel Matching）和局部线性回归匹配（Local Linear Regression Matching）。从理论上讲，最近邻匹配和马氏距离匹配的基本概念相似，都是从处理组中挑选与控制组距离最小的个体进行匹配，区别在于，最近邻匹配最小化的是倾向值的差距，而马氏距离匹配最小化的则是共变量的差异；核匹配和局部线性回归匹配为整体匹配法，每个处理组个体的匹配结果为对照组的全部个体，只是根据个体距离的不同给予不同的权重。一般认为，不存在适用于一切情形的绝对好方法，只能根据具体数据来选择。在实际操作中，往往同时运用不同的匹配方法并比较估计处理效用，如果结果不依赖于采用的匹配方式，则估计结果就是稳健的（陈强，2014：544）。

基于上述分析，本文首先对倾向值匹配前后的共变量进行平衡性比较，比较结果如表 2 所示。

表 2　处理组和控制组共变量平衡性比较

变量	匹配类型	流动儿童	留守儿童	偏误比例（%）	偏误降低比例（%）	两组差异 t 值
儿童年龄	匹配前	14.394	14.645	-22.30		-7.14***
	匹配后	14.368	14.350	1.60	92.80	0.43
儿童身体健康状况	匹配前	4.255	3.895	41.10		12.93***
	匹配后	4.278	4.236	4.90	88.20	1.38
父母受教育程度	匹配前	0.051	0.019	17.40		5.87***
	匹配后	0.056	0.055	0.80	95.50	0.17
父母是不是专业人员	匹配前	0.286	0.249	8.40		2.71***
	匹配后	0.294	0.281	2.90	65.20	0.75
父母是不是一般职工	匹配前	0.184	0.231	-11.60		-3.69***
	匹配后	0.190	0.190	-0.20	98.50	-0.05

变量	匹配类型	流动儿童	留守儿童	偏误比例（%）	偏误降低比例（%）	两组差异 t 值
父母是不是个体户	匹配前	0.356	0.091	67.10		22.22***
	匹配后	0.356	0.366	-2.60	96.20	-0.55
家庭是否领取低保	匹配前	0.049	0.242	-56.80		-17.11***
	匹配后	0.049	0.048	0.20	99.60	0.09
儿童是否拥有独立的书桌	匹配前	0.815	0.577	53.40		16.88***
	匹配后	0.826	0.821	1.00	98.20	0.30
受访家长自评身体健康状况	匹配前	3.976	3.547	45.30		14.12***
	匹配后	3.989	3.947	4.30	90.40	1.21
入学难度	匹配前	0.374	0.239	29.80		9.57***
	匹配后	0.375	0.364	2.40	92.00	0.59
学校硬件设施	匹配前	0.211	-0.377	58.20		18.69***
	匹配后	0.250	0.300	-5.00	91.50	-1.33
学校排名	匹配前	3.601	3.853	-28.60		-9.39***
	匹配后	3.614	3.620	-0.70	97.70	-0.15
倾向值	匹配前	0.614	0.299	137.10		39.95***
	匹配后	0.618	0.618	0.00	100.00	-0.00

注：* 表示在 0.1 水平上显著，** 表示在 0.05 水平上显著，*** 表示在 0.01 水平上显著。

据表 2 可知，在匹配前，处理组和控制组在共变量上存在较大偏误。同时，t 检验统计量表明，所有共变量的组间差异全都显著不为零。经过匹配后，绝大多数共变量的偏误降低比例都在 90% 以上，最高达到 100%，所有共变量的偏误比例均降至 5% 以下。处理组和控制组在所有共变量上不再有显著差异。这说明本文使用倾向值匹配法来降低自选择带来的偏差是可行的，样本经较好的匹配后能够满足共变量分布的平衡性假定。

应用倾向值将处理组和控制组样本匹配后，对安置决定与非认知能力的因果关系的估计如表 3 所示。根据表 3，PSM 估计的结果较为一致，即儿童跟随父母流动对其非认知能力的影响显著为正，显著性水平在 0.01 ~ 0.05。处理组平均处理效用（ATT）在多种匹配方法下方向一致且基本显著，增加幅度在 0.03 ~ 0.08。这表明，流动儿童的非认知能力将比留守在农村时，显著高出 0.03 ~ 0.08。控制组平均处理效用（ATC）的显著性不高，但方向一致为负，表明留守儿童的非认知能力将比跟随父母流入城市时，平均低 0.01 左右。平均处理效用（ATE）的绝对值较低，且均不显著。以上结果也反映出处理组和控制组的差异和选择偏差问题。

表3　流动、留守对儿童非认知能力的影响

	流动儿童/留守儿童	ATT	ATC	ATE
最近邻匹配	1726/1387	0.037** (0.018)	−0.020 (0.021)	0.005 (0.016)
马氏距离匹配	1726/1387	0.072*** (0.022)	−0.008 (0.023)	0.028 (0.017)
核匹配	1726/1387	0.039** (0.018)	−0.014 (0.020)	0.010 (0.016)
局部线性回归匹配	1726/1387	0.043** (0.018)	−0.017 (0.020)	0.010 (0.016)

注：（1）括号内的标准误差通过自助法 bootstrap500 次获得；在最近邻匹配中邻元数设定为5；核匹配、局部线性回归匹配使用的是默认带宽；（2）* 表示在 0.1 水平上显著，** 表示在 0.05 水平上显著，*** 表示在 0.01 水平上显著。

（二）流动、留守影响儿童非认知能力的作用机制

不同的安置决定对儿童非认知能力的不同影响，可能是由流动儿童与留守儿童在两个方面的差异造成的，即父母陪伴和学校生活。这也意味着两个群体非认知能力的差异很可能来源于这两个方面。第一，在家庭层面，以参与、管教等形式体现的家庭教育将对儿童非认知能力的发展产生影响（李波，2018）。流动儿童跟随父母迁移到流入地，而留守儿童的双亲中至多只有一个陪伴左右，两类儿童的父母在其学习、生活等方面的参与程度大不相同，这将对流动儿童与留守儿童的非认知能力产生不同影响。第二，在学校层面，相对于留守儿童，流动儿童所在学校的同学往往更加遵守纪律、问题行为更少（宁光杰、马俊龙，2019）。受到这些"重

要他人"的影响，流动儿童与留守儿童的非认知能力发展也可能会呈现差异。但是，也有一些研究指出，流动儿童跟随父母到流入地的个体境遇并不尽如人意。流动儿童关于自身城乡身份的"双重否定"，在城市就读面对的显性或隐性的限制与歧视（邬志辉、李静美，2016），凡此种种，带来了很多学校适应、城市适应的相关问题。这可能在一定程度上对流动儿童的非认知能力发展带来负面影响。

基于以上分析，本文试图从家庭教育、学校境遇两个层面来探究流动影响儿童非认知能力的作用机制。结合 CEPS 数据库，本文从两个维度来评价儿童的家庭教育。一是父母参与，它是指父母乐于参加子女活动的程度（Wong，2008）。此处以父母与儿童共同从事活动的频次为具体体现。二是父母管教，它是指父母对儿童各项表现监督、管理的程度，以父母对儿童各方面表现的管教态度为具体体现。本文还从两个角度来测度儿童的学校境遇。一是同伴特征，它是指儿童的同伴在思想、学业、生活上体现出的特点。此处以儿童的好朋友是否在学业上表现良好为测量指标。二是排外情绪，它是指学校中本地学生对外地学生的排斥程度。此处将儿童在感知到的本地同学对外地同学的友好程度作为反向测量指标。流动或留守的安置决定会改变儿童在家庭、学校所处的环境，进一步影响儿童非认知能力的发展。因此，本文再次应用倾向值匹配法对处理组平均处理效用（ATT）进行估计，以检验流动对儿童所经历的家庭教育、学校境遇是否具有重大影响，以及影响的方向，估计结果如表 4 所示。

表 4　流动对儿童家庭教育、学校境遇的影响

		最近邻匹配	马氏距离匹配	核匹配	局部线性回归匹配
父母参与	日常生活	0.894*** (0.074)	0.873*** (0.065)	0.824*** (0.082)	0.868*** (0.065)
	文体活动	0.318*** (0.074)	0.347*** (0.066)	0.315*** (0.091)	0.341*** (0.074)
父母管教	日常表现	0.069*** (0.022)	0.063*** (0.021)	0.066** (0.028)	0.063*** (0.020)
	娱乐活动	0.044 (0.032)	0.028 (0.027)	0.030 (0.038)	0.029 (0.030)

续表

		最近邻匹配	马氏距离匹配	核匹配	局部线性 回归匹配
学校境遇	同伴特征	0.175* (0.094)	0.200** (0.084)	0.241** (0.109)	0.205** (0.091)
	排外情绪	0.062*** (0.019)	0.062*** (0.021)	0.062*** (0.016)	0.061*** (0.018)

注：（1）括号内的标准误差通过自助法 bootstrap500 次获得；在最近邻匹配中邻元数设定为 5；核匹配、局部线性回归匹配使用的是默认带宽。（2）* 表示在 0.1 水平上显著，** 表示在 0.05 水平上显著，*** 表示在 0.01 水平上显著。（3）①父母对儿童日常生活参与程度的两个测量题目包括：你和你父母一起做以下事情的频率是——"吃晚饭""看电视"（1＝从未做过，2＝每年一次，3＝每半年一次，4＝每个月一次，5＝每周一次，6＝每周一次以上）。最终将两个问题的所选选项赋值取算术平均，该维度得分越高，表示父母的参与程度越高。②父母对儿童文体活动参与程度的 4 个测量题目包括：你和你父母一起做以下事情的频率是——"读书""做运动""参观博物馆、动物园、科技馆等""外出看电影、演出、体育比赛等"（1＝从未做过，2＝每年一次，3＝每半年一次，4＝每个月一次，5＝每周一次，6＝每周一次以上）。最终将 4 个问题的所选选项赋值取算术平均，该维度得分越高，表示父母的参与程度越高。③父母对儿童日常表现管教程度的 6 个测量题目包括：你的父母在以下事情上管你严不严——"作业、考试""在学校表现""每天上学""每天几点回家""和谁交朋友""穿着打扮"（1＝不管，2＝管，但不严，3＝管得很严）。最终将 6 个问题的所选选项赋值取算术平均，该维度得分越高，表示父母的管教程度越高。④父母对儿童娱乐活动管教程度的两个测量题目包括：你的父母在以下事情上管你严不严——"上网时间""看电视的时间"（1＝不管，2＝管，但不严，3＝管得很严）。最终将两个问题的所选选项赋值取算术平均，该维度得分越高，表示父母的管教程度越高。⑤儿童同伴特征的 3 个测量题目包括：好朋友有没有以下情况——"学习成绩优良""学习努力刻苦""想上大学"（1＝没有这样的，2＝一到两个这样的，3＝很多这样的）。最终将 3 个问题的所选选项赋值取算术平均，该维度得分越高，表示儿童的同伴特征越好。⑥学校中排外情绪的 3 个测量题目包括：你觉得你班上的本县（区）同学会对外县（区）农村来的同学做如下事情吗？——"和外县（区）同学经常在一起玩""互相请教学习上的问题""成为朋友"（0＝否，1＝是）。最终将两个问题的所选选项赋值取算术平均，该维度得分越高，表示儿童所在学校的排外程度越低。

根据表 4 结果，跟随父母流动的确从家庭和学校两个方面改变了儿童的成长环境。在家庭教育中，除了对娱乐活动的管教外，无论是对儿童日常活动、文体活动的参与，还是对儿童日常表现的管教，流动儿童父母的参与程度都显著高于留守儿童父母。这是因为，相比于留守，令子女流动的安置决定给亲子带来了更长时间的相互陪伴。而父母在参与、管教中对儿童的心理和行为进行适度的引导与纠正，有利于儿童非认知能力的发展（Cunha and Heckman，2008；李晓曼、曾湘泉，2012）。这在一定程度上解释了本文中两类儿童在非认知能力发展上的差异来源。在学校境遇中，流动儿童同伴的学业特征显著高于留守儿童，这与已有研究的结论一致；即使是在排外情绪方面，流动儿童的主观感受也显著优于留守儿童，亦即流动儿童就读学校的排外程度比留守儿童更低。这表明，流动儿童个体在城市学校的境遇，至少是其主观感受到的境遇，并未对其非认知能力造成负向影响。总体而言，与留守相比，儿童跟随父母流动将会从家庭教育、学校境遇两个方面促进其非认知能力的发展。

（三）稳健性分析

通过以上分析，本文得到的基本结论是，流动对儿童的非认知能力具有显著的正向影响。为考察这一结果的可靠性，本文将分别从儿童性别、就读年级两个角度重新估计流动对儿童非认知能力的影响效用，估计结果如表 5 所示。

表 5　流动对儿童非认知能力的影响效用（儿童性别、就读年级）

		最近邻匹配	马氏距离匹配	核匹配	局部线性回归匹配
儿童性别	男	0.041* (0.023)	0.047* (0.025)	0.040* (0.021)	0.046* (0.023)
	女	0.024 (0.029)	0.057* (0.033)	0.032 (0.027)	0.036 (0.028)
就读年级	七年级	0.058** (0.026)	0.087** (0.032)	0.055** (0.024)	0.054** (0.027)
	九年级	0.011 (0.028)	0.042 (0.032)	0.017 (0.026)	0.024 (0.028)

注：（1）括号内的标准误差通过自助法 bootstrap500 次获得；在最近邻匹配中邻元数设定为 5；核匹配、局部线性回归匹配使用的是默认带宽。（2）* 表示在 0.1 水平上显著，** 表示在 0.05 水平上显著，*** 表示在 0.01 水平上显著。

从表 5 可以看出，本文的估计结果基本可信。在不同性别、就读年级方面，流动对儿童非认知能力的影响都是正向的，只是影响程度及显著性有较大差异。具体而言，在性别方面，流动男童比留守男童的非认知能力高出 0.04 左右，且均在 0.1 的水平上显著；流动女童比留守女童的非认知能力高出 0.05 左右，但只有马氏距离匹配的方法下显著。这可能是由于女生的适应能力较强（卢富荣等，2015），在跟随父母进入城市后可以尽快适应学校生活，故非认知能力提高的幅度比男生稍高。在就读年级方面，七年级流动儿童比留守儿童的非认知能力高出 0.06 左右，且均在 0.05 的水平上显著；九年级流动儿童比留守儿童的非认知能力高出 0.02

左右，但不显著。根据样本数据显示，无论是流动儿童还是留守儿童，所处的年龄组与非认知能力密切相关，具体体现为年龄组越大，非认知能力的平均水平越低，经匹配后彼此间的差距越小，这可能是九年级样本统计量不显著的原因。但是，即便在这种情况下，流动儿童的非认知能力仍比留守儿童要高。这样的估计结果表明，流动对儿童非认知能力的影响整体上是正向的，上文对处理效用的估计是可信的。

五　结论与讨论

在中国特有的城乡二元户籍制度、传统家庭观念与快速发展的现代经济、迅速调整的城乡格局的碰撞下，儿童个体往往处于一种"被裹挟"的状态。父母进城务工后，儿童该向何处去，并非由儿童个体决定的，而是由整个家庭在诸多的权衡取舍下做出的决策。由本文 Logit 模型的回归结果可知，流动还是留守在很大程度上受到儿童个体特征、家庭背景、学校特征等方面的影响。一般而言，如果儿童将面临高中升学，受升学考试政策影响，则父母更倾向于使其留守。如果家庭经济实力尚可，则父母往往会携带子女进城。因此，研究该决策对儿童个体非认知能力发展的影响，必须控制共变量以获得儿童随父母流动带来的净效应，否则就难以进行真正的因果推论。

相对于以往研究，本文基于准实验的研究设计，使用倾向值匹配法，有效平衡了处理组和控制组在共变量上的差异，在一定程度上减少了样本的自选择问题。本文研究了进城务工人员携带子女流动对儿童非认知能力的影响，并得出以下结论。第一，相对于令儿童留守在家，父母携带儿童一同流入城市，将对儿童的非认知能力发展产生积极影响。第二，这一积极影响可能来源于流动对儿童成长环境的改善，主要包括父母陪伴下更加健全的家庭教育以及城市学校中较好的同伴特征和学校适应等。第三，在流动儿童和留守儿童中，非认知能力随儿童所处年龄段的增长而降低，彼此间的差距也逐渐缩小。囿于数据的可得性，本文可能存在的缺陷在于不能展开关于流动或留守对儿童非认知能力影响的异质性分析。儿童的流动、留守是动态而非静态，儿童拥有流动或留守身份属性的时长以及接受调查时是否仍然拥有该身份，对儿童非认知能力的影响可能是不同的。

本文的研究结论具有重要的政策含义。从宏观层面来看，农村剩余劳动力的乡城流动，是各国现代化进程中的普遍现象，是劳动力资源合理配置的具体体现。在这一具有历史意义、不可抗拒的人口流动过程中，农民工微观个体的迁移决策是在综合考量成本与收益后，力图实现家庭效用最大化的最优选择，对子女的安置问题也不例外。本文从非认知能力的角度对农民工子女安置决定的收益进行了分析，结果表明，子女随父母流动的收益高于留守，既有研究也从其他方面做出了相似判断（陈丽等，2010；周颖、杨天池，2018）。但在考虑城市的生存成本之后，很多家庭仍然决定将子女留守农村。这表明城市的生存成本阻碍了劳动力资源的优化配置以及社会福利的最大化。在整个社会享受到由劳动力迁移带来的红利时，政府理应分担部分成本，促进留守儿童向流动儿童转化。因此，农民工子女安置的相关政策应重点着力于在家庭层面降低成本或提高收益，这主要包括以下三个方面。

首先，清除城乡分割的制度壁垒。流动儿童、留守儿童是在以户籍为主导的城乡二元分割制度下分化出的特殊群体。先赋而非自致的出生地赋予了个体户口属性，进一步带来城乡户口在住房、教育、工作、社保等方面的不平等。受上述制度限制，尤其是升学考试、入学等制度的限制，在子女安置问题上，农民工必然要考虑儿童随其流动所需支付的额外成本。因此，降低农民工子女进城成本的根本途径是消除制度壁垒，以渐进的方式实现全体公民在公共设施、社会福利上的平等待遇。

其次，优化公共服务的财政投入制度。在现行中央与地方财权事权的分配制度下，中央到地方各级政府在教育上的成本分摊责任与财政保障能力匹配失衡，尤其是当前面向随迁子女实行的"两为主，两纳入"、城镇医疗保险补助等政策，进一步加大了地方政府的财政压力。部分地区在财政投入不足的情况下，仍有可能悬置面向流动儿童的利好政策，这减少了农民工子女流动的收益。因此，增加农民工子女进城收益的保障措施是优化财政制度设计，理顺各级政府间的财政支出责任，建立跨省流动人口由中央负责、跨市流动人口由省负责的财政分担机制，以提供较为完善的公共服务。

最后，改变农村教育的落后状态。当前我国流动儿童数量仍约是流动儿童的两倍，而由留守儿童向流动儿童的转化并非一蹴而就。因缺少父母陪伴、学校环境较差等缘故，使大量留守儿童的成长发展长期以来一直处于劣势地位。如果强制留守儿童父母返乡，既不人道，也不现实，反而有可能因父母收入的减少而使留守儿童的成长环境恶化。因此，促进留守儿童健康发展的有效途径是改善农村教育环境，提高教师的工作待遇，强化农村学校的师资队伍建设，激发农村教师对留守儿童的教育关怀，鼓励有条件的学校构建心理疏导平台。同时，在学校教育之外，应强化家庭教育的责任，动员留守儿童的监护人改进教养方式。

参考文献

陈丽、王晓华、屈智勇，2010，《流动儿童和留守儿童的生长发育与营养状况分析》，《中国特殊教育》第 8 期，第 48 ~ 54 页。

陈强，2014，《高级计量经济学及 Stata 应用》，高等教育出版社。

陈欣欣、张林秀、罗斯高、史耀疆，2009，《父母外出与农村留守子女的学习表现——来自陕西省和宁夏回族自治区的调查》，《中国人口科学》第 5 期，第 103 ~ 110 页。

池瑾、胡心怡、申继亮，2008，《不同留守类型农村儿童的情绪特征比较》，《教育科学研究》第 Z1 期，第 54 ~ 57 页。

杜鹏、李一男、王澎湖、林伟，2007，《流动人口外出对其家庭的影响》，《人口学刊》第 1 期，第 3 ~ 9 页。

范方、桑标，2005，《亲子教育缺失与"留守儿童"人格、学绩及行为问题》，《心理科学》第 4 期，第 855 ~ 858 页。

范兴华、陈锋菊、唐文萍、黄月胜、袁宋云，2016，《流动儿童歧视知觉、自尊与抑郁的动态关系：模型检验》，《中国临床心理学杂志》第 1 期，第 45 ~ 48 页。

耿德伟，2015，《随迁对流动人口未成年子女身体发育的影响》，《南方人口》第 6 期，第 40 ~ 49 页。

何珺子、王小军，2017，《认知能力和非认知能力的教育回报率——基于国际成人能力测评项目的实证研究》，《经济与管理研究》第 5 期，第 66 ~ 74 页。

侯玉娜，2015，《父母外出务工对农村留守儿童发展的影响：基于倾向得分匹配方法的实证分析》，《教育与经济》第 1 期，第 59 ~ 65 页。

黄国英、谢宇，2017，《认知能力与非认知能力对青年劳动收入回报的影响》，《中国青年研究》第 2 期，第 48 ~ 54 页。

黄祖辉、许昆鹏，2006，《农民工及其子女的教育问题与对策》，《浙江大学学报》（人文社会科学版）第 4 期，第 56 ~ 64 页。

金灿灿、刘艳、陈丽，2012，《社会负性环境对流动和留守儿童问题行为的影响：亲子和同伴关系的调节作用》，《心理科学》第 5 期，第 1119~1125 页。

李波，2018，《父母参与对子女发展的影响——基于学业成绩和非认知能力的视角》，《教育与经济》第 3 期，第 54~64 页。

李丽、赵文龙，2017，《家庭背景、文化资本对认知能力和非认知能力的影响研究》，《东岳论丛》第 4 期，第 142~150 页。

李晓曼、曾湘泉，2012，《新人力资本理论——基于能力的人力资本理论研究动态》，《经济学动态》第 11 期，第 120~126 页。

梁宏、任焰，2010，《流动，还是留守？——农民工子女流动与否的决定因素分析》，《人口研究》第 2 期，第 57~65 页。

刘杰、孟会敏，2009，《关于布郎芬布伦纳发展心理学生态系统理论》，《中国健康心理学杂志》第 2 期，第 250~252 页。

卢富荣、王侠、李杜芳、王耘，2015，《小学生学校适应的发展特点及其与父母教养方式关系的研究》，《心理发展与教育》第 5 期，第 555~562 页。

宁光杰、马俊龙，2019，《农民工子女随迁能够提高其教育期望吗？——来自 CEPS 2013—2014 年度数据的证据》，《南开经济研究》第 1 期，第 137~152 页。

潘璐、叶敬忠，2014，《“大发展的孩子们”：农村留守儿童的教育与成长困境》，《北京大学教育评论》第 3 期，第 2~12 页。

申继亮、刘霞、赵景欣、师保国，2015，《城镇化进程中农民工子女心理发展研究》，《心理发展与教育》第 1 期，第 108~116 页。

师保国、王芳、刘霞、康义然，2014，《国内流动儿童心理研究：回顾与展望》，《中国特殊教育》第 11 期，第 68~72 页。

陶然、孔德华、曹广忠，2011，《流动还是留守：中国农村流动人口子女就学地选择与影响因素考察》，《中国农村经济》第 6 期，第 37~44 页。

佟雅囡，2015，《流动儿童与留守儿童学习表现的比较研究》，《暨南学报》（哲学社会科学版）第 11 期，第 64~74 页。

王春超、钟锦鹏，2018，《同群效应与非认知能力——基于儿童的随机实地实验研究》，《经济研究》第 12 期，第 177~192 页。

王慧敏、吴愈晓、黄超，2017，《家庭社会经济地位、学前教育与青少年的认知 - 非认知能力》，《青年研究》第 6 期，第 46~57 页。

邬志辉、李静美，2016，《农民工随迁子女在城市接受义务教育的现实困境与政策选择》，《教育研究》第 9 期，第 19~31 页。

吴帆、杨伟伟，2011，《留守儿童和流动儿童成长环境的缺失与重构——基于抗逆力理论视角的分析》，《人口研究》第 6 期，第 90～99 页。

吴贾、韩潇、林嘉达，2019，《父母工作时间的代际影响：基于城市和流动人口子女
　　认知和非认知能力的分析》，《劳动经济研究》第 3 期，第 56～83 页。

杨舸、段成荣、王宗萍，2011，《流动还是留守：流动人口子女随迁的选择性及其影
　　响因素分析》，《中国农业大学学报》（社会科学版）第 3 期，第 85～96 页。

杨菊华、段成荣，2008，《农村地区流动儿童、留守儿童和其他儿童教育机会比较研
　　究》，《人口研究》第 1 期，第 11～21 页。

郑磊、吴映雄，2014，《劳动力迁移对农村留守儿童教育发展的影响——来自西部农
　　村地区调查的证据》，《北京师范大学学报》（社会科学版）第 2 期，第 139～
　　146 页。

周金燕，2015，《人力资本内涵的扩展：非认知能力的经济价值和投资》，《北京大学
　　教育评论》第 1 期，第 78～95 页。

周颖、杨天池，2018，《留守、随迁与农村儿童认知能力——基于 CEPS 调查数据的实
　　证检验》，《教育与经济》第 1 期，第 88～96 页。

Almlund, M., Duckworth, A. L., Heckman, J., and Kautz, T. 2011. *Personality Psychology and Economics*. Cambridge, MA: National Bureau of Economic Research.

Cunha, F. and Heckman, J. J. 2008. "Formulating, Identifying and Estimating the Technology of Cognitive and Noncognitive Skill Formation." *The Journal of Human Resources* 4: 738 – 782.

Levin, Henry M. 2012. "More than Just Test Scores." *Prospects: Quarterly Review of Comparative Education* 3: 269 – 284.

Mueller, G. and Erik Plug. 2006. "Estimating the Effect of Personality on Male and Female Earnings." *Industrial & Labor Relations Review* 1: 3 – 22.

Seibert, Scott E. and Maria L. Kraimer. 2001. "The Five-Factor Model of Personality and Career Success." *Journal of Vocational Behavior* 1: 1 – 21.

Shury, Jan, Mark Winterbotham, Ben Davies, and Katie Oldfield. 2010. " 'National Employer Skills Survey for England 2009: Key Findings Report'. UK Commission for Employment and Skills." https://www.gov.uk/government/publications/national-employer-skills-survey-for-england.

Wong, Maria M. 2008. "Perceptions of Parental Involvement and Autonomy Support: Their Relations with Self-Regulation, Academic Performance, Substance Use and Resilience among Adolescents." *North American Journal of Psychology* 3: 497 – 518.

图书在版编目（CIP）数据

　　共同富裕与教育反贫困 / 李涛，邬志辉主编. —— 北
京：社会科学文献出版社，2022.9（2023.12 重印）
　　ISBN 978 - 7 - 5228 - 0502 - 3

　　Ⅰ.①共…　Ⅱ.①李…②邬…　Ⅲ.①教育 - 扶贫 -
研究 - 中国　Ⅳ.①G52

　　中国版本图书馆 CIP 数据核字（2022）第 140873 号

共同富裕与教育反贫困

主　　编 / 李　涛　邬志辉

出 版 人 / 冀祥德
责任编辑 / 孟宁宁
责任印制 / 王京美

出　　版 / 社会科学文献出版社·群学出版分社（010）59366453
　　　　　　地址：北京市北三环中路甲 29 号院华龙大厦　邮编：100029
　　　　　　网址：www.ssap.com.cn
发　　行 / 社会科学文献出版社（010）59367028
印　　装 / 唐山玺诚印务有限公司

规　　格 / 开　本：787mm × 1092mm　1/16
　　　　　　印　张：20.25　字　数：325 千字
版　　次 / 2022 年 9 月第 1 版　2023 年 12 月第 2 次印刷
书　　号 / ISBN 978 - 7 - 5228 - 0502 - 3
定　　价 / 128.00 元

读者服务电话：4008918866